U0614823

岭南师范学院2023年赋能基础教育高质量发展筑峰计划专项。

2022年广东省继续教育质量提升工程建设类项目优质继续教育网络课程MOOC《中学美术教学设计》配套教材

中学美术教学设计

涂湘东

——

著

光明日报出版社

图书在版编目（CIP）数据

中学美术教学设计 / 涂湘东著 . --北京：光明日报出版社，2025.1. -- ISBN 978 - 7 - 5194 - 8460 - 6

Ⅰ. G633. 955. 2

中国国家版本馆 CIP 数据核字第 2025VE8426 号

中学美术教学设计

ZHONGXUE MEISHU JIAOXUE SHEJI

著　　者：涂湘东

责任编辑：陆希宇　　　　　　　责任校对：许　怡　李佳莹

封面设计：中联华文　　　　　　责任印制：曹　净

出版发行：光明日报出版社

地　　址：北京市西城区永安路 106 号，100050

电　　话：010-63169890（咨询），010-63131930（邮购）

传　　真：010-63131930

网　　址：http：// book. gmw. cn

E - mail：gmrbcbs@ gmw. cn

法律顾问：北京市兰台律师事务所龚柳方律师

印　　刷：三河市华东印刷有限公司

装　　订：三河市华东印刷有限公司

本书如有破损、缺页、装订错误，请与本社联系调换，电话：010-63131930

开　　本：170mm×240mm

字　　数：296 千字　　　　　　印　　张：16.5

版　　次：2025 年 1 月第 1 版　　印　　次：2025 年 1 月第 1 次印刷

书　　号：ISBN 978 - 7 - 5194 - 8460 - 6

定　　价：95.00 元

你是即将成为中学美术教师的美术师范生吗？你想通过中学美术教师资格考试吗？你是刚走入工作岗位不久的美术教师吗？或许你是喜欢美术教育的社会工作者，来吧！请加入我们，让我们共同努力，提高中学美术教学设计与研究的质量，坚持师德为先、学生为本、能力为重、终身学习的教育理念，打造一门符合中学生发展规律、满足社会需求、紧跟新时代步伐的创意美术课程。

美术教学研究"家族"的新成员

——《中学美术教学设计》序

教育学、教学论、教学法应该是美术教学研究的一个"家族性"的概念。任何一门学科的传承，都需要教学方法，但教学方法成为一门独立的学科应该在师范教育诞生之后出现。在我国，这门学科最早叫"教授法"，著名教育家陶行知认为"教法"与"学法"应该合一，主张改为"教学法"。20世纪30年代，学者们觉得教学不能局限在方法上，还应该包括教学内容，于是这门学科又改称为"教材教法研究"，再后来，又出现了"学科教学论"的提法。上面的这些概念落实到具体学科，就会形成三个不同层次的名称，如美术学科分别是美术教育学、美术教学论和美术教学法。当然，其内涵和外延也应该有所不同。

用哪个名称，学者们的意见并不统一，但我选择的是美术教育学。1998年，教育部体育卫生与艺术教育司委托我主编的一本高师专科学校的《美术教育学》正式出版，这应该说是开风气之先。后来，有学者陆续以《美术教育学》或《美术学科教育学》的名称出版著作或教材。2009年，我编写的高校教材《美术教育学新编》出版，2023年又修订出版了《美术教育学新编（第2版）》。其实，我坚持用这个名称就是想提高美术教育学这门学科的学术含量。相较而言，美术教学法多少有点形而下的意味，美术教学论虽然有一定的改善，但基本上还是局限在具体的方法上面。相对而言，"学"则可能有助于提升其地位。这是我朴素的想法，可能不是这个道理。我想在"学"的庇护下，融入更多的理论和知识，因为我的信念是，一个优秀的美术老师，除了知道"怎样做"的具体方法之外，还需要知道其后"为什么做？为什么要这样做"的价值背景、社会背景、历史背景以及丰富的知识背景，更要知道这些教学方法的选择和创造还可能变得更加自觉、主动。我的《美术教育学新编》的确是这样追求的，当然是否达到了目的，另当别论。上述解释旨在说明，美术教育法、论、学之间并没有崭然的界线，写作上也没有一定之规，每个有心于此的人都可以一试身手，毕竟"纸上得来终觉浅，绝知此事要躬行"，只有进入研究和写作状态，才会有更深的体验和认知。

岭南师范学院美术学院涂湘东老师最新出版一本教材，名为《中学美术教学设计》。作者智慧地回避了法、论、学的争执，以一种为了学生的态度进行写作。

《中学美术教学设计》的写作背景是核心素养的落实。核心素养是针对21世纪提出来的，所以也叫21世纪的素养。数字信息技术的广泛运用是21世纪的特征，人类社会的一切都被这个特征所改变。因此，移动互联网、人工智能等数字化工具也改变着教育。与工业化时代规模化、标准化的"教师为中心"教育不同，信息化技术时代是"以学习者为中心"，其特点是开放性、个性化的。这加强了教育资源的共享、学习行为的自主化、学习形式的交互化、学习行为的个性化。深度学习、学会学习、自主学习、合作学习、项目学习和单元式学习日益成为数字信息技术时代学习的鲜明特征。这本书就是试图在这样一个时代背景中帮助学生展开教与学的。

为了更好地落实核心素养，这本教材借鉴了当下正在流行的教育理念主要包括"UbD"和"KUD"。为了体现"做中学"的思想，后者被改造成"V-DKU"，也即"价值观引领下的'能做—知道—理解'"教学思想与方法。同时，我国着力构建信息化时代纸电联动的新型课程，具体是用云教育、微时代、大数据等拓宽学生获取知识的来源，连接MOOC、国家精品课程、经典美术教学案例、权威公众号、美术教育视频、优秀教师师德报告、高水平的教学研究专题讲座等。这本教材鼓励学生采用移动终端，如手机、平板电脑等，学习美术教学设计。这些移动终端的运用，在一定程度上改变了固定的学习时间和学习空间，学习行为成为随时随地可以发生的现象。

湘东老师用图示和文字的方式将这本书的结构表示为两个来源：一个来源是从课程方案开始，到课程标准，再到美术课程与教材的；另一个来源是从教学理念开始，到教学模式与方法，再到资源与技术的。它们共同的指向是中学美术教学设计。这两个来源从上、下两个方向分别连着教师端和学生端，与教师端相关的问题是学生的需求和职业标准，与学生端相关的问题是社会背景和社会需求，最终的目的是帮助学生形成核心素养。这个结构有自己的鲜明特点和背后的价值及观念，因而显得与众不同。

在这本书中，湘东的写作或表述具有鲜明的学生立场，一切为了有效地发展学生的理解和实践能力。开卷一段文字让人感到十分温暖："你是即将成为中学美术教师的美术师范生吗？你想通过中学美术教师资格考试吗？你是刚走入工作岗位不久的美术教师吗？或许你是喜欢美术教育的社会工作者，来吧！请加入我们，让我们共同努力，提高中学美术教学设计与研究的质量，坚持师德为先、学生为本、能力为重、终身学习的教育理念，打造一门符合中学生发展规律、满足社会需求、紧跟新时代步伐的创意美术课程。"这种表述不是命令式的，而是协商式的，从一开始就给学生以亲切感，让学生开启了学习之门。

　　湘东老师十分看重结构框架的作用，她在此方面做到清晰明了，并有逻辑地充实内容细节，这样学生学习起来就会感到主干清晰，细节丰富。书中用思维导图做的导学能有效地帮助学生学习，把握方向和要点。其包括去哪里（学习目标），旅游功能（教学内容、资源与方法），到了吗（评价方案）。她局限在"法"上，也在"学"上做了拓展。其中一个表现是通过对一些概念的解释，来拓宽学生的知识面，增强理解力，如"终身学习""人工智能""元宇宙""ChatGPT""立德树人""核心素养""教育数字化""文化自信""批判性思维"等。此外，图文并茂的案例也是这本书的特点。基于学生本位，该书甚至将教师资格考试内容也纳入其中，以往这是极为罕见的，能满足学生的强烈需求。这也是这本教材的独特之处。

　　我欢迎涂湘东老师加入美术教育学家族，希望这本书被广大学生和教师认可。

首都师范大学美术学院　博士生导师、教授
教育部美术课程标准研制修订组　组长
首都师范大学亚洲美术教育研究发展中心　主任
国家教材委员会专家工作委员会　委员
教育部艺术教育委员会　委员

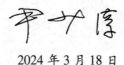

2024 年 3 月 18 日

前　言

数字化时代的到来，带给教育的冲击是天翻地覆的，移动互联网、人工智能、元宇宙正在影响着世界，改变着教育，重塑着教师。教育资源的共享、学习行为的自主化、学习形式的交互化、教学形式的灵活化以及教学管理的自动化等，预示着个性化学习、线上学习、深入学习、学习品质的学习，以及更人性化的学习时代的到来。"师者为师亦为范"，国以人立，教以师兴。2017年颁布并于2020年修订的《普通高中美术课程标准（2017年版2020年修订）》（以下简称"17版美术课标"）和2022年4月颁布的《义务教育艺术课程标准（2022年版）》（以下简称"22版艺术课标"），体现了先进的教育理念，反映了时代特征。新时代、新教育，需要新教材，笔者结合多年的线上线下混合式翻转课堂的教学实践，运用教育数字化塑造美术教材新形态。

一、本教材编写的意义

（一）立德树人与核心素养

1. 新课程标准的颁布，正式拉开了核心素养教育新时代的序幕。紧跟时代步伐研发核心素养下美术教师教育新课程，课程以立德树人为根本任务，发挥培根铸魂、启智增慧的作用，体现党和国家对教育的基本要求，增强课程的思想性。

2. 指向核心素养的达成，从学会、会学到融会贯通。我们根据学习者的需求设置单元教学，供学习者进行选择。每个单元设置相应的学习任务和问题链，让学生在完成任务或解决问题的过程中进行自主学习，达成核心素养。

（二）为学生搭建学习的脚手架

1. 运用"UbD"① 逆向设计，"以终为始"构建开放大规模共享与个性化学习相统一的教学模式。课程建设以培养学生成为"新时代合格且优秀的美术教

---

① 追求理解的教学设计（Understanding by Design，UbD）。

师"为主要任务，以完成新课标下美术大单元教学设计和设计制作反映当地文化的中学美术教材为基础项目，为学习者提供综合性的跨学科学习的脚手架。

2. 运用"V-DKU"①。首先是强调课程的价值观引领，德育为先、立德树人、以美育人。其次是通过"做中学"，引导学生了解知识建构的过程，让学生学会求知，培养其主动探索和创新的能力，学生通过不断尝试验证，促进其核心素养的形成。

（三）构建信息化时代下的新型美术教材

1. 随着网络新媒体的迅速普及，学生获取知识的渠道呈现多元化，美术教师要做好知识的选择与梳理，让碎片化的信息更完整、更系统。运用线上线下混合式教学，调动学生的主动性、参与性，挖掘学生的学习潜能，使学生养成自主学习惯性意识。利用各种视觉形象、美术作品、新案例增加课程的直观性和趣味性，突显美术学科的特性。

2. 运用云教育、微时代、大数据等拓宽学生获取知识的多元化渠道。比如，优质 MOOC、国家精品课程、经典美术教学案例、权威公众号、美术教育方面的经典影片和优秀教师师德报告以及高水平教学研究专题讲座等，实现优质美术教育教学资源的互联互通。

3. 通过移动 APP、移动搜索、微信公众号"美术教学平台"等，将学生喜欢的移动设备——手机，运用到新的美术课程当中，形成教材、教学视频、案例视频、课件、教案、各种非视频教学资源的互联互通，实现"课前—课中—课后"的有效衔接。

二、本教材的特点

（一）学堂在线 MOOC "中学美术教学设计"配套教材

2019 年 10 月，笔者主讲的 MOOC "中学美术教学设计"于学堂在线首次上线，到 2025 年 5 月，已完成 12 期的完整运行，"2025 春"课程的运行网址为 https：//www.xuetangx.com/course/lingnan04011002098/23904959？channel=i.area.recent_search，此课程面向社会开放（见下图），已有近 26000 多名学习者选课，其中包括 17 所高校的学生，这些学校分别是岭南师范学院、成都师范学院、信阳师范大学、广东技术师范大学、河南师范大学、洛阳师范学院、商丘师范学院、铜仁学院、韩山师范学院、黄冈师范学院、广东第二师范学院、渭

---

① 价值观引领下的做中学，价值观（Value，V）、做（Do，D）、知道（Know，K）、理解（Understand，U）。

南师范学院、昆明学院、云南师范大学、宝鸡文理学院、三峡大学、玉林师范学院。其中信阳师范大学等3所学校运用课程进行SPOC（小规模限制性在线课程，Small Private Online Course）教学，共计2000多名学生选课。2020年，本课程被认定为广东省一流本科课程，到2022年，本课程先后入选学习强国、高等教育国家智慧教学平台、粤港澳大湾区在线开放课程联盟等线上平台。此教材是学堂在线MOOC"中学美术教学设计"的配套教材，运用思维导图使教材单元主题清晰，让复杂的问题简单化，使零散的知识系统化。教材内容以及案例，分别由配套视频资源与非视频资源共同构成，有效调动学习者的视、听、看等多种感官参与学习，有效促进其终身学习能力的形成。

图　学堂在线《中学美术教学设计》"2025春"运行网址

（二）系列单元+学习任务链+问题串＝新型MOOC教材

用系列单元、学习任务链、问题串取代传统教材中的章、节、目（见下图）。

MOOC教材"中学美术教学设计"由课程导学、基础知识、课标解读、教学设计和资格考试五个系列学习单元组成。每个学习单元都由单元概述、大观念和基本问题、学习任务构成。每个学习任务又由问题、思考与练习、线上学习建议和线下课堂学习建议构成。学习单元之间既相互独立，又相互关联，学习者可以根据学习需要，自主选择所要修习的单元。该教材在每个单元都设置了需要完成的学习任务链，在学习任务驱动下，提高学习者的学习兴趣和学习动力。每个学习任务又由对应的问题串组成，在解决问题的过程中完成学习任

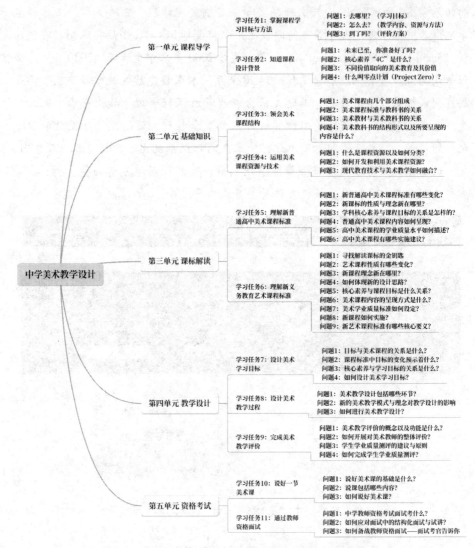

中学美术教学设计

- **第一单元 课程导学**
  - 学习任务1：掌握课程学习目标与方法
    - 问题1：去哪里？（学习目标）
    - 问题2：怎么去？（教学内容、资源与方法）
    - 问题3：到了吗？（评价方案）
  - 学习任务2：知道课程设计背景
    - 问题1：未来已至，你准备好了吗？
    - 问题2：核心素养"4C"是什么？
    - 问题3：不同价值取向的美术教育及其价值
    - 问题4：什么叫零点计划（Project Zero）？

- **第二单元 基础知识**
  - 学习任务3：领会美术课程结构
    - 问题1：美术课程由几个部分组成
    - 问题2：美术课程标准与教科书的关系
    - 问题3：美术教材与美术教科书的关系
    - 问题4：美术教科书的结构形式以及所要呈现的内容是什么？
  - 学习任务4：运用美术课程资源与技术
    - 问题1：什么是课程资源以及如何分类？
    - 问题2：如何开发和利用美术课程资源？
    - 问题3：现代教育技术与美术教学如何融合？

- **第三单元 课标解读**
  - 学习任务5：理解新普通高中美术课程标准
    - 问题1：新普通高中美术课程标准有哪些变化？
    - 问题2：新课标的性质与理念新在哪里？
    - 问题3：学科核心素养与课程目标的关系是怎样的？
    - 问题4：普通高中美术课程内容如何呈现？
    - 问题5：高中美术课程的学业质量水平如何描述？
    - 问题6：高中美术课程有哪些实施建议？
  - 学习任务6：理解新义务教育艺术课程标准
    - 问题1：寻找解读课标的金钥匙
    - 问题2：艺术课程性质有哪些变化？
    - 问题3：新课程理念新在哪里？
    - 问题4：如何体现新的设计思路？
    - 问题5：核心素养与课程目标是什么关系？
    - 问题6：美术课程内容的呈现方式是什么？
    - 问题7：美术学业质量标准如何设定？
    - 问题8：新课程如何实施？
    - 问题9：新艺术课程标准有哪些核心要义？

- **第四单元 教学设计**
  - 学习任务7：设计美术学习目标
    - 问题1：目标与美术课程的关系是什么？
    - 问题2：课程标准中目标的变化预示着什么？
    - 问题3：核心素养与学习目标的关系是什么？
    - 问题4：如何设计美术学习目标？
  - 学习任务8：设计美术教学过程
    - 问题1：美术教学设计包括哪些环节？
    - 问题2：新的美术教学模式与理念对教学设计的影响
    - 问题3：如何进行美术教学设计？
  - 学习任务9：完成美术教学评价
    - 问题1：美术教学评价的概念以及功能是什么？
    - 问题2：如何开展对美术教师的整体评价？
    - 问题3：学生学业质量测评的建议与原则
    - 问题4：如何完成学生学业质量测评？

- **第五单元 资格考试**
  - 学习任务10：说好一节美术课
    - 问题1：说好美术课的基础是什么？
    - 问题2：说课包括哪些内容？
    - 问题3：如何说好美术课？
  - 学习任务11：通过教师资格面试
    - 问题1：中学教师资格考试面试考什么？
    - 问题2：如何应对面试中的结构化面试与试讲？
    - 问题3：如何备战教师资格面试——面试考官告诉你

图　中学美术教学设计＝系列单元+学习任务链+问题串

务，培养学生发现问题和解决问题的意识和能力，继而获得能够适应终身学习和社会发展需要的正确价值观、必备品格和关键能力。

三、本教材的主要内容

"中学美术教学设计"是教育部颁发的《教师教育课程标准（试行）》中教育机构培养中学美术教师所开设的教育类课程之一，也是高师美术师范专业开设的教师教育类必修课程之一。"中学美术教学设计"是继"17版美术课标"

和"22版艺术课标"之后，针对如何实施核心素养时代下的美术教学，如何进行中学美术教学设计的一门课程。

（一）中学美术。其包括初级中学和高级中学的美术课程。初级中学的美术课程使用的课程标准是"22版艺术课标"（包括小学阶段），高中美术课程使用的课程标准是"17版美术课标"，所以本课程涵盖小学、初中、高中三个阶段的学校美术课程。

（二）教学设计。何谓教学？《现代汉语词典》是这样定义的：教学是教师把知识、技能传授给学生的过程。关于"设计"，《现代汉语词典》将其界定为"在正式做某项工作之前，根据一定的目的要求，预先制定方法、图样等"。将其对"设计"的认识移植到"教学设计"中，"教学设计"则是在教学之前，为了更快更好地达到预期的、促进学习者个体发展的教学目标，对解决教学问题的方案进行有目的的构想、试行、评价和修改的过程。它包括从课程层面进行设计，之后到单元设计，再逐步进入对每一节课的课堂教学设计。

（三）中学美术教学设计。本教材主要解决基础美术教育中教师"教什么""怎么教""为什么教"和学生"学什么""怎么学""为什么学"的问题。通过本课程的学习，学习者能够在社会需求的大背景下，以基础教育阶段美术课程为研究对象，以教师职业标准为准绳，以学生需求为出发点，开展对课程方案、课程标准与美术教材的研究，运用新的教学理念、教学模式与方法，在美术课程资源与现代教育技术的支持下，基于新课程标准，有目的地进行构想、试行、评价和修改中学美术教学设计的实施方案，通过教师资格考试，成为新时代合格且优秀的中学美术教师，达成核心素养。

大观念：立德树人，以美育人。

大任务：成为新时代合格且优秀的美术教师。

基本问题：如何能够基于新课程标准，设计出符合学生发展规律、紧跟新时代步伐的创意美术课程？

目 录
CONTENTS

01

第一单元

课程导学

　　单元概述：本单元由"掌握课程学习目标与方法"和"知道课程设计背景"2个学习任务和7个问题构成。其旨在通过解决问题和完成学习任务，了解本课程的学习目标、学习内容、资源与教学方法、评价方案，知道现代社会背景下现代美术教育的方向、核心素养4C、不同价值取向的美术教育观和零点计划。本单元运用"UbD"逆向设计的方式，告诉学习者学什么？怎么学？学会了吗？为什么这样学？

　　大观念：核心素养是时代发展的必然产物。

　　基本问题：核心素养时代下的美术教学有哪些特征？

学习任务 1　掌握课程学习目标与方法

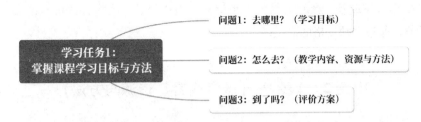

图 1-1　"学习任务 1：掌握课程学习目标与方法"的思维导图

在正式学习之前，我想问大家如下问题：当你学习一门新课程之前，你们最应该（想）知道什么？大家的回答一定各异。这门课程有什么用？对就业有帮助吗？这门课程如何考试？难吗？为什么要学习这门课程？等等。我如果换一个方式来问，今天我要带大家去旅行，你们最想知道什么呢？结果一定很一致，"去哪里？"接着大家关心的就是"怎么去？去多长时间？途中有哪些景点？"这就是旅游攻略，我们把它换成教学，最应该最想知道的是学习目标，然后是怎么学？学什么？为什么学？这就是我们的教学大纲。

问题 1　去哪里（学习目标）

认知目标：能了解新时代背景下中学（初级与高级中学）美术教学现状，深刻理解核心素养时期新课程改革的方向。能够运用创新策略，根据"22 版艺术课标"和"17 版美术课标"，学会中学美术教学设计、实施、评价与说课的基本理论与技能。

技能目标：具有中学美术教学设计、实施、评价的基本能力，反思与终身学习的能力、教学研究与创新的能力，能够成为以核心素养成为核心的创新型、反思型教学实践者。

情感目标：坚守"立德树人"为立课之本，将思想政治教育融入美术教学的各个方面，培根铸魂，启智增慧。忠诚于党的教育事业，热爱美术教学工作，具有高尚的师德和严谨的工作态度，成为新时代有理想信念、有道德情操、有扎实学识、有仁爱之心的"四有好老师"。

将教学目标具体化，逆向设计的第一步，确定预期结果：

1. 小组合作完成基于新课程标准，具有地方特色的系列中小学美术教材的编写与制作。

2. 个人完成基于核心素养的中小学美术教学设计、实施、评价、说课等教学任务，通过教师资格的面试。

问题2 怎么去（教学内容、资源与方法）

（一）教学大纲

旅游攻略也就是教学大纲（图1-2），MOOC"中学美术教学设计"主要分五个单元，包括11个学习任务、3个附录以及海量优秀的教学课例（线上教学案例与视频会持续更新）、优秀中学美术教师与地方教育主管部门美术教研员的经验分享，它们相互穿插、相辅相成，但又自成体系，推进地方政府、高等学校、中小学"三位一体"协同育人。

（二）教学资源

为了更好地完成我们这次旅行，旅游攻略中需要的工具和资源必不可少。同样，学习好一门课程，学习资源也是不可或缺的。

1. 教材：MOOC"中学美术教学设计"配套教材。

2. 必读书目：四个版本的"课程标准"①（图1-3），分别是"22版艺术课标"和《义务教育美术课程标准（2011年版）》（以下简称"11版美术课标"）和《普通高中美术课程标准（实验）》（以下简称"实验版美术课标"）和"17版美术课标"，以及与之相对应的初中、高中的美术教材和教学参考书。

---

① 四个版本的"课程标准"电子版见学堂在线 MOOC"中学美术教学设计"学习任务2、5、6。

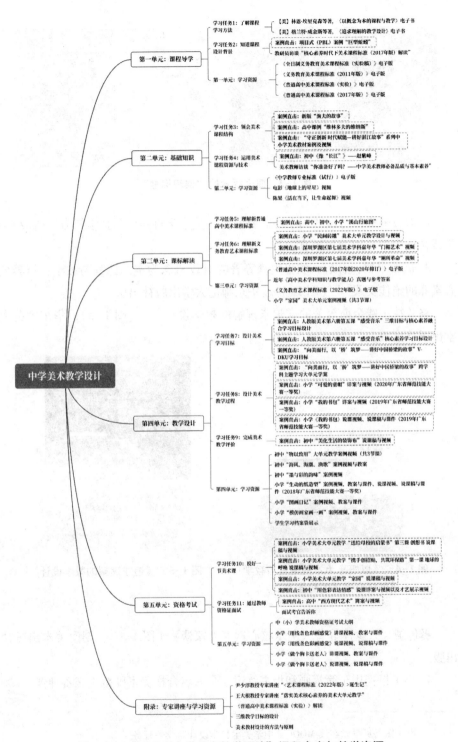

图 1-2 MOOC "中学美术教学设计" 课程内容与教学资源

图1-3　四个版本的"课程标准"

参加教师资格考试的同学还需要准备《美术学科知识与教学能力》（高级中学或初级中学）以及历年真题。

3. 阅读书目：林恩·埃里克森等著的《以概念为本的课程与教学：培养核心素养的绝佳实践》① （图1-4），华东师范大学出版社出版。

格兰特·威金斯等著的《追求理解的教学设计》② （图1-5），华东师范大学出版社出版。

图1-4　《以概念为本的课程与教学：　　　　图1-5　《追求理解的教学设计》
培养核心素养的绝佳实践》

奚传绩、尹少淳等著《美术核心素养大家谈》（图1-6），湖南美术出版社出版。

4. 小黑板：用于简笔画和板书练习，是一名合格美术师范生必备神器。

---

① 电子图书见学堂在线MOOC"中学美术教学设计"学习任务1。
② 电子图书见学堂在线MOOC"中学美术教学设计"学习任务1。

图1-6　《美术核心素养大家谈》

（三）学习方法

该课程主要以线上线下混合式翻转课堂为主，辅以任务驱动、项目式教学、问题导向、基于资源的学习、基于案例的学习、支架式教学等新型学习模式（表1-1）。

表1-1　线上线下混合式翻转课堂具体课时分配

单元	学习任务	形式	课时	形式	课时	备注
第一单元 课程导学	学习任务1	线下	2	线上	2	
	学习任务2	线下	2	线上	2	
第二单元 基础知识	学习任务3	线下	4	线上	2	
	学习任务4	线下	4	线上	2	
第三单元 课标解读	学习任务5	线下	4	线上	2	
	学习任务6	线下	4	线上	2	
第四单元 教学设计	学习任务7	线下	4	线上	4	
	学习任务8	线下	4	线上	4	
	学习任务9	线下	4	线上	4	
第五单元 资格考试	学习任务10	线下	4	线上	4	
	学习任务11	线下	8			
合计课时		线下	44	线上	28	72

注：4课时/周，18周，共72课时。

1. 线上学习建议

（1）学习笔记（传统笔记、电子笔记、思维导图式笔记、印象笔记等）。

（2）学会寻找与运用线上资源（MOOC、名家讲座等）。

学堂在线：https：//www.xuetangx.com/

中国大学 MOOC：https：//www.icourse163.org/

国家中小学智慧教育平台：https：//www.zxx.edu.cn/

国家教育资源公共服务平台：https：//www.eduyun.cn/

国家高等教育智慧教育平台：https：//higher.smartedu.cn/

中国教育考试网：https：//ntce.neea.edu.cn/html1/folder/1507/1076-1.htm

微信公众号：微言教育（教育部）

微信公众号：美术教学平台（我们自己的教学平台）

2. 线下学习建议

（1）建立学习共同体。

（2）自主、合作、探究。

（3）运用学习档案袋记录学习过程。

（4）展示与交流。

问题3 到了吗（评价方案）

（一）大规模共享的线上评价模式

线上大规模共享学习的成绩比例分配，即满分 100 分＝视频单元 10 分+图文单元 5 分+讨论单元 15 分+作业单元 40 分+考试单元 30 分，60 分及以上为合格，85 分及以上为优秀。学习方式有免费或付费获得认证证书两种方式，供学习者选择。

（二）个性化培养的混合式评价（适用于高校学分认定课）

混合式教学考核：满分 100 分＝线上 MOOC 成绩 40 分+线下学习 50 分+线下课堂表现 10 分。

线上 MOOC 成绩以学堂在线平台结课成绩为准。

线下学习成绩评定：首先，增加评价主体，由教师单方评价改为结合学生自评与互评；其次，制定课程评价体系，根据课程目标"成为新时代合格且优秀的美术教师"设计评价体系，并在开课初与学生交流确定评价体系内容；最后，根据学生的展示、体验和活动，进行过程性评价与终结性评价相结合的全面评价方案。评价内容包括小组合作完成教材编写、个人完成美术大单元教学规划设计、小组合作完成线上学习汇报、线下学习笔记与档案袋制作，4 项内容各占 25%。

课堂表现方面的考核主要是依据雨课堂等智慧教学工具，反馈学生在整门课程学习过程中"随机点名""测验题""弹幕""投稿"等课堂互动的参与频次及质量。

思考与练习：

1. 你想成为一名怎样的美术教师？请用三个关键词进行描述。

2. 你想通过"中学美术教学设计"学会什么？

线下课堂学习建议（2 课时）：

1. 成立学习小组，5~10 人一组，选出小组长，给小组命名、制作 Logo，并为小组想一个口号，下周展示汇报；

2. 制作设计个人学习档案袋，第三周线下授课时展示并与同学分享；

3. 根据教学资源，准备教材、必修书目、阅读书目与小黑板等。

线上学习建议（2 课时）：

1. 线上学习学堂在线 MOOC"中学美术教学设计""学习任务 2"，完成学习笔记。

2. 小组讨论"学习任务 2"思考与练习中的 4 个问题，以小组合作的形式进行汇报。

学习任务 2　知道课程设计背景

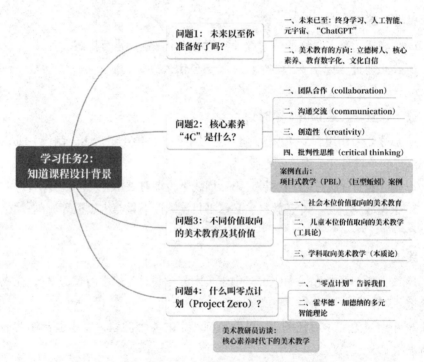

图 2-1　"学习任务 2：知道课程设计背景"的思维导图

问题 1　未来已至，你准备好了吗

一、未来已至

思考：现在是一个什么样的世界？

瞬息万变的世界（图 2-2），每时每秒都在发生着变化，这种变化充满了不可预测性。我们下面通过几个关键词跟大家分享。

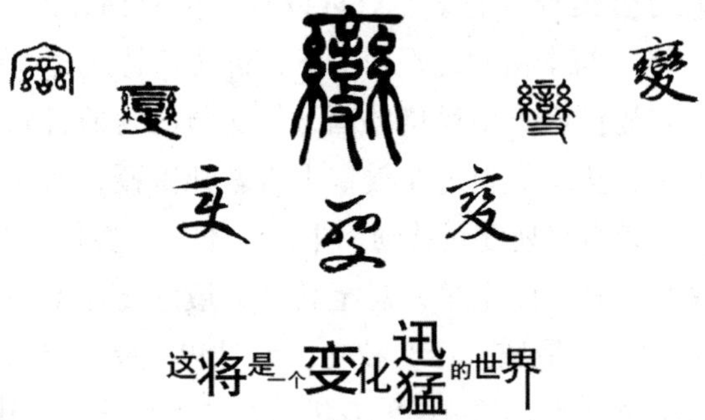

图 2-2 变化迅猛的世界

（一）终身学习

21世纪是一个瞬息万变的时代，这个时代唯一可以预测的就是其"不可预测性"，未来的学生要准备胜任还不存在的工作，学会使用不存在的科技去解决还未曾想到的问题。要生存、要发展，我们唯有终身学习，才能适应这不断更新、变化的时代。习近平总书记在党的二十大报告中提出："推进教育数字化，建设全民终身学习的学习型社会、学习型大国。"① 终身学习是指让学习贯穿人的一生，活到老学到老，只有不断学习，不断进步，才能适应不断变化的社会和生活环境。

习近平总书记在中共中央政治局第五次集体学习时强调："要建设全民终身学习的学习型社会、学习型大国，促进人人皆学、处处能学、时时可学，不断提高国民受教育程度，全面提升人力资源开发水平，促进人的全面发展。"②

（二）人工智能

新一代信息技术高速发展，从互联网、大数据、人工智能、云计算、"5G"，再到元宇宙、"AI""ChatGPT""DeepSeek"、脑机接口等。随着远程教育、网络教育、慕课、微课等优质课程资源的共享，人们颠覆了传统教育的模式，翻转课堂、线上线下混合式教学转变了学习方式，从"互联网+教育"到"智能+教育"，人工智能给教育带来了颠覆性的变化。

从1997年深蓝与卡斯帕罗夫对战国际象棋，到2017年阿尔法狗与柯洁对战

---

① 习近平：高举中国特色社会主义伟大旗帜 为全面建设社会主义现代化国家而团结奋斗：在中国共产党第二十次全国代表大会上的报告［EB/OL］. 中华人民共和国中央人民政府，2022-10-25.

② 习近平在中共中央政治局第五次集体学习时强调 加快建设教育强国 为中华民族伟大复兴 提供有力支撑［EB/OL］. 中国政协网，2023-05-30.

围棋，到第一个取得公民身份的索菲亚可以跟人类对话，人工智能快速发展。人工智能所作的"诗"与李白的诗不相上下，将文森特·梵高的《星月夜》相关的数据输入后，它能作出类似风格的画，作曲与巴赫的音乐难以区分。学生的学习方式必须变革，从之前固定在教室中听教师讲授，到现在随时随地都可以获得知识与信息。教育场所变得移动而丰富，学生不再像之前那么依赖教师，教师与学生的地位越来越趋于平等，甚至教师的敏感度还不如学生。现代社会的发展更需要具有创意、情感、社交技巧、个性以及运用人工智能能力的人，而美术创作恰恰是创意、个性、情感的有机结合，越来越凸显其不可替代性。

（三）元宇宙

元宇宙（Metaverse）的概念，诞生于1992年著名的美国科幻作家尼奥·斯蒂文森（Neal Stevenson）撰写的《雪崩》，元宇宙是人类运用数字技术构建的，由现实世界映射或超越现实世界，可与现实世界交互的虚拟世界，具备新型社会体系的数字生活空间。2021年被称为"元宇宙元年"。

"元"从"人头"这个本义，进一步引申为一段时间的"开头"。如元旦、元日、元年、一元复始等，再进一步引申为"为首的、第一的、大的"等意思，如元首、元帅、状元、元勋等。"元"还被用来指天地万物的本原，生命存在的根本因素，与此相关的最初有"元气、元神、真元"等。后来，人们但凡强调什么事物特别重要，是基本的东西，就用"元"，如"元宇宙""元认知"等。如果说互联网时代，没有人知道你是一只狗，而在元宇宙里，你可以成为一只猫。

（四）"GenAI"

GenAI，也就是生成式人工智能（Generative Artificial Intelligence），也简称为GAI。是一种利用人工智能技术自动生成各种内容的新型创作方式。在当今数字化时代，以2022年2月的"ChatGPT"为代表的自然语言处理模型以及2024年2月最新的视频生成模型"Sora"和2025年1月中国团队研发的深度求索"DeepSeep"等前沿技术的涌现，正深刻地揭示出人工智能（AI）在教育领域的无限潜力和广阔前景。如果说无人工厂、无人驾驶实现了程序性智能控制，元宇宙开启了生活和工作环境的数字世界，那么"ChatGPT""DeepSeep"就构筑了一个有学习能力和创造能力的硅基生命体。假如"ChatGPT""DeepSeep"与机器人协同，社会就会出现诗人、歌手、科学家，还会出现十分聪明的机器人同事，也会有无所不知的智能教师。而人工智能文生视频大模型"Sora"，其强大的技术融合能力、物理世界模拟潜力以及多模态应用前景，被OpenAI视为"世界模拟器"，它或将为"深度伪造"（Deepfake）技术推波助澜，那么对各种网络资源及相关信息的辨别、选择和运用的能力，将会成为培养学生需要掌握的最重要的能力之一。

二、美术教育的方向

（一）立德树人

立德树人是教育的责任和使命，"培养什么人、怎样培养人、为谁培养人"始终是教育的永恒主题和根本问题。党的十八大首次提出"把立德树人作为教育的根本任务，培养德智体美全面发展的社会主义建设者和接班人"。立德，就是坚持德育为先，通过正面教育来引导人、感化人、激励人；树人，就是坚持以人为本，通过合适的教育来塑造人、改变人、发展人。"人无德不立，业无德不兴，国无德不威"出自《四库全书》之《战国策》，这句话的意思是：人如果没有德行，便不能立足于世，业务如果没有德行就无法兴旺，国家如果无德就没有办法立威。

（二）核心素养

随着时代的发展，核心素养（Key Competencies）渐渐走入我们的视野。对核心素养研究最为著名、最有影响的经济合作与发展组织（Organization for Economic Co-operation and Development，OECD），早在 1997 年就启动 21 世纪核心素养框架的研制工作，此后欧盟也开始对其深入研究。随后，美国、芬兰、英国、法国、德国、澳大利亚、新加坡等国都跟进研究并发布了相关成果。尽管不同国家对核心素养的视角不同、切入点不同、研究成果不同，其根本指向和所应对的问题是有其一致性的——均是为了应对业已到来的信息化社会、知识社会及由其所带来的快速而持续的社会变化、新的经济模式和职业形态、全球化对创新性人才的依赖等诸多挑战。作为世界各国和国际组织公认的核心素养"4C"——团队合作（collaboration）、沟通交流（communication）、创造性（creativity）和批判性思维（critical thinking），凸显了全球化和数字化时代对公民素养的共同要求。[1]

2014 年，教育部印发《关于全面深化课程改革落实立德树人根本任务的意见》，研究学生发展核心素养是落实立德树人根本任务的一项重要举措，也是适应世界教育改革发展趋势、提升我国教育国际竞争力的迫切需要，它的核心是对创新人才的培养。2013 年，由北师大林崇德教授主持，他们开始研究中国学生发展的核心素养，所谓的中国学生发展核心素养，实际上是未来中国公民的

---

[1] 杨向东.关于核心素养若干概念和命题的辨析［J］.华东师范大学学报（教育科学版），2020，38（10）：49-50.

核心素养，代表着国家对公民人格、精神、身体和能力的基本构想和设计。①
2016 年 9 月 13 日，中国学生发展核心素养正式颁布。其分为文化基础、自主发展、社会参与 3 个领域，与中国传统文化的治学、修身、济世相呼应，并包含人文底蕴、科学精神、学会学习、健康生活、责任担当、实践创新 6 个核心素养，6 个核心素养又分为 18 个更为具体的指标（图 2-3）。

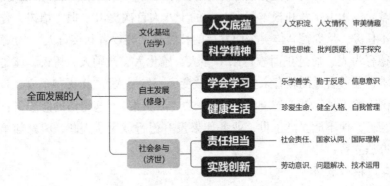

图 2-3　中国学生发展核心素养

　　2014 年，核心素养渗透到高中课程标准的研制当中，《普通高中美术课程标准（2017 年版）》于 2018 年 1 月 16 日颁布，这标志着中国基础美术教育开始转入核心素养（学科核心素养）实施"元年"②。

　　高中美术课标组提炼出了图像识读、美术表现、审美判断、创意实践、文化理解 5 个美术核心素养，它们之间各具意义，但又有所交集。如图 2-4 所示，美术学科的 5 个素养共同基于视觉形象，视觉形象正是美术学科的立科之本。

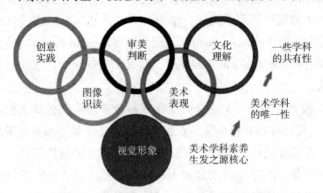

图 2-4　美术学科核心素养结构关系图③

---

①　尹少淳. 尹少淳谈美术教育［M］. 北京：人民美术出版社，2016：162.
②　尹少淳. 美术核心素养大家谈［M］. 长沙：湖南美术出版社，2021：1.
③　尹少淳. 尹少淳谈美术教育［M］. 北京：人民美术出版社，2016：166.

2022 年 4 月随着"22 版艺术课标"的颁布，艺术核心素养由审美感知、艺术表现、创意实践和文化理解构成（图 2-5）。

图 2-5 艺术核心素养

（三）教育数字化

教育数字化是我国开辟教育发展新赛道和塑造教育发展新优势的重要突破口。进一步推进数字教育，其为个性化学习、终身学习、扩大优质教育资源覆盖面和教育现代化提供有效支撑。① 2022 年 3 月 24 日，中国教育科学研究院、华东师范大学、腾讯三方联手，在北京举办了"人工智能教育研讨会暨《人工智能教师能力标准（试行）》《2022 年人工智能教育蓝皮书》成果发布会"，人工智能教师登上了历史舞台。② 人工智能有"芯"，而我们人类有"心"，我们的心是温暖的，可以传递爱，我们有超强的学习能力和独立思考能力，它是智慧的载体，而强大的芯是冰冷的，虽然它有强大的大数据和云计算，但它也只是知识的载体（图 2-6）。

为深入贯彻落实党的二十大精神，扎实推进国家教育数字化战略行动，完善教育信息化标准体系，提升教师利用数字技术优化、创新和变革教育教学活动的意识、能力，2022 年 11 月 30 日，教育部发布了《教师数字素养》教育行业标准的通知。③

---

① 习近平在中共中央政治局第五次集体学习时强调 加快建设教育强国 为中华民族伟大复兴提供有力支撑 [EB/OL]. 人民政协网，2023-05-30.

② 重磅：《中小学人工智能教师能力标准（试行）》发布 [EB/OL]. 央广网，2022-03-24.

③ 中华人民共和国教育部. 教育部关于发布《教师数字素养》教育行业标准的通知 [EB/OL]. 中华人民共和国教育部，2022-12-02.

图 2-6 "芯"与"心"

人类社会从原始文明到农耕文明再到现在的工业文明，几个阶段所耗费的时间从几十万年到几千年，再到几百年，社会发展明显在加速。信息时代的变革，看起来更像是冲刺。从信息社会到智能社会，我们好像还没有反应过来，一眨眼的工夫，人类社会将迎来新一轮变革的门槛。农业时代是自然经济，自给自足；工业时代是商品经济机器运用广泛；信息时代是知识经济，以科学技术为第一生产力。随着数字时代的到来，创意是稀缺资源。教育环境、学习者和人才理念都发生着根本转变，它预示着个性化学习、学习品质的学习（勤奋、思考、专心、虚心好问以及刻苦钻研）、更人性化的学习时代的到来。

（四）文化自信

文化是一个国家、一个民族的灵魂。历史和现实都表明，一个抛弃了或者背叛了自己历史文化的民族，不仅不可能发展起来，而且很可能上演一幕幕历史悲剧。文化自信，是更基础、更广泛、更深厚的自信，是更基本、更深沉、更持久的力量。坚定文化自信，是事关国运兴衰、事关文化安全、事关民族精神独立性的大问题。没有文化自信，不可能创作出有骨气、有个性、有神采的作品。①

文化是以价值观为核心的一定群体的生活方式，文化是"人化"，文化也是"化人"。文化与自然是一个相对的概念，人类在社会实践中对自然进行改造，自然的一部分是人类思想、价值和意志对象化的产物。② 每个民族都有自己独特的文化，不同的民族都有自己的文化之源，这是民族自立存在的基础。比如，一幅剪纸作品"喜上眉梢"，让一个西方人来解读它，他不明白为什么一只喜鹊站在梅花的枝头，就是"喜上眉梢"。我们一看都明白它其中的谐音与寓意以及对美好生活的向往。文化中有"我的、他的"，当然也有"我们的"。比如，中

① 李红．习近平：在中国文联十大、中国作协九大开幕式上的讲话［EB/OL］．中国军网，2016-11-30．

② 尹少淳．尹少淳谈美术教育［M］．北京：人民美术出版社，2016：17．

医、中国武术、中国京剧、中国书画等都是"我的"，当然西方绘画、西医等外来文化就是"他的"，而"我们的"则是绿色、环保、幸福、快乐等。

问题 2 核心素养"4C"是什么

基础教育一直是人们关注的焦点，其任何变动，哪怕微小的变动，都会牵动社会的神经。近期，基础教育在发生什么改变？最新的改变非"核心素养"莫属。

教师要给学生提供机会去面对各种真实的任务和问题，让他们能够积极探索未知、敢于迎接挑战，在应对和解决各种复杂开放的现实问题或任务过程中逐渐发展创造性、批判性思维。沟通交流和团队协作，是当下课程改革要关注的关键点。学生形成这种观念，对理解和推进当前的基础教育课程改革至关重要。[①] 以已作为世界各国和国际组织公认的核心素养"4C"为例，我们谈谈核心素养本位的教学如何实施，当然这还是一个有待深入探讨和研究的问题。我们希望更多的研究者和教师集思广益，在实践中探索，真正发现适应核心素养培养的教学方式方法。

一、团队合作（collaboration）

激烈竞争容易使学生形成冷漠、自私、狭隘和孤僻的性格，基础教育面向的是全体，关注的是每一个学生的发展，而合作式教学方法正以它独特的魅力逐渐凸显出来。一是培养学生的集体主义精神和协作精神。一株草看似渺小，然而当千万株草聚集在一起时，彼此默契地合作，他们就拥有了那"野火烧不尽，春风吹又生"的生命力。二是充分发挥每一个学生的潜能。假如你有一个苹果，我有一个苹果，两人交换后仍然只有一个苹果，假如你有一个设想，我有一个设想，那么交换后就各自有了两个设想。同样的道理，当独自研究一个问题时，你可能思考 10 次，而这 10 次思考几乎是沿着一个思维模式进行的。如果在合作学习中，从他人的思考中，你也许一次就完成自己一个人需要 10 次的思考。三是运用别人之所长，补自己之短，互利双赢。学生为完成一个任务或一个项目，在小组内学会分工、协调、互补，这样每位同学都能发挥自己的

---

① 杨向东. 关于核心素养若干概念和命题的辨析 [J]. 华东师范大学学报（教育科学版），2020，38（10）：51.

长处，为建立良好的人际关系打下坚实基础。戴尔·卡耐基（Dale Carnegie）曾经说过，成功，只有15%来自专业技能，85%靠人际关系处世技巧。教师最后将对个人的评价转化为对小组的评价，增强学生集体荣誉感，处理好个人与集体的关系，让学生在相互合作与交往中共同发展。

二、沟通交流（communication）

沟通交流是人类特有的存在方式和活动方式，也是社会群体赖以生存、发展的必要条件，在沟通交流中学会与人合作，是现代教育的重要特征。课堂教学本身就是一个师生交往互动的过程，如果没有师生的交往互动，就不存在真正意义的教学。师生交往的技巧：第一印象很重要，55%来自外貌，38%来自举止，7%来自语言，但语言恰恰可以对之前两个重要因素进行否定。第一让他关注。假如你在会场发言，假如你正在上课，你是只顾自己说，还是不断地环视四周，建立视线联系，因为空气振动是可知可感的。第二让他愿意听，同时伴随着适应的情感信息，温暖、赞美、幽默、智慧、经验等。例如，同样面对灾难，四川汶川地震时，温家宝说"对不起，我来晚了"；菲律宾遭遇强台风时，菲律宾总统阿基诺说"你还没死掉，对不对"。这两个对比，你更喜欢哪个？

三、创造性（creativity）

我们在学会学习的同时，还要学会创造，可以说没有创造就没有美术，创造是美术的灵魂，亨利·马蒂斯（Henri Matisse）宣称：一幅新画应是一种唯一的事迹，一种新的诞生，对人的精神所把握的世界观增加了一种新形式。这充分说明了美术的独创性，而想象力是创造力的基础。

作为美术教师，我们首先需要保护学生的个性。著名美术教育家尹少淳先生说："每个人都有自己的独特，这是社会充满活力和丰富多彩的原因。美术教育必须尊重它、呵护它，应成为学生个性在整个学校、教育体系中的庇护所。"[1] 美术如果没有了个性就称不上是美术，尊重个性也就是保护艺术的多样性。美国斯坦福大学科学教育学者保罗·德哈特·赫德（Paul deHart Hurd）教授说：创造型儿童最显著的特点是拥有自己的个性。然而，在长期的中小美术教育中，不少教师为了迎合成人的欣赏口味，让儿童按照自己的构思、想法，一遍遍地修改，反复练习，直到符合自己的意愿为止。于是，学生的童心过早

---

① 尹少淳. 美术及其教育［M］. 长沙：湖南美术出版社，2000：117.

地消失在成人的世界中，培养个性成了一句空话。

其次，为学生营造轻松、愉快、和谐、民主的学习氛围。学生将自己的内心世界以独特的方式大胆地表现出来，同时能对他人的作品发表自己与众不同的见解。

最后，建立科学正确的评价机制。其使不同先天素质、不同智力水平和不同个性特点的学生都能通过美术活动得到发展，并让每一个学生都能充分感受到成功所带来的喜悦与自豪。在儿童创作过程中，教师及时肯定每个儿童的"闪光点"，哪怕是微弱的"闪烁"。

美国著名心理学家威廉·詹姆斯（William James）说："人最本质的需要是渴望被肯定。"戴尔·卡耐基（Dale Carnegie）曾指出，肯定和赞美会让人充满力量。一句表扬的话，一次信任的目光，一个赞许的眼神，都会使学生信心倍增，个性得到张扬。

四、批判性思维（critical thinking）

它是从西方文化中引进来的概念，最早是美国批判性思维运动的先驱罗伯特·恩尼斯（Robert Ennis）在 1962 年提出的，他认为批判性思维是一种理性的、反省的思维，它用于分析各种论争，识别各种谬误和偏见，根据证据得出结论，并且给出明确的判断，他不是否定一切，质疑一切。批判性思维的培养不能仅仅限于思维技能的训练，同时要关注个体的非认知因素，激发好奇心，培养开放的心态、公正严谨的品质以及对问题或事物追根究底的习惯。[①] 其实批判性思维主要是培养学生独立思考、严密审慎以及自我解决问题的能力，是创新能力的开始。

从洛林·W. 安德森（Lorin W. Anderson）的认知目标分类（图 2-7）中，我们不难看出评价与分析是培养学生批判性思维最好的方法，评价建立在分析基础之上，敢于评价和善于评价就是质疑与创新的开始。在美术教学中，培养学生的评价意识，让学生在分析中评价，促进其批判性思维的形成就成为我们深入研究的课题。

艺术是无功利、无目的、自由的游戏，让学生在轻松愉悦的美术学习氛围中学会合作与交往，促进其创造力和批判性思维的形成，来应对社会发展和终身发展的需求。

---

① 杨向东. 关于核心素养若干概念和命题的辨析［J］. 华东师范大学学报（教育科学版），2020，38（10）：50.

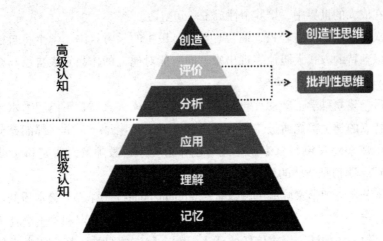

图 2-7　布卢姆教育认知目标分类 2008 年，安德森修订 2001 版

学生如何践行核心素养中的"4C"，请跟我一起分析项目式教学（PBL）《巨型蚯蚓》案例。

　　案例直击：项目式教学（PBL）《巨型蚯蚓》案例①

问题3　不同价值取向的美术教育及其价值

我们先给大家分享一个"现代寓言故事"：

　　一个画家在野外画画，一个农民在一旁看着。画家天天来画，农民天天来看，终于有一天，农民禁不住问画家："你每天到这里来，究竟是干什么？"画家心里好笑，嘴上回答："难道你看不出我在画画吗？"农民点头："我知道，可你画什么呢？"画家这时有点奇怪了："你没看见我在画那棵树吗？"于是，农民更加奇怪地说："那棵树好好长在那里，你画它干什么？"闻言，画家愣住了，一时无语……②

这个故事引发了我们对美术的思考，"什么是美术？""什么是美术教育？"

---

①　案例选自微信公众号"Mido 老师讲艺术"，具体案例视频见学堂在线 MOOC"中学美术教学设计"学习任务 2。

②　杨建滨. 美术学科教学概论［M］. 武汉：湖北美术出版社，2002：1.

在《全日制义务教育美术课程标准（实验稿）》中专门会对一些名词术语进行解释，"美术"是艺术的种类之一，"美术"在历史上是个语义多变的概念。在现代，人们更倾向于称美术为造型艺术和视觉艺术，美术具体包括绘画、雕塑、工艺、摄影、计算机美术、广告设计、产品设计、建筑和环境艺术等。①随着时代的发展，美术的外延和内涵还会不断发生变化。"17版美术课标"给美术下的定义是美术是运用一定的媒材及技术表现人的需求、想象、情感和思想的艺术活动。② 美术需要运用媒材和技术来呈现思想的艺术活动，那么要了解和认识美术，必须具备一些条件。人们只有在获得物质文明的同时，才有增长和丰富内心世界的需要，希望通过艺术塑造一个充满和谐快乐的自我。所以，我们去了解和认识美术，不仅要把它看作一种"意识形态"，而且更主要的是把它作为一种"生产形态"，通过美术教育的方式和行为，生产并整合我们的情感、快乐、智慧，还有创造力。

美国第二任总统约翰·亚当斯（John Adams）在给夫人的一封信中写道："我必须研究政治和战争，那么我的儿子们也许才会拥有研究数学和哲学、地理学、自然史、军舰建造、航海术、商业和农业的自由，以便给他们的孩子们研究绘画、诗歌、音乐、建筑、雕塑、织艺和陶瓷的权利。"

中国有一句老话："一代通文墨，二代识风雅，三代方知礼仪。"

美术教育是一个合成词，它是由"美术"和"教育"两个概念组成的，也是众多学科教育的一种，任何一种学科教育都包括两方面的作用：一是向学生传授美术学科的知识与技能，来延续和发展美术文化；二是在传授知识与技能时发生一定的教育功能，影响学生的身心发展。概括地说，美术教育就是传播美术知识、技能、文化与教书育人相统一的社会活动。

在美术教育发展的长河中，不同的文化、历史背景，催生了不同价值取向的美术教育目的。

一、社会本位价值取向的美术教学

社会本位论（theory of society as standard for education）主张教育目的应根据社会要求来确立。③ 1851年，以伦敦万国博览会为契机，从提高工业产品的设

---

① 中华人民共和国教育部. 全日制义务教育美术课程标准（实验稿）［M］. 北京：北京师范大学出版社，2001：36.
② 中华人民共和国教育部. 普通高中美术课程标准（2017年版2020年修订）［M］. 北京：人民教育出版社，2020：1.
③ 王大根. 小学美术课程与教学［M］. 重庆：西南大学出版社，2020：18.

计质量这一实用主义目的出发，普通教育导入图画教学的必要性在英国达成了共识，1860 年将图画列为必修科目，之后芬兰、德国等国家也实施。中国于1904 年第一次经国家法令颁布的《奏定学堂章程》（也称《癸卯学制》）（图2-8）中将图画与手工列为中小学堂的学习科目。奏定高等小学堂章程要求图画"其要义在使知观察实物形体及临本，由教员指授画之，练成可应实用之技能，并令其心思习于精细，助其愉悦"。奏定中学堂章程，要求图画，"习图画者，当就实物模型图谱，教自在画，俾得练习意匠，兼讲用器画之大要，以备他日绘地图、机器图，及讲求各项实业之初基"①。

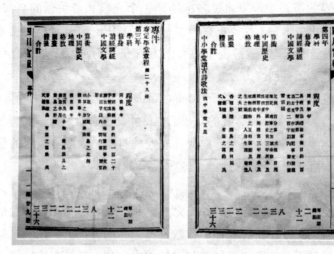

图 2-8　1904 年《奏定学堂章程》（也称《癸卯学制》）

各国导入美术教学的时间有先后，但他们出发点都是振兴产业，富国强民。美术课程与教学强调符合社会的需求，学生在教师的引导下提高社会发展的能力。

二、儿童本位价值取向的美术教学（工具论）

19 世纪后半叶，美术教学观念开始发生变化，主要是因为儿童心理研究以及儿童美术研究运动的开展与兴起，这种美术教育的着眼点由社会价值转向了"学习者观点（教育）"，即通过美术教育有目的地培养人的道德感、审美趣味、意志、智力和创造等基本素质和能力，以及进行心理疏导和艺术治疗等。

---

① 课程教材研究所 . 20 世纪中国中小学课程标准・教学大纲汇编：历史卷 ［M］. 北京：人民教育出版社，2001：181—182.

儿童中心论（child-centered theory）强调美术教育的外在价值，即"工具主义"的美术教育。[1]

以美国当代美术教育家"美术教育之父"维克多·罗恩菲德（Victor Lo-wenfeld）和英国当代学者赫伯特·里德（Herbert Read）为代表的"通过艺术的教育"（Education through art）称为"工具论"。他们认为，在艺术教育中，艺术只是一种达到目标的方法，而不是一个目标。艺术教育的目标是使人在创造的过程中，变得更富有创造力，而不管这个创造力将施用于何处。[2] "工具论"在 20 世纪四五十年代风靡欧美，至今仍有较大的影响力。如果我们过于强调教育功能，反而会影响美术文化的发展与传播。

三、学科取向的美术教学（本质论）

以美国斯坦福大学教授艾斯纳（E. W. Eisner）与美国学者格里尔（W. D. Greer）为代表的"艺术的教育"称为"本质论"（Education in art），他们强调通过严谨的美术课程来指导学生对美术各项知识技能的认识，也就是以严谨的美术课程来实现美术的自身价值。这就是 20 世纪 80 年代以来风靡世界的"以学科为基础的美术教育"（Discipline-based Art Education，简称 DBAE）。其主要主张：1. 美术学科涵盖美学、美术批评、美术史和艺术创作四个学习领域；2. 美术的教学应该有系统化和程序化的书面设计；3. 学习内容应由简至繁，遵循渐进的实施；4. 美术的学习非自然成果，而是学习的结果。DBAE 美术教育思想在 20 世纪 80 年代末至 20 世纪 90 年代初影响中国美术教育，对拓展美术教学的内容、丰富美术课程起着积极的作用。[3]

两种教育对整个美术教育领域产生了重大影响，因此对美术教育的正确理解应建立在学科本位与教育功能两方面的相辅相成、有机统一的基础上，过于强调任何一个方面，就会出现极端化的倾向，导致教学方向的偏离。

20 世纪 90 年代中叶，吉蒂艺术教育中心根据社会需要，将"DBAE"改名为"全面综合的美术教育"（Comprehensive Art Education），这时它的教育理念已发生变化。

所谓的"全面综合的美术教育"的特点是对美术进行广义的认识，强调包容与综合，强调多元性是艺术教育的核心。全美美术教育协会主席麦克尔·D.

---

① 王大根. 小学美术课程与教学 [M]. 重庆：西南大学出版社，2020：19.
② 罗恩菲德. 创造与心智的成长 [M]. 王德育，译. 长沙：湖南美术出版社，2002：4.
③ 尹少淳. 尹少淳谈美术教育 [M]. 北京：人民美术出版社，2016：145.

德（Michael D. Day）认为：通过美术教育了解视觉艺术是怎样影响并提高他们自己现在作为学生、将来作为公民的生活质量。① 高中毕业时，接受全面综合的美术教育的学生将成为有知识的公民，视觉艺术是他们的兴趣、生命的激情和乐趣的源泉。他们有些人可能成为美术家和美术方面的学者，其他许多人作为社会中的公民，会珍惜和支持艺术对个人、生活和社会的影响。

问题 **4** 什么叫零点计划（**Project Zero**）

零点计划是哈佛大学教育研究生院的一个教育研究中心，成立于1967年，研究对象是艺术教育。该项目研究背景是美国与苏联冷战时期的科学技术竞争，苏联第一颗原子弹是1949年试验成功的，整整落后美国4年。1957年10月4日，苏联成功发射第一颗人造卫星比美国早83天，举国震惊之余追究原因。10年后，经过认真反省，一些教育家认为：美国的科学教育比苏联先进，但艺术教育落后，所以培养出来的科技人员缺乏必要的文化素质和艺术修养，影响了科学水平的提高，从而导致空间技术在竞争中的失败。1967年，美国哈佛大学教育研究生院立项研究艺术教育对科技竞争的作用，并探讨艺术教育的模式，发起人为奈尔森·古德曼（Nelson Goodman）。他提出国家以前在科学教育方面投入了大量的资金，而对艺术教育资金投入接近零，所以将此项目起名为"零点计划"，经过几十年的跟踪研究得出以下结论。

一、"零点计划"告诉我们②

（一）艺术教育对培养包括科技工作者在内的任何优秀人才，都是必不可少的。艺术教育的强弱，在一定程度上决定着科技竞争的成败。

从19世纪中到20世纪初，俄罗斯文学艺术达到了辉煌灿烂的顶峰。俄罗斯人总爱这样说，他们仅仅贡献出一个列夫·托尔斯泰，19世纪的俄罗斯民族就无愧于全世界。我们当然知道还有车尔尼雪夫斯基、普希金等一大批不朽的伟大作家、诗人。说到美术，19世纪的美国名画，你们能列举出10幅吗？如果能，俄罗斯名画你就能列举出100幅。例如，俄罗斯画坛最为耀眼的明星列宾，他的《伏尔加河上的纤夫》成为我们小学课本中的经典，还有《意外归来》对

---

① 尹少淳. 美术及其教育［M］. 长沙：湖南美术出版社，1995：117.

② 沈致隆. 哈佛大学《零点项目》的启示［J］. 高等教育研究，1997（2）：21-24.

人物表情进行了细致刻画，反映革命者意外归来带给家人的意外和惊喜。仅《伊凡雷帝杀子》这幅画中对封建君主制黑暗、阴险、残暴揭露之深刻，就难以找到另一幅画与其媲美。伊万的现实主义肖像画《无名女郎》形神俱佳。苏里科夫的大型历史画《近卫军临刑的早晨》更是展现了俄罗斯社会变革的宏阔史诗与经典画卷，而这一时期，美国只有少数几位国际级的著名大师，且一查家谱，全都来自俄罗斯。

（二）1994 年 4 月 21 日，美国克林顿政府颁布了《2000 年目标：美国教育法》（Goals 2000：Educate America Act），美国在历史上第一次将艺术（包括音乐、视觉艺术、舞蹈、剧院艺术）与数学、历史、语言、自然科学并列为基础教育的核心学科。

（三）"零点计划"的研究者认为艺术与科学思维都是发现、分析、解决问题的过程。这两种思维方式都是人类重要的思维方式。

（四）在"零点计划"的推动下，美国不仅在基础教育中加强了艺术教育，而且自 20 世纪 70 年代起以哈佛大学、哥伦比亚大学等为代表的高等学校，率先对本科生实行了以艺术教育为核心的审美教育。

（五）"零点计划"的现任执行主席美国哈佛大学著名的心理学家霍华德·加德纳（H. Gardner）还提出了一个新理论——多元智能理论，它也是 20 世纪 80 年代重要的成果之一。

二、霍华德·加德纳的多元智能理论

霍华德·加德纳基于广泛的脑研究，重新发掘了一套智力视角。他认为，学校一直重视以语言和数理逻辑为特征的所谓智能，但这并非智能的全部。儿童的智力的确与其学业上的成功或失败密切相关，但这不意味着他（她）在生活上的真正能力。目前，加德纳划分出的八大智力领域表（如表 2-1 所示）分别是语言智能（verbal/linguistic intelligence）、逻辑—数学智能（logical/rhythmic intelligence）、空间智能（spatial intelligence）、音乐智能（musical intelligence）、身体运动智能（bodily intelligence）、人际智能（interpersonal intelligence）、自我认识智能（intrapersonal intelligence）、自然智能（naturalist intelligence），这些与法国人发明的用来测试智力商数（IQ）的方法是相对立的。

表 2-1　霍华德·加德纳——多元智能理论①

智能类型	运用这些智能的人	课堂活动
语言智能	教师、撰稿人、诗人、演员、演讲家、新闻记者、小说家、广告商以及秘书	阅读，听力，辩论，期刊，撰写散文、故事以及诗歌，等等
逻辑—数学智能	科学家、数学家、编程人员、会计、概念艺术家以及律师	形成以及测试假设、实验、对比、实证论断、模拟辨别以及归纳与演绎
空间智能	艺术家、雕刻家、建筑师、工程师、摄影师以及制图师	制图表、形象思维、视觉呈现、制作视频、视觉化、概念化以及绘制地图
音乐智能	音乐家、作曲家、舞蹈家以及音乐教师	声音分析、在游戏或音乐中打拍子、唱歌
身体运动智能	艺术家、表演家、外科医生以及眼手协调能力强的运动员	竞技活动、亲手展示、角色扮演、跳舞
人际智能	领导者、经理、作家、教师、治疗师、销售员、宗教领袖、咨询师以及政客	合作学习、团队游戏、讨论、朋辈导修以及社区服务
自我认识智能	艺术家、哲学家、精神病学家以及宗教领袖	期刊撰写、任务自我评估、独立研究以及反省
自然智能	农民、猎人、生物学家、植物学家、寻林员、环境艺术家以及导游	模式辨别、动植物关怀、环境实践研究以及生态田野探索

　　加德纳认为艺术要比其他任何学科，在传递、培养他所列出的各种智能方面都更适合。就我们渴望培养孩子全方面智力潜能的愿望来看，孩子还需要在培养过程中注入多种艺术形式，让他们拥有掌握这些艺术的机会。如果孩子把握住这些机会，他们势必能够拥有充分发挥思维的能力。② 传统的教学方式是教师用一种方法对待每一个学生，而多元智能理论的提出告诉我们，不同的学生所拥有的智能是不相同的，我们应该针对多元智能类型，开展不同的课堂活动，并给予学生最大限度的发展机会。

　　未来的教师也必须明白每个学生的个体差异性，每个学生有不同的优点、弱点、能力、兴趣和学习风格，教师需根据多元智能理论去培养他们。教育的

---

① 迈克·帕克斯，约翰·赛斯卡. 美术教学指南［M］. 郭家麟，孙润凯，译. 长沙：湖南美术出版社，2015：211-212.

② 迈克·帕克斯，约翰·赛斯卡. 美术教学指南［M］. 郭家麟，孙润凯，译. 长沙：湖南美术出版社，2015：213.

起点不在于一个人有多么聪明，而在于怎样变得聪明，以及哪些方面变得聪明。① 在教学设计时，教师必须考虑学生的差异性，其内容要尽可能地满足所有学生的需要，最大限度地理解、宽容、善待学生。

著名教育家陶行知先生在《糊涂的先生》中说："你的教鞭下有瓦特，你的冷眼里有牛顿，你的讥笑中有爱迪生。你别忙着把他们赶跑。你可不要等到坐火轮、点电灯、学微积分，才认识他们是你当年的小学生。"②

美术教研员访谈：核心素养时代下的美术教学③

思考与练习：

1. 请你说说社会发展与美术教育的关系？

2. 谈谈你对核心素养时代下的美术教学的理解？

3. 为什么说项目式教学是目前培养核心素养的最佳选择？

4. "零点计划"带给我们哪些启示？

线下课堂学习建议（2 课时）：

1. 分享各学习小组的组名、Logo 以及口号。

2. 个人分享展示线上学习笔记，小组合作展示回答上面思考与练习中的 4 个问题。

线上学习建议（2 课时）：

1. 线上学习学堂在线 MOOC "中学美术教学设计" "学习任务 3"，完成学习笔记。

2. 小组讨论 "学习任务 3" 思考与练习中的 3 个问题，以小组合作的形式进行汇报。

3. 以小组为单位对当地博物馆展开调研，参考 "学习任务 3" 案例直击《守正创新 时代赋能——讲好湛江故事》中教材编写的内容，注意录制视频，收集过程性材料以及图片。

---

① 钟启泉，崔允漷，张华. 为了中华民族的复兴 为了每位学生的发展：基础教育课程改革纲要（试行）解读［M］. 上海：华东师范大学出版社，2001：239.

② 李红新. 把 "神秘" 当成最美妙的事：对培养学生创新思维的思考［N］. 中国教育报，2015-09-15（4）.

③ 具体案例视频见学堂在线 MOOC "中学美术教学设计" 学习任务 2。

第二单元 02

基础知识

单元概述：本单元由"领会美术课程结构"和"运用美术课程资源与技术"2个学习任务和7个问题构成。其旨在通过解决问题和完成学习任务，了解中学美术教学设计需要领会和运用的基础知识。首先是领会美术课程的构成、课程标准与教材的关系、美术学科所要呈现的内容。其次根据美术课程资源的分类，进行有效的开发和利用，并将现代教育技术有效地融入美术教学中。

大观念：课程与教材是教与学的中介，资源与技术是课程教学得以开展的物质基础。

基本问题：如何领会美术课程与教材、开发和利用美术资源与技术进行创新性的美术教学？

学习任务 3 领会美术课程结构

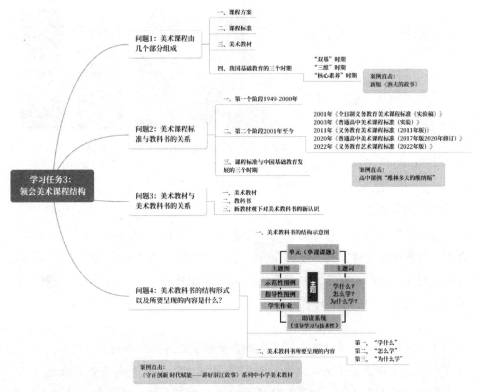

图 3-1 "学习任务 3：领会美术课程结构"的思维导图

问题 1 美术课程由几个部分组成

"课程"源于拉丁文词汇"currere"，意思是"跑道"，意指一段路程，学校建立起学习的"路线"让学生通过，学生要克服一系列的障碍或完成一系列的任务，成功了就可以获得相应的毕业证书。① 学校肩负着教育筛选的任务，也就是通过考试打开或关闭高一级学校的教育大门。

课程是为了达到教育目标，选择与组织教育内容，按照一定的顺序编排的计划，也可以说是学生在学校的支持下获得的经验。

课程是学校教育的核心，它涉及教学过程中教师教什么、学生学什么的问题，它包括学校所教的所有学科，主要以课程方案（教学计划）、课程标准（教学大纲）和教科书来体现。②（图3-2）

图3-2 课程方案（教学计划）、课程标准（教学大纲）和教科书

一、课程方案

课程方案（也称"教学计划"）是根据培养目标制定的有关学校教学和教育工作的指导性文件，具体规定学校应设置的课程、各门课程开设的先后顺序、课时分配和学年的编制等，并对课内的教学和课外活动等方面做全面安排。它是课程标准编制的上位文件。③

例如，教育部印制的《义务教育课程方案（2022年版）》④。

1. 它确定了义务教育阶段的培养目标：义务教育要在坚定理想信念、厚植爱国主义情怀、加强品德修养、增长知识见识、培养奋斗精神、增强综合素质上下功夫，使学生有理想、有本领、有担当，培养德智体美劳全

---

① 埃利奥特·W.艾斯纳.教育想象：学校课程设计与评价［M］.李雁冰，等译.北京：教育科学出版社，2008：26-27.
② 尹少淳.美术教育学新编：第2版［M］.北京：高等教育出版社，2023：166.
③ 尹少淳.新版课程标准解析与教学指导（2022年版）美术［M］.北京：北京师范大学出版社，2022：3.
④ 中华人民共和国教育部.义务教育课程方案（2022年版）［M］.北京：北京师范大学出版社，2022.

面发展的社会主义建设者和接班人。

2. 义务教育课程应遵循以下基本原则：第一，坚持全面发展，育人为本；第二，面向全体学生，因材施教；第三，聚集核心素养，面向未来；第四，加强课程综合，注重关联；第五，变革育人方式，突出实践。

3. 规定了义务教育课程设置的类别、科目的设置以及教学时间（表3-1）。

表3-1 各科目安排及占九年总课时比例

	年级									九年总课时（比例）
	一	二	三	四	五	六	七	八	九	
国家课程	道德与法治									6%~8%
	语文									20%~22%
	数学									13%~15%
			外语							6%~8%
							历史、地理			3%~4%
	科学						物理、化学、生物学（或科学）			8%~10%
				信息科技						1%~3%
	体育与健康									10%~11%
	艺术									9%~11%
	劳动									14%~18%
	综合实践活动									
地方课程	由省级教育行政部门规划设置									
校本课程	由学校按规定设置									
周课时	26	26	30	30	30	30	34	34	34	
新授课总课时	910	910	1050	1050	1050	1050	1190	1190	1122	9522

说明：本表按"六三"学制安排，"五四"学制可参考确定。

4. 从国家课程标准编制与教材编写两方面给出具体要求。

5. 对课程实施从科学规划课程实施、深化教学改革、改革教育评价、强化专业支持以及健全实施机制五方面给出具体的指导方案。

二、课程标准

国家课程标准是国家对基础教育课程的基本规范和质量要求，它是教材编写、教学、评估和考试命题的依据，也是国家管理和评价课程的基础。课程方案规定了课程的门类及课时分配，课程标准则是根据课程计划来确定学生的学习结果，① 是美术课程编制的第二个层次。美术课程标准是根据国家课程计划对美术学科的学制、学时的规定和依据教育目的而制定的，关于美术学科课程性质、理念、目标、课程内容、教学实施建议与美术教学相关的原则性问题的纲领性文本，过去曾被称为"美术教学大纲"。② 自 2001 年基础教育改革以来，美术课程标准经历《全日制义务教育美术课程标准（实验稿）》"实验版美术课标""11 版美术课标""17 版美术课标"四个版本。2022 年颁布的课程标准，在名称上发生了根本的变化，由美术课程改为艺术课程，成为"22 版艺术课标"。这不是简单的名称的改变，而是加强课程综合、注重关联的一种体现。

三、美术教材

教材是使学生达到课程标准所规定的质量要求的内容载体，是教师教学与学生学习的主要工具。美术教材是根据美术（艺术）课程标准提出的课程目标、课程内容、学业质量以及教材编写建议等选择与组织的美术课程材料。教材一般以美术教科书为主，辅以教学用的挂图、实物、模型、视听影像资料、计算机软件和教师教学参考用书等，③ 这是课程标准的具体化，是美术课程编制的第三个层次。从以上概念我们不难看出，随着课程标准的出台，教材也会随之变化。这也就出现了不同版本课程标准对应不同版本的美术教材。教材是教师和学生在知识传授活动中的主要信息媒介，在 2001 年课程改革之前，我们是依据教学大纲编写教材，课程改革之后，我们依据课程标准编写教材。如果说，标准是课程的"灵魂"，那么教材是课程的"肉体"，因此改教学大

---

① 钟启泉，崔允漷，张华. 为了中华民族的复兴 为了每位学生的发展：基础教育课程改革纲要（试行）解读 [M]. 上海：华东师范大学出版社，2001：167.

② 常锐伦，唐斌. 美术学科教育学 [M]. 北京：人民美术出版社，2007：178.

③ 常锐伦，唐斌. 美术学科教育学 [M]. 北京：人民美术出版社，2007：180.

纲为课程标准的意义，在于树立教师"用教材教，不是教教材"的观念，①鼓励教师从教材的执行者转变为教材的开发者，根据课程标准有效开展课程组织，编写出既可以完成美术课程标准中的课程目标，又具有鲜明地域特色的地方或校本美术教材。

四、我国基础教育的三个时期

1949 年以来，中国的基础教育可以分为三个时期，这种划分是课程学者崔允漷先生提出来的，第一个时期指 2000 年课程改革以前（从 1949 年到 2000 年），被认为是"双基"时期，也就是"基础知识"和"基本技能"时期；第二个时期，是从 2001 年到 2015 年，被称为"三维"时期，即"知识与技能""过程与方法""情感态度与价值观"时期，强调学习的过程与方法恰恰是"三维"时期的特点；第三个时期，2015 年开始的"核心素养"时期（2015 年启动普通高中美术课程标准，实际普遍发生效应应该从 2017 年算起）。② 美术课程也不例外，同样经历了这三个时期，我们特别需要理解关注的就是核心素养时期的核心素养。

核心素养就是理解知识和技能，运用智慧，综合性地发现一些问题并能够解决问题的能力。尹少淳先生用《司马光砸缸》的故事来解释核心素养，即将所学的知识转化为智慧，去解决生活中的实际问题。司马光要解决"情急中救人"的问题，知识和技能是不可少的，否则救人的行为不可能发生。此外，司马光成功地把缸砸破，将人救出，还需要沉着、冷静、果断等心理品质。③ 核心素养需要在真实的情境中发现问题，并能够运用知识和技能去解决问题，问题是核心，知识和技能是关键，解决问题的能力就是核心素养的养成。

案例直击：新版《渔夫的故事》④

问题 2　美术课程标准与教科书的关系

教科书是课程标准的具体化，不同美术课程标准的颁布对应不同的美术教

---

① 钟启泉，崔允漷，张华 . 为了中华民族的复兴 为了每位学生的发展：基础教育课程改革纲要（试行）解读［M］. 上海：华东师范大学出版社，2001：167.

② 尹少淳 . 尹少淳谈美术教育［M］. 北京：人民美术出版社，2016：162.

③ 尹少淳 . 尹少淳谈美术教育［M］. 北京：人民美术出版社，2016：168.

④ 具体案例见学堂在线 MOOC "中学美术教学设计"学习任务 3.

材出版，这也揭示了我国美术课程改革之路，在这里，我们将其分成两个阶段：一是 1949—2000 年，二是 2001 年至今。

一、第一个阶段 1949—2000 年

尹少淳老师对新中国成立初期到 2000 年的《美术课程标准（教学大纲）》的节点进行了整理（图 3-3）。1950 年为图画之末，1956 年至 2000 年，受苏联的影响，我国正式进入教学大纲时代。

图画之末	大纲时代			1950年后的美术教学大纲		
1950	**1956**	**1979**	**1988**	**1992**	**1997**	**2000**
小学图画课程暂行标准	小学图画教学大纲（草案）	全日制十年制学校中小学美术教学大纲（试行草案）	九年制义务教育全日制小学美术教学大纲（初审稿）	九年义务教育全日制小学美术教学大纲（试用）	全日制普通高中美术艺术欣赏课教学大纲（初审稿）	九年义务教育全日制小学美术教学大纲（试用修订版）
	初级中学图画教学大纲（草案）		九年制义务教育全日制初级中学美术教学大纲	九年义务教育全日制初级中学美术教学大纲（试用）		九年义务教育全日制初级中学美术教学大纲（试用修订版）

图 3-3　1950 年后的美术教学大纲（尹少淳）①

图片中展示的是不同课程标准（或教学大纲），在新中国成立初期，"文革"时期，20 世纪八九十年代的部分不同版本的美术教材图片（图 3-4）。

图 3-4　不同版本的美术教材封面

---

① 选自人民教育出版社培训，尹少淳 2022 年的《美术课程标准的节点》中的课件截图。

二、第二个阶段 2001 年至今

这个阶段颁布的课程标准，标志着我国基础教育课程改革正式拉开帷幕，也开启了课程标准时代。它们是 2001 年根据《义务教育课程设置实验方案》颁布的《全日制义务教育美术课程标准（实验稿）》，与之对应的是 2003 年出版的中小学美术教材（图 3-5）。

图 3-5　《全日制义务教育美术课程标准（实验稿）》
与之对应的部分美术教材

2003 年根据《普通高中课程方案（实验）》颁布的《普通高中美术课程标准（实验）》，与之对应的是 2004 年出版的高中美术教材（图 3-6）。

图 3-6　《普通高中美术课程标准（实验）》
与之对应的部分美术教材

2011 年颁布的《义务教育美术课程标准（2011 年版）》与之对应的是
2013 年出版的中小学美术教材（图 3-7）。

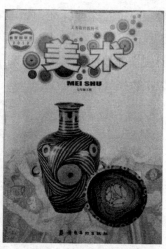

图 3-7 《义务教育美术课程标准（2011 年版）》
与之对应的部分美术教材

2020 年根据《普通高中课程方案（2017 年版 2020 年修订）》颁布的《普
通高中美术课程标准（2017 年版 2020 年修订）》，与之对应的是 2019 年出版的
高中美术教材（图 3-8）。

图 3-8 《普通高中美术课程标准（2017 年版 2020 年修订）》
与之对应的部分美术教材

2022 年根据《义务教育课程方案（2022 年版）》颁布了《义务教育艺术课程标准（2022 年版）》，与之对应的部分教材，已在 2024 年秋季发行出版（图 3-9）。

图 3-9　《义务教育艺术课程标准（2022 年版）》与之对应的部分美术教材

我将 2000 年之后课程标准颁布的节点进行整理（图 3-10），得出美术课程标准颁布时间轴，自 2001 年开始义务教育阶段分别在 2001 年、2011 年和 2022 年颁布 3 本课程标准，普通高中美术课程标准则在 2003 年和 2020 年分别颁布 2 本。从课程标准的颁布时间上，得出我国课程改革的周期基本为 10 年一次。

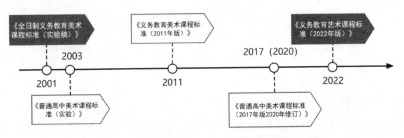

图 3-10　2000 年之后美术课程标准颁布时间轴

三、课程标准与中国基础教育发展的三个时期

我们将尹少淳老师整理的 2000 年前的节点进行整合，呈现出新中国成立以来美术课程的发展周期。在这里，我们需要强调 2000 年之后的两个节点、三个

时期（图3-11）。第一个时期是2000年之前，我们称为"双基"时期，强调美术基础知识和基本技能。第二个时期为2001年到2017年称为"三维"时期，在"双基"的基础上强调过程与方法、情感态度与价值观，其中2001年是一个重要节点，颁布了《全日制义务教育美术课程标准（实验稿）》。第三个时期是2017年至今，其中2017年《普通高中美术课程标准（2017年版）》的颁布是第二个重要节点，至此标志着我国基础教育进入"核心素养"时期。

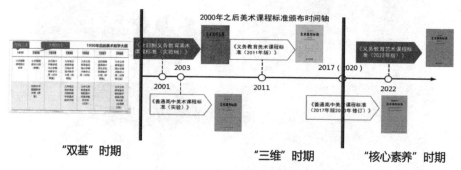

图 3-11　基础教育的三个时期

美术教材是承载美术课程标准中的知识和各种媒介的统称，是美术课程内容的具体化，是教师和学生进行美术教学活动的中介和依据。新的教材观主要体现在教科书是课程标准的呈现上，具有主观性和地域性，教科书是美术知识与技能的载体也是教与学的平台，是灵活可以发挥的。

案例直击：高中课例"维林多夫的维纳斯"①

问题3　美术教材与美术教科书的关系

一、美术教材

美术教材是承载美术课程标准中的知识和各种媒介的统称，是美术课程内容的具体化，是教师和学生进行美术教学活动的中介和依据。教材其实是一个笼统的概念，具体包括教科书、教学参考用书、教学光盘、影像资料、实物等。②

---

①　具体案例见学堂在线MOOC"中学美术教学设计"学习任务3。
②　尹少淳. 美术教育学新编：第2版［M］. 北京：高等教育出版社，2023：181.

二、教科书

教科书是教材的一种形式，亦称课本，根据教学大纲（或课程标准）编定的系统反映学科内容的教学用书。[①] 教科书是教学内容的主要依据，是实现一定教育目的的重要工具，是师生教与学的主要材料，也是考核教学成绩的主要标准。各地可以根据课程标准制定具有地方特色的美术教科书。

三、新教材观下对美术教科书的新认识

当下，教育界对教材的认识正在发生变化，不再只是将教材当作知识的"容器"，而主张将教材当作师生在教学活动中对话和互动的"平台"。基于新的教材观，我们对美术教科书的认识也应该有相应的改变，以下几个要点可供参考。[②]

（一）美术教科书是美术课程标准更为具体的呈现。相对而言，美术课程标准基本是文字文本，而美术教科书则是图像和文字文本的结合，体现为具体的内容和学习活动的结合，帮助学生感受、理解和实践课程内容。

（二）美术教科书的内容不是美术课程标准内容的生搬硬套，而是依据一定的美术教育观念和地域特征，对美术课程标准内容的主观认识和选择。美术教科书的编写者在理解美术课程标准时不可避免地受其教育观念、对美术教育的理解以及对教科书适应环境的认识的影响，因而不同的美术教科书在内容的选择上必然会有一定的倾向性和地域性等特征。

（三）美术教科书不仅仅是美术知识和技能的载体，还应该是教师与学生互助的平台，是师生进行交流的共同话题，因而教科书应该是灵活的，是可以发挥的。美术教科书不应该是一件成衣，而应该是一块布料，因为美术教师完全可以根据学生的体型灵活而自由地裁剪，以便教学内容与自己所教的学生完全合体。

（四）"教科书"常常被称为"课本"，这是比较中性的提法，既可以理解为"教本"，也可以理解为"学本"。从以学生为本的角度看，我们应该偏重于将"课本"理解为"学本"。在现代教育观转型的背景下，编写者将美术教科书编写得更人性化，更具亲和力，更具宽容度，并鼓励教师不但能灵活地富有

---

① 中国大百科全书总编辑委员会《教育》编辑委员会，中国大百科全书出版社编辑部.
中国大百科全书·教育［M］.北京：中国大百科全书出版社，1985：145.

② 尹少淳.美术教育学新编：第2版［M］.北京：高等教育出版社，2023：184.

创造性地运用美术教科书，还要成为美术教科书的开发者和研究者。

问题 4　美术教科书的结构形式以及所要呈现的内容是什么

一、美术教科书的结构示意图

美术教科书最大的特点是图文并茂、图多字少。"22 版艺术课标"要求美术教科书以单元的形式组织课程内容，单元的大小应根据任务的不同、学生的年龄特征确定，从整体到细节，处理好学科逻辑与生活逻辑的关系，并形成有特色的组织结构。课程最前面的主题图与主题词通常揭示了课程的主题，在主题图下，有示范性图例、指导性图例以及学生作业等图片内容。为数不多的文字同图片一样重要，可谓字字黄金，蕴含着"学什么""怎么学"和"为什么学"的课程内容呈现。再通过学生学习的助读系统和技术性的助读系统，紧紧地围绕着一个主题，构成师生在教学活动中交流互动的平台。在这个平台中，最重要的是"学什么""怎么学""为什么学"的教学内容的呈现（图3-12）。

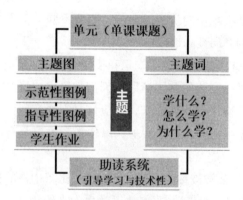

图 3-12　美术教科书的结构示意图

二、美术教科书所要呈现的内容

第一，"学什么"，对应"知识与技能"目标，主要针对图像识读、审美感知（判断）、艺术（美术）表现和创意实践核心素养的达成。

首先是基本知识。概念简练、确切、无误又要口语化，让学生接受。注重历史，找到源头、种类、发展，体现人文性，图片材料要有典型性、代表性。

其次是基本技能。完成什么作业，体现美术本质，难易适中，有选择、创造和生成的空间。

最后是创作理念。综合运用材料、融合创新，强调跨学科解决实际问题。

第二，"怎么学"，对应"过程与方法"目标，体现如何达成核心素养。

首先是材料工具。善用当地资源，形成纸电联动的助读系统，并适当设计学习单、评价表等助读工具。

其次是方法步骤。介绍基本操作方法与步骤演示。

最后是活动方式。个人/小组/集体、基础/拓展/研究，强调活动与体验。

第三，"为什么学"，对应"情感态度与价值观"目标，重点是文化理解核心素养的达成。

首先是育人功能。立德树人，弘扬真善美，塑造美好心灵，强调文化自信与民族自信。

其次是现实用途。落实核心素养，提升综合解决问题的能力。

最后是人文精神。以人为本，体现中华民族共同体意识和国际视野，吸收借鉴人类优秀艺术成果。

美术教科书的结构形式，主要是围绕着主题，以单元的形式完成学习任务，图文并茂，在助读系统的帮助下，告诉学生"学什么""怎么学"和"为什么学"，构建师生在教学活动中共同对话和互动的平台。

案例直击：《守正创新 时代赋能——讲好湛江故事》系列中小学美术教材①

思考与练习：

1. 美术课程由哪三个部分组成，它们之间的关系是怎样的？

2. 美术教科书的结构形式需要呈现哪些内容？

3. 结合案例直击中的教材设计，通过对当地博物馆的调研，确定教材编写的主题与单元分工和计划。

线下课堂教学建议（4课时）：

1. 个人分享展示线上学习笔记和档案袋制作。

---

① 具体案例及视频详见学堂在线 MOOC "中学美术教学设计" 学习任务 3。

2. 小组合作展示回答上面思考与练习中的 3 个问题。

线上学习建议（2 课时）：

1. 线上学习学堂在线 MOOC"中学美术教学设计""学习任务 4"，完成学习笔记。

2. 小组讨论"学习任务 4"思考与练习中的 2 个问题，以小组合作的形式进行汇报。

学习任务 4　运用美术课程资源与技术

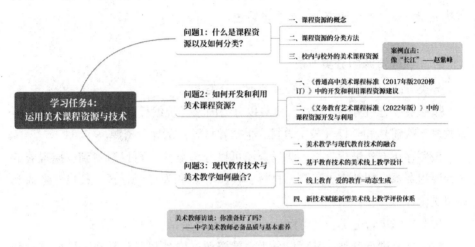

图4-1　"学习任务 4：运用美术课程资源与技术"的思维导图

问题 1　什么是课程资源以及如何分类

如果让你来上一节美术课，你需要准备些什么？为了实现课程目标，你所能想到的所有与课程相关的因素，都属于美术课程资源。

在任何教学系统中，教学的物质条件是为教学活动提供的物质资源，也是教学活动得以运行的基本保证。美术教学活动与其他学科相比更加特殊，所以教学的物质设备也更加复杂，它是衡量学校美术学科建设水平、美术教学水平的重要标志之一。

一、课程资源的概念

课程资源是 2000 年之后，随着新课程改革与推进，现在已然成为美术教师所熟悉的一个概念。在 2001 年之前，美术教学大纲中很少出现"课程资源"这一概念，有的也只是在物质材料方面有所提及。课程资源是指课程要素来源以及实施课程的必要而直接的实施条件。课程资源的概念有广义与狭义之分，广义的课程资源指有利于实现课程目标的各种因素，狭义的课程资源仅指形成课程的直接因素来源。①

美术课程资源是经过开发和利用后，有利于实现美术课程目标的因素来源和实施条件。美术课程资源的开发与利用有利于丰富美术教学的内容，提高美术教学的效益，突出地方美术教育的特色。

二、课程资源的分类方法

分类方法不同决定了课程资源的不同分类。

按照层级进行分类，课程资源可以分为国家（统编教材与教辅）、地方（地方教材与教辅）和学校（校本教材、生本教材等）的课程资源。

按照存在方式进行分类，课程资源可以分为显性（可以看得到、摸得着的各种课程资源，如教室、工具、材料、校园等）和隐形（学风、校风、考风和校园文化等）。

按照空间进行分类，其可以分为校内与校外资源。

按照性质进行分类，其可以分为自然资源（自然风景、景观、材料等）和社会资源（文体活动、节庆、纪念日、建设成就、重大历史事件以及城市、社区村庄环境等）。

按照形态进行分类，其可以分为实物（真实的）和网络（虚拟的）资源。

《普通高中美术课程标准（2017 年版 2020 年修订）》将美术课程资源分为基本资源、社会文化和自然资源、优秀传统文化资源、信息化资源和生成性资源。

《义务教育艺术课程标准（2022 年版）》将美术课程资源分为优秀艺术资源、基本教学设施与场所、公共文化资源和地方社会文化资源、电子媒介资源和信息化资源等，主要是注意培养学生对各种网络艺术资源及相关信息的辨别、选择和运用的能力。

下面我根据空间将美术教学资源分为校内与校外课程资源，并进行详细阐述。

---

① 钟启泉，崔允漷，张华. 为了中华民族的复兴 为了每位学生的发展：基础教育课程改革纲要（试行）解读 [M]. 上海：华东师范大学出版社，2001：402.

三、校内与校外的美术课程资源

（一）校内美术课程资源

1. 学校的美术人力资源，包括专、兼职美术教师，分管美术教育的管理人员和其他相关教学辅助人员、学生等。人力资源是最重要、最具有活力的美术课程资源，不仅直接参与了教育，而且是其他课程资源的开发者和运用者。①

教师是最为重要的课程资源，教师的素养状况决定了课程资源的识别范围、开发和利用的程度以及发挥效益的水平。因此，在课程资源建设的过程中，学校要始终把教师队伍建设放在首位，通过这一最重要课程资源的突破来带动其他课程资源的优化发展。② 作为一名教师，他们首先要明白什么才是真正的教育，如何实施教育以及如何评价教育成果也是教学智慧和才能的体现。

案例直击：像"长江"——赵紫峰③

作为美术教学资源中最重要的人力资源——美术教师，他们如何履行自己的职责，如何体现学习者的中心地位，如何实施真正的教育，这将是我们一生的追求。2012 年 2 月 10 日，教育部印发的《中学教师专业标准（试行）》④ 对中学教师提出了标准要求。具有良好的职业道德、掌握系统的专业知识和专业技能、履行中学教育工作职责的专业人员，需要经过严格的培养与培训。

2. 保证学生学习美术的基础配备。基础配备包括能够正常实施美术教学的基本材料与设备。其一般包括两方面：一是学生学习美术的画具画材（画笔、绘画专用纸张、画板、画架以及不同绘画、雕塑、工艺所需要的不同材料等）；二是学校开展美术教学需要的教学设施（画室、多媒体教室等）、器材（常用的静物、石膏、工艺工具与材料、数码艺术器材等）和书籍（教科书、教师教学用书、学生学习用书以及各美术门类的重要图书与期刊，包括电子图书与期刊、图片数据库等）以及作品展示的专门场所（美术作品展厅、画廊、学校美术馆等）。

3. 营造具有本校美术文化特色的整体环境（校园建筑外墙的美化、宣传栏、小画廊、景观小品、点缀雕塑等），包括隐性的校园文化氛围（校园广播

---

① 尹少淳．美术教育学新编：第 2 版［M］．北京：高等教育出版社，2023：295.
② 钟启泉，崔允漷，张华．为了中华民族的复兴 为了每位学生的发展：基础教育课程改革纲要（试行）解读［M］．上海：华东师范大学出版社，2001：416.
③ 具体案例见学堂在线 MOOC"中学美术教学设计"学习任务 4.
④ 中华人民共和国教育部．教育部关于印发《幼儿园教师专业标准（试行）》《小学教师专业标准（试行）》和《中学教师专业标准（试行）》的通知［EB/OL］．中华人民共和国教育部官网，2012-09-13.

站、校园电视台、网站、公众号等）。政府要鼓励学校与美术馆、博物馆、青少年宫、社区以及当地社区美术家工作室和民间美术作坊携手，开展多种形式的美术教育教学活动，以便优质校外美术资源共享，提升美术教学的质量。

4. 生成性美术课程资源。课堂是一个交流、互动、生成的动态过程，在教师与学生、学生与学生、学生与活动之间，都会生成新的问题、事件与结果。教师善于捕捉与利用"动态生成"的美术教学资源，恰恰是现代教育理念所强调的个性化教学，通过对生成性课程资源进行总结、整理与提升，可以丰富课程内容与教学方法，也能快速形成适用于本校的，属于自己的教学风格。

（二）校外美术课程资源

1. 校外的美术人力资源，包括艺术家、画家、工艺美术师、设计师、建筑师、摄影师、非物质文化遗产传承人、民间艺人等。

2. 社会文化美术课程资源。政府要鼓励学校、教师与美术馆、博物馆、图书馆、艺术家工作室、动植物园、公园、游乐场、商店、艺术作坊和社区等校外的课程资源携手，开展多种形式的美术教育教学活动。教师广泛针对地方和社会文化资源［民间美术、民俗、文体活动、节庆日、纪念活动、重大历史事件、传说、故事、影视、戏剧（含戏曲）等］进行美术教学，引导学生增加对中华文化的理解与认同，树立文化自信，还可以利用重要的节庆日、纪念日、少先队和共青团活动，开展校园文化艺术节，通过作品展示，增强美术学习的广度、深度和强度。

3. 自然资源。教师尽可能运用自然资源（自然景观、自然材料、自然现象等），让学生在自然景观和自然现象中去感受人与自然和谐共生的教育理念，运用在大自然中随手可取的材料进行创作，如从大海、山川、河流，到刮风、下雨、下雪以及树叶、鹅卵石、沙子、竹根、稻草、贝壳、鸡蛋壳、棉花等都可以作为美术课程资源被引入课堂。

4. 信息化美术教学资源。教师积极开发信息化课程资源，充分利用网络，获得最新的美术教育资源，从内容和方法上拓宽美术课程的空间，使美术教学更具有直观性、互动性和时代感，在改善教师教的同时，促进学生学习方式的转变。国家积极搭建数字化、信息化的美术课程资源平台，开展班与班之间、校与校之间、省市之间和国家之间学生美术作品和教师美术教学成果等方面的交流。农村、边远地区及少数民族地区，应充分利用远程教育网络，引进优质美术教学资源，提高美术教学的效益，也要提高学生对各种网络美术及相关信息的辨别、批判、选择和运用能力。

5. 地方美术课程资源。各类传统民族、民间美术以及人类文化的遗物、遗迹、非物质文化遗产都是重要的校外课程资源，发掘其蕴含的中华文化精神和核心价值观，引导学生增进对中华文化的理解与认同，树立文化自信。教师结合身边的乡土美术文化组织自己的教学，一方面可以丰富美术课程的内容，结合学生生活经验，在真实的情境中进行教学，激发学生的学习兴趣，提高美术教育教学质量。另一方面对地方美术文化的保护、传承、发展也有着特别的意义。爱祖国、爱人民从爱家乡开始，家乡的民间美术之所以得以传承，有着它独特的魅力。

问题2　如何开发和利用美术课程资源

2001年新课程改革以来，不同的课程标准对美术（艺术）课程资源的开发与利用提出的要求不同，下面展示"17版美术课标"和"22版艺术课标"对美术课程资源开发与利用的最新要求。

一、《普通高中美术课程标准（2017年版2020年修订）》中的开发和利用课程资源建议①

（1）充分认识开发和利用课程资源的重要性

开发和利用课程资源对促使美术课程向具体学习任务转换、加强课程与地方经济文化的联系、强化教学与现实生活情境的关系、拓展美术课程的空间、发展学生美术学科核心素养等都具有重要的作用。因此，在课程实施中应科学有效地进行各种美术课程资源的开发和利用，相关职能部门和学校应对此项工作给予必需的保障和支持。

（2）改善实施高中美术课程的学校的软硬件环境

学校应配备基本的教学设施、器材和书籍，如美术专用教室、美术器材、美术展示场所（有条件的地方可以尝试建设学校美术馆）、美术教科书、教师教学用书、学生学习用书，以及美术专业及美术教育书籍，以满足高中美术课程实施的需要。应营造具有本校美术学科特色和校园文化特色的环境，使其成为可以利用的课程资源。

---

① 中华人民共和国教育部. 普通高中美术课程标准（2017年版2020年修订）[M]. 北京：人民教育出版社，2020：60-62.

（3）充分开发和利用社会文化和自然资源

学校应提供支持和方便，帮助教师开发和利用各种公共文化设施（如美术馆、博物馆、图书馆、青少年宫、文化广场、社区或乡村文化站等）、地方的自然资源和社会文化资源（如有特色的自然景观，乡土美术材料，历史、政治、文化和经济等领域的事件，与美术有关联的文化景观、文化遗产和遗迹，民间传统美术，优秀的艺术家、非物质文化遗产传承人、民间艺人及其工作室或作坊等）等重要美术课程资源。

（4）广泛汲取我国各民族优秀传统文化思想资源

学校应鼓励教师充分发掘和利用我国各民族美术作品、工艺品、器物、建筑和社区环境所蕴含的丰富的中华优秀传统文化内容，汲取其中的优秀文化精神和核心价值观，如追求和谐、尊重自然、遵守公德、崇尚团结、诚信友善、热爱生活、尊老爱幼和勤劳节俭等，以增进学生对我国各民族优秀文化的理解与认同，帮助他们树立文化自信，形成正确的价值观和民族团结意识。

（5）充分而理性地利用信息化资源

学校应该提供资金、设备，帮助教师充分利用计算机技术、多媒体技术和互联网技术、各种美术应用软件等信息化美术课程资源，从内容和方法上扩展美术课程的空间，使美术教学更具有直观性、互动性和时代感，以促进学习方式的转变，提高教学效果。在充分利用信息化资源的同时，也要注意培养学生对各种网络美术及相关信息的辨别、批判、选择和运用能力。

（6）捕捉和利用生成性课程资源

学校应鼓励或要求教师捕捉教师与学生、学生与社会、学生与学生在交流互动中生成的问题、事件和结果，以及教师的教学案例、教学反思和学生的成长过程、作品及其反响等，并及时地总结、整理和提升，应用于高中美术教学中，以丰富课程内容和教学方法。

二、《义务教育艺术课程标准（2022 年版）》中的课程资源开发与利用①

艺术课程资源是艺术课程内容的重要来源和艺术活动的重要载体，也是艺术课程教学实施的基本保障。

---

① 中华人民共和国教育部．义务教育艺术课程标准（2022 年版）［M］．北京：北京师范大学出版社，2022：120-122.

1. 坚持正确导向

艺术课程资源开发与利用要坚持以习近平新时代中国特色社会主义思想为指导，立足社会主义先进文化、革命文化、中华优秀传统文化，突出核心素养导向。坚持实践与理论相结合，深入发掘、充分利用体现中华美学精神的艺术资源、美育资源，将丰富多样的优秀艺术资源与艺术课程教学有机结合。要强化思想性与艺术性、实践性与创新性、民族性与世界性等的有机统一。在资源开发与利用中，要加强法治意识，尊重知识产权，不断提高艺术教师和学生的知识产权保护意识。要充分利用网络资源，但同时要注意排除网络中的错误和不良信息。

2. 保证基础配备

学校应创造条件，配齐基本的教学设施（音乐教室、美术教室、舞蹈教室、工具材料设备储藏室）、器材（如常用乐器、画具画材、摄影器材、工艺工具与材料、数码艺术器材等）和书籍（如艺术教科书、教师教学用书、学生学习用书，以及各艺术门类的重要图书和期刊等）。

在条件许可的前提下，还需建立健全学校艺术表演、作品展示的专门场所，满足学校艺术教育"常演、常展"的要求。还应营造具备本校艺术教育和校园文化特色的整体环境，结合文化、美育及艺术教育进行一体化设计和建造，使之成为可以利用的课程资源。

3. 开放课程资源

为了更有效地开展综合性和探究性教学，提高学习效益，必须秉持开放的课程资源观。在保证国家课程资源切实落地的同时，地方教育行政部门、教研部门和学校应提供支持和便利，帮助教师开发和利用各种公共文化资源。鼓励学校与美术馆、博物馆、音乐厅、歌剧院、影院、青少年宫、社区和新时代文明实践中心，以及当地社区艺术家工作室和民间艺术作坊携手，开展多种形式的艺术教育教学活动，以便通过优质校外艺术资源共享，提升艺术教学的质量。

广泛而有针对性地利用地方和社会文化资源，如有特色的自然和人文景观、乡土音乐、民间美术、民间舞蹈、地方戏剧（含戏曲）资源，历史、政治、经济、民俗等领域的事件，文化景观、文化遗产和遗迹、各类传统艺术等，发掘其蕴含的中华文化精神和核心价值观，引导学生增进对中华文化的理解与认同，树立文化自信。

此外，还可以利用重要节庆日、纪念日、少先队及共青团活动日、校园文化艺术节等，开展文艺会演、艺术作品展示、优秀影视作品展演等活动，增强艺术学习的广度、深度和强度。

4. 顺应时代发展

要主动适应社会发展、时代进步的要求，不断创新资源开发与利用的途径、方法与机制。为满足教师备课、上课和教研，以及学生查阅、搜集和研究艺术资料的需要，学校图书馆应配置艺术类相关电子媒介资源。此外，还可以借助校园广播站、校园电视台、网站、公众号等，营造良好的校园文化艺术氛围。

学校要提供条件帮助教师充分利用计算机、多媒体设备、艺术软件等开发信息化艺术课程资源，从内容和方法上拓展艺术课程的空间，使艺术教学更具有直观性、互动性和时代感，促进学生学习方式的转变。尤其要借助现代信息技术整合艺术课程资源，积极搭建数字化、信息化的艺术课程资源平台，充分利用互联网信息量大、视听结合、互动共享等优势，开发新的教学资源，促进教学方式、方法的转变和创新发展。

在充分利用信息化资源的同时，要注意培养学生对各种网络艺术资源及相关信息的辨别、选择和运用的能力。

问题 3　现代教育技术与美术教学如何融合

"互联网+教育"独特的跨时空、跨地域共享与沉浸技术赋能于新的教与学。基础教育一直是引领教学手段与方法改革的先锋，技术改变生活，同样也改革教与学。随着生成式人工智能"GAI"的诞生与发展，新的"智能+教育"时代已然来临。

一、美术教学与现代教育技术的融合

美术课程一直以来与技术有着千丝万缕的关系，我们可以将美术理解为"美的技术"，也可以理解为运用材料与技术完成视觉形象的再创造。作为一名中小学美术教师，他们必须学会运用各种先进的教育信息技术来支撑他们的美术课堂，因为它将是未来教学中必不可少的教学辅助工具。2020 年的新冠疫情，让所有中小学教师，包括美术教师开始关注信息技术，MOOC①、SPOC、学习

---

① 即 Massive Open Online Courses 的首写字母的缩写，大规模开放式在线课程。

通、雨课堂、腾讯会议、钉钉、希沃白板等新型信息化教育手段，给基础教育的信息化和网络教学带来了新的契机。

美术教学与其他学科最大的不同，就是强调体验与实践。"互联网+教育"的线上教学为美术教育提供了更加丰富多彩的视觉体验、更加便捷的情感体验，教师可以更加灵活地运用优质资源。目前，学校通过"VR"①"AR"② 技术已经基本可以实现"所见即所得"，为美术教学的沉浸式体验提供技术支持。

二、基于教育技术的美术线上教学设计

线上教学我们也可以理解为运用现代化信息技术完成远程教学的一种教育新形态，也可以理解为智慧教学的一种形式，是"互联网+教育"的必然，智慧教育的突破口在课程，制高点在智慧型课堂。③ 课程本身的设计却是教师最容易忽视的问题。"教学"就是"教"学生如何"学"，它是一个互动前进的动态过程。"设计"则是一个方案、一种新思维，"教学设计"则是运用新的思维和方案促成更有效的教与学。"众所周知，一场好戏关键在脚本，一堂好课关键在方案。"④

基于核心素养的教学设计，教师不再只是关注知识与技能，也不再只是强调学会学习的方法，而是更加关注与强调具有解决实际生活中问题的能力，也就是核心素养的养成。目前的教学设计一般有两种形式：一种是灌输式，普遍用于大学课堂，强调学术的"含金量"；一种是活动导向式，在中小学比较典型，强调学生的"参与度"。用后者教学，学生们只认为自己的任务是参与，认为学习只是活动，而不是对活动意义的深刻思考。⑤ 为理解而教，学生通过体验与沉浸式的学习，学习美术学科大概念。"基本问题"指单元主题、内容和教学的上位引导性问题，与围绕"大概念"的思维组织能力相关联，能有效引发学生的深层思考。⑥ 中小学美术线上教学设计还要体现一定的程序性，它的有效开展必须同时依赖新的教学理念和新的信息技术（图4-2）。

---

① 即 Virtual Reality 的首写字母的缩写，虚拟现实。
② 即 Augmented Reality 的首写字母的缩写，增强现实技术。
③ 陈琳，陈耀华，李康康，等．智慧教育核心的智慧型课程开发［J］．现代远程教育研究，2016（1）：33-39.
④ 崔允漷．混合学习要从方案变革做起：由"停课不停学 ≠ 在线学习"想到的［N］．中国教师报，2020-03-04（12）.
⑤ 格兰特·威金斯，杰伊·麦克泰格．追求理解的教学设计：第2版［M］．闫寒冰，宋雪莲，赖平，译．上海：华东师范大学出版社，2017：17-28.
⑥ 尹少淳．在少儿美术教育中融入"大概念"［J］．美术，2018（7）：18.

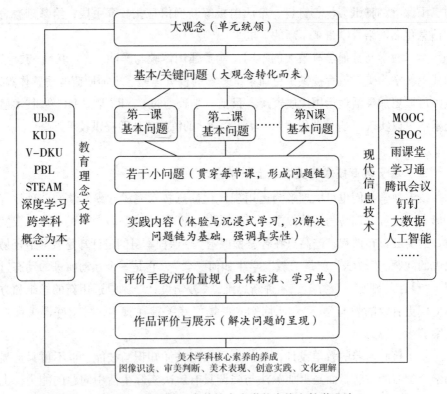

图 4-2 基于核心素养的中小学美术线上教学设计

例如，新的教学理念，如"PBL"① "V-DKU"②、深度学习、"UbD"③ "STEAM"④ 课程设计、任务驱动式教学、深度学习、跨学科、概念为本等和 MOOC、SPOC、雨课程、学习通、腾讯会议、钉钉、大数据、人工智能等各种 新的教育信息技术双管齐下，现代教育技术赋能基础美术教育。理念与技术虽 然各异，但他们的指向明确，强调以大观念为主题开展单元化教学与评价，通 过基本问题与小问题组成的问题链，让学生沉浸在美术实践活动之中，通过身 心感悟，达到情感共鸣，引发他们对美的追求与思考，进而丰富持久地理解美

---

① Problem-Based Learning 的首写字母缩写，即基于问题的学习。
② Value "价值观"、Do "做"、Know "知道"、Understand "理解" 的首写字母缩写，即 "价值引领下的做中学"。
③ Understanding by Design 的首写字母缩写，即 "理解为先的逆向教学设计"。
④ Science "科学"、Technology "技术"、Engineering "工程"、Art "艺术"、Mathematics "数学"的首字母缩写，STEAM 教育就是集科学、技术、工程、艺术、数学多领域融合 的综合教育。

术的本质，促进学生美术学科核心素养的形成。

三、线上教育+爱的教育=动态生成

所谓的"动态"，即"运动变化的状态"。"生成"可以成为"过程"的代名词，因为"生成"是在新的情境中产生的，它与预设目标相对应。教育的过程充满着变数，充满着预知的"附加价值"和有意义的"衍生物"，未来的不可预知性就意味着过程的创造性。① 中小学美术线上教学是在现代信息技术支持下的全新教学模式，在新的课堂教学情境中，教师和学生也在不断创新、诠释着线上教学，这些恰恰可以对美术线上教学课程资源加以开发与利用。

案例一： 一位教师在上思想品德课时，发生了这样一幕：用多媒体设备向学生展示图片、资料时，电脑突然发生故障，无法使用。教师在课堂上顿时慌了手脚，只得跟大家解释说："电脑坏了，课件没法用了，有些问题我只好口头说说了……"教师叙述了下面还有什么图片、资料、图表，便草草结束了这节课，造成了虎头蛇尾的结局。

案例二： 同样是利用多媒体教学的一节思想品德课，这节课是一位教师参加江苏省七年级思想品德赛的课，内容是"走进情感世界"（苏人版）。当这位教师讲到"影响情绪变化的因素"时，电脑突发故障，这位教师在瞬间紧张之后，采取了这样的教学方式。

师：同学们，电脑坏了，老师紧张吗？

生：有点紧张。

师：你们紧张吗？

生：也紧张。

师：但我觉得电脑比我们还紧张，它"吓坏了"。（同学大笑）

师：请大家想一想，老师为什么紧张，老师的情绪有变化吗，受什么影响？

生：电脑坏了，老师紧张；老师的情绪变化受这一（突发）事件的影响！

师：这说明情绪变化受什么影响？

生：受突发事件影响、受境遇影响。

就在这时，工作人员将电脑修好了，那位老师的课也就顺利进行下去

---

① 朱志平．课堂动态生成资源论［M］．北京：高等教育出版社，2008：47-48.

了。台下顿时掌声如雷，甚至有的专家评委竖起大拇指啧啧称赞。

（江苏赣榆实验中学 启昌）

首先，中小学美术线上教学要与家长建立联盟，将监控与督促的任务进行交接，要求家长督促学生观看视频、完成项目和参加讨论，营造适合线上学习的环境与氛围，将课堂教学中教师的时间和精力转向更高价值的活动中。因为未来社会需要的是终身学习的能力，学生在学校会学，离开学校更要会学，从小养成自主学习的习惯，为未来学习奠定基础。

其次，选用学生和家长都非常熟悉的 QQ 群、微信群、腾讯会议等 APP 辅助教学，主要是处理线上课程疑问，并能更直接地与学生交流，通过互动、点赞、回帖，增强学生归属感，让学生通过网络也能体会到教师满满的爱意。线上教学让中小学美术教师开始关注现代教育技术，关注利用优质课程资源共享共建，来更好地服务基础美术教学。学校要打造"线上教学+爱的教育=动态生成"的全新课堂资源，促进线上教学效率和教育品质的提高。

最后，利用现代教育技术，实现线上教学课前（学习）、课中（实践）、课后（反思）等教学环节的完整性，教师与学生远程交流的无障碍性，克服学生实践的时空错位，形成中小学美术线上运行新模式（图4-3）。

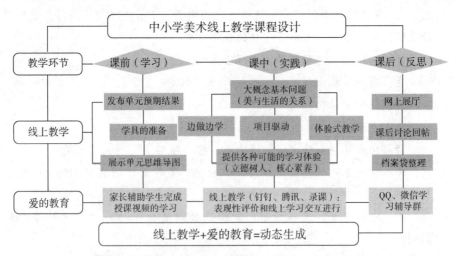

图4-3 动态生成的新型中小学美术线上运行新模式

四、新技术赋能新型美术线上教学评价体系

崔允漷先生说"评价就是导航"，设计与目标相匹配的评估证据，并将评价

任务嵌入学习过程中，实现教、学、评的一致性，这是有效教学的核心技术。①
2020年10月，国务院印发的《深化新时代教育评价改革总体方案》明确指出：
"坚持科学有效，改进结果评价，强化过程评价，探索增值评价，健全综合评
价，充分利用信息技术，提高教育评价的科学性、专业性、客观性。"② 线上美
术教学更容易获得交互数据，为美术教学评价形成更科学、更多元、更客观的
评价体系提供有效支撑，而我们要做的就是转变教育评价模式，创新评价工具。
"17版美术课标"和"22版艺术课标"将美术学业质量测评写入标准中，"17
版美术课标"划分了相应的等级水平，"22版艺术课标"不设水平等级，只规
定学生在每个学段学习之后应达到的合格标准，它们给我们指明了评价方向与
标准。具体到美术课程中的评价，我们需要从单一对学生美术作品的评价，转
向强化美术学习过程的评价、探索增值评价，从而健全综合评价（图4-4）。

图4-4　线上美术教学运行示意图

首先，加强过程性评价。它是对结果评价的一种有效补充，通过制定与课
程对应的评价量规（表4-1和表4-2），设计帮助学生学习的学习单，再运用新
的教育信息技术收集整理学生交互数据等，通过大数据分析整理，实现评价的

---

① 崔允漷. 混合学习要从方案变革做起：由"停课不停学≠在线学习"想到的［N］. 中
国教师报，2020-03-04（12）.

② 中共中央、国务院印发《深化新时代教育评价改革总体方案》［EB/OL］. 中华人民共和
国教育部官网，2020-10-13.

反馈和回溯。在整个学习过程中，教会学生有目的、有计划、有取舍地收集整理学习成果的信息和资料的产物，完善"学习档案袋评价"的实施，让学生的"成长"可视化。① 教师运用线上教学交互生成、相互影响与发展，促进"以知识为本"的评价转向"以素养为本"的评价。

表 4-1　基于美术学科核心素养美术课程教学评价量规

具体目标	证　据	水平 3 ☻	水平 2 ☻	水平 1 ☺
图像识读	美术知识	分析	比较	辨别
美术表现	美术技能	主题	表达	描绘
审美判断	立德树人	审视	交流	了解
创意实践	解决问题	应用	创作	改变
文化理解	传承与发扬 尊重与理解	自信	尊重	说出

表 4-2　基于艺术核心素养美术课程教学评价量规

具体目标	证　据	水平 3 ☻	水平 2 ☻	水平 1 ☺
审美感知	审美情趣	欣赏	体验	发现感知
艺术表现	实践能力	交流	表达	展现
创意实践	艺术创新 实际应用	创新	应用	实践
文化理解	传承和弘扬 理解与包容	阐释	领会	感悟

其次，改进结果评价。结果评价不可弱化，它是教学成果的直接体现。我们可以通过增加评价主体，也就是由教师一元主体评价转化为教师、学生、家长等多元主体评价。学生们学会评价自己的学习和评价同伴的学习，主要目标是帮助每个人更有效的学习。② 家长在线上教学中发挥着其独特的作用，在完成教师交给的督促与监管任务的同时，对学生的表现有着最直接的发言权。家长通过观看教学视频、小组（学生）汇报、参与评价，参与学习全过程，发现学生之间的差异，因材施教，找到促进个性化教学的改进方案。

再次，探索增值评价。加强价值观引领，在落实立德树人的根本任务中，

① 钟启泉. 深度学习［M］. 上海：华东师范大学出版社，2021：157.
② 约翰·D. 布兰思福特，等. 人是如何学习的：大脑、心理、经验及学校［M］. 程可拉，孙亚玲，王旭卿，译. 上海：华东师范大学出版社，2013：123.

将知识技能与价值导向有机结合，在原有的结果评价基础上进行改进，探索增值评价。增值评价主要关注学生在学习过程中对知识、情感、态度、思维和行为等过程的评价，主要从发展的角度评价学习的努力程度、学习绩效等，具有一定的周期性，主要关注的是在原基础上的进步程度，形成对学生自身的纵向比较。因为学习美术是需要天赋的，探索增值评价是给不同等级、不同类别的学生提供更多的可能性。

最后，健全综合性评价。它可以是基于智能技术的试题测试、实践操作、面试答辩等，可以是教师评价、家长评价、同伴评价也可是自我评价，甚至是机器评价，主要是将全过程的"纵向评价"与"德智体美劳"等要素的横向评价相结合，贯穿整个教学过程。它强调评价主体、内容与方式的多元化。教师根据学业评价标准制定相应的评价方案，主要针对学生发现和解决问题的能力、团队协作精神、创造与创新能力、自我管理能力等进行综合性测评。

美术教师访谈：你准备好了吗？① **——中学美术教师必备品质与基本素养**

思考与练习：

1. 美术教学资源与技术是美术课程得以开展的物质条件，美术教师作为最重要的资源，你觉得应该具备哪些素养？

2. 结合现代教育信息技术的发展以及国家对教育数字化的要求，你在之后的教材编写和教学设计中如何开发与利用美术课程资源与技术？

线下课堂学习建议（4 课时）：

1. 个人分享展示线上学习笔记。

2. 小组合作展示回答上面思考与练习中的 2 个问题。

线上学习建议（2 课时）：

1. 线上学习学堂在线 MOOC"中学美术教学设计""学习任务 5"，完成学习笔记。

2. 小组讨论"学习任务 5"思考与练习中的 3 个问题，以小组合作的形式进行汇报。

———————

① 具体案例视频见学堂在线 MOOC"中学美术教学设计"学习任务 4。

第三单元

03

| 课标解读 |

单元概述：本单元由"理解新普通高中美术课程标准"和"理解新义务教育艺术课程标准"2 个学习任务和 15 个问题构成。其旨在通过解决问题和完成学习任务，解读《普通高中美术课程标准（2017 年版 2020 年修订）》和《义务教育艺术课程标准（2022 年版）》，能够分析课程标准的核心要义，并能将新的教学理念综合运用到美术教学设计当中。

大观念：课程标准是指导美术教学的"宪法"和"字典"。

基本问题：课程标准的核心要义是什么？如何在美术教学中进行综合应用？

学习任务5　理解新普通高中美术课程标准

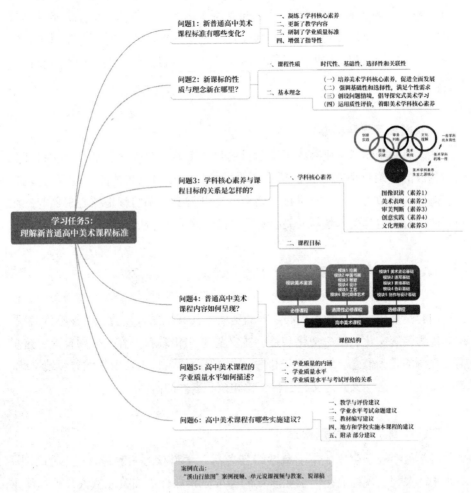

图5-1　"学习任务5：理解新普通高中美术课程标准"的思维导图

问题 1 新普通高中美术课程标准有哪些变化

《普通高中美术课程标准（2017 年版 2020 年修订）》在 2021 年取代《普通高中美术课程标准（实验）》，成为高中美术教师资格考试的重要内容。那么，新课程标准发生了哪些变化呢？

让我们一起走进"17 版美术课标"，首先映入我们眼帘的是前言，它正是 2020 年修订时增加的内容。前言主要包括两个内容：一是修订工作的指导思想和基本原则；二是修订的主要内容和变化。这些内容主要针对所有学科课程标准制定的，比较宏观。这里需要重点理解第二个内容的第二点的关于学科课程标准。

一、凝练了学科核心素养

各学科基于学科本质凝练了本学科的核心素养，明确学生学习该学科课程后应达成的正确价值观、必备品格和关键能力，对知识与技能、过程与方法、情感态度与价值观三维目标进行了整合。这里需要强调的就是核心素养与三维目标的整合，也是美术教师最关心的学习目标的设计方法。

二、更新了教学内容

新课标重视以学科大概念为核心，使课程内容结构化，以主题为引领，使课程内容情境化，促进学科核心素养的落实。其有机融入社会主义核心价值观、中华优秀传统文化、革命文化和社会主义先进文化教育内容，强调育人。这里需要强调的是大概念、结构化、主题、情境等关键词，以及中华优秀传统文化、革命文化和社会主义先进文化三种文化和核心素养的落实。

三、研制了学业质量标准

各学科明确学生完成本学科学习任务后，学科核心素养应该达到的水平，各水平的关键表现构成评价学业质量的标准。新课标更加关注育人，更加注重培养学生核心素养，更加强调提高学生综合运用知识解决实际问题的能力。这里需要强调的是学业质量标准和解决实际问题的能力。

四、增强了指导性

突出课程标准的可操作性，不管是教学和评价建议，还是附录，新课标都增加了基于核心素养的教学与评价案例。

我们从以上内容得出解读"17版美术课标"的几个关键词：三维目标与美术学科核心素养的整合；大概念；主题；结构化；情境；三种文化；学业质量标准；育人；解决实际问题的能力；等等。我们将带着这些关键词开始研读"17版美术课标"。

问题2 新课标的性质与理念新在哪里

一、课程性质

课程性质共分为两段进行表述。

第一段是美术的定义。美术是运用一定的媒材及技术表现人的需求、想象、情感和思想的艺术活动，具有人文性和工具性。

第二段是高中美术课程的任务（图5-2），同样分三个层次。一是立德树人，以美育人，培育健康审美观念，陶冶高尚情操；二是认识文明成果，坚定文化自信，树立正确的文化观；三是激发想象力和创造力，培养创新精神，促进学生全面而有个性的发展。这也为适应社会生活和高等、职业教育做准备。"17版美术课标"体现普通高中课程方案提出的时代性、基础性、选择性和关联性，比"实验版美术课标"多出了关联性。

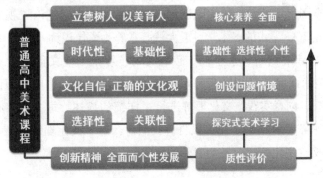

图5-2 "17版美术课标"的课程性质与基本理念

二、基本理念

（一）培养美术学科核心素养，促进全面发展；

（二）强调基础性和选择性，满足个性需求；

（三）创设问题情境，倡导探究式美术学习；

（四）运用质性评价，着眼美术学科核心素养。

它与"实验版美术课标"最大的不同就是它从培养学生美术学科核心素养出发，最后落脚到关注学生学科核心素养发展的水平上。它强调创设问题情境，倡导探究式美术学习，鼓励学生在信息化环境下，以自主、合作与探究等方式获取知识和技能。

我们在这里展示两个学习活动与过程，这非常值得大家学习与借鉴。

一是美术创作的活动与过程：创设问题情境，确定主题、观察感受、搜集素材、学习借鉴、构思创意、选择材料和技法、探索表现方法、创作作品、展示交流；

二是美术鉴赏的活动与过程：描述、分析、解释和评价。

问题3　学科核心素养与课程目标的关系是怎样的

一、学科核心素养

学科核心素养是学科育人价值的集中体现，是学生通过学科学习而逐步形成的正确价值观、必备品格和关键能力。美术学科核心素养，我们以尹少淳老师给出的示意图（图5-3）给大家展示。我们希望大家牢记以"视觉形象"为基础的"奥运五环"式的美术学科五大核心素养：图像识读（素养1）、美术表现（素养2）、审美判断（素养3）、创意实践（素养4）、文化理解（素养5）。

"17版美术课标"分别针对美术学科五大核心素养——图像识读、美术表现、审美判断、创意实践、文化理解进行了详细的描述，每一个核心素养分两段，如文化理解（素养5），第一段告诉我们什么是"文化理解"核心素养，第二段则是达成"文化理解"核心素养的要求。

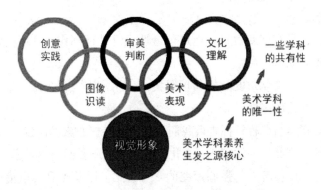

图5-3　美术学科核心素养结构关系图①

二、课程目标

普通高中美术课程以立德树人为根本任务,通过以美育人,引导学生以自主、合作、探究的方式参与美术学习,学生学会在现实生活情境中发现、提出和分析问题,综合运用美术学科与跨学科知识解决问题,增强社会责任感,形成高中生必备的美术学科核心素养(图5-4)。

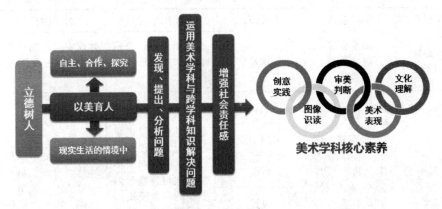

图5-4　课程目标

图像识读:通过课程学习,学生能够识别图像的形式特征,分析图像的风格特征和发展脉络,理解图像蕴含的信息。

美术表现:运用多种工具、材料和美术语言创作具有一定思想和文化内涵的美术作品及其他表达意图的视觉形象。

审美判断:依据形式美原理分析自然、日常生活和美术作品中的美,形成

① 尹少淳.尹少淳谈美术教育[M].北京:人民美术出版社,2016:166.

健康审美观念。

创意实践：具有创新意识，运用创造性思维进行创作，并用美术的方法和材料予以呈现和完成。

文化理解：从文化角度分析和理解美术作品，认同并弘扬中华优秀传统文化，尊重人类文化的多样性。

学科核心素养与课程目标告诉我们从美术学科核心素养出发，即图像识读、美术表现、审美判断、创意实践、文化理解，最后还要回归美术学科核心素养，强调立德树人、以美育人，强调探究的学习方式，以及在真实情境中解决实际问题的能力。

问题 4　普通高中美术课程内容如何呈现

课程结构由设计依据、结构、学分与选课三个部分组成（表 5-1）。

表 5-1　课程结构

课程性质	学习系列	学习模块	组织形式	教学时段
必修（1 学分）	美术鉴赏内容系列（1 学分）	美术鉴赏	可采用班级、跨班级或跨年级形式组织教学	建议安排在第一学年的第一或第二学期
选择性必修（2 学分）	美术表现内容系列（每个模块 1 学分，选择修习其中两个模块获得 2 学分，与美术鉴赏内容系列的 1 学分共同构成高中美术必修的 3 学分）	绘画	根据学校开设模块的情况，建议学生学习其中的两个模块（也可连续学习其中的一个模块）。可采用班级、跨班级或跨年级形式组织教学	可安排在第一学年的第二学期、第二学年的第一或第二学期、第三学年的第一学期
		中国书画		
		雕塑		
		设计		
		工艺		
		现代媒体艺术		
选修（9 学分）		美术史论基础	根据学校的统一安排和学生的发展意愿，采用跨班级或跨年级的形式组织教学	学校可根据情况，安排在高中阶段的任何一个学期
		速写基础		
		素描基础		
		色彩基础		
		创作与设计基础		

高中美术课程共有三种类型：一是必修课程，二是选择性必修课程，三是选修课程（图5-5）。

学生任选一个模块，修习18学时可获得1学分，原则上以修习1学分作为继续选修和转换学习内容的基本单位。

每位学生必须得3个基本学分（包括必修美术鉴赏内容系列1学分，选择性必修美术表现内容系列2学分），在取得必修的3学分的基础上，学生根据需要，学习选修课程中的全部内容或在选择性必修课程中选学一些模块内容获得9学分，来满足发展或升学考试的要求。

高中美术课程必须修习美术鉴赏必修课程1个学分，选择性必修课程2个学分，共计3学分，才可达到毕业要求。

"17版美术课标"还针对三种类型的每门课程，分别给出了内容要求和教学提示，方便大家遵照执行。

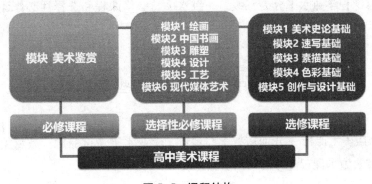

图5-5 课程结构

问题5 高中美术课程的学业质量水平如何描述

一、学业质量内涵

学业质量是学生在完成本学科课程学习后的学业成就表现。学业质量标准明确将学业质量划分为不同水平，并描述了不同水平学习结果的具体表现。

二、学业质量水平

以美术鉴赏为例，每一门课程根据美术学科核心素养进行了学业质量一、

二、三级的水平描述。我们可以通过行为动词来判断一至三级不同学业质量水平的具体表现。比如，水平一运用区分、说明、了解、选择、分析、交流等，是进行高中学习后的学业水平表现；水平二运用比较、搜集、判断、共同研究与讨论、理解并尊重等，是高中毕业时的学业水平表现；水平三则通过调查来分析、撰写、发表、探讨等，是美术专业高考水平的学业水平表现。

三、学业质量水平与考试评价的关系

学业质量水平是阶段性评价、考试和高考命题的重要依据。

必修课程和选修性必修课程水平一，是学生在义务教育毕业水平基础上，经过一段时间的高中学习所要达到的要求；水平二是高中毕业生在本学科应该达到的合格要求；水平三是对高考或用于高等院校招生的学业水平等级性考试要求。

选修课程学业水平分为三级，一级水平与必修课程和选修性必修课程水平二相当。

问题6 高中美术课程有哪些实施建议

"17版美术课标"分别从教学与评价、学业水平考试命题、教材编写、地方与学校实施本课程等方面给出实施建议。

一、教学与评价建议

（一）教学设计建议

"17版美术课标"共给出9条建议（图5-6），并给出相应的案例进行指导。我们将其视觉化，首先是倡导主题性研究型美术教学，强调教师的"教学领导力"。其次是追求真实性学习结果，是一种开放的表现性目标，不期望学生反应的一致性，而是关注学习结果的多样性和个体性。此目标仍要求按知识与技能、过程与方法、情感态度与价值观三个维度设计，同时有机融入美术学科核心素养。教学设计明确指出美术教学活动大致分为两类：一是要像艺术家一样创作，需要经历"主题—鉴赏—技法—构思—创造—展评"的过程；二是以多角度多方法进行美术鉴赏，需要经历"描述—分析—解释—评价"的过程。不管是哪种教学活动，我们都要创设引发探究行为的问题情境，问题情境是学

科核心素养本位美术教学活动的起点和关键。问题由直接指向"学科大概念"的"基本问题"和指向"基本问题"的若干可操作的"小问题"组成，让学生在解决问题的过程中养成美术学科核心素养。在具体实施过程中，教师一要使用学习工具帮助学生自主学习，如评价量规、学习任务书、调研表等；二是联系生活进行跨学科的美术教学，让学生解决学习、生活和工作中的真实问题；三是开展在信息化环境下的美术教学，与时俱进地引导学生充分运用现代信息技术开展自主、合作和探究的学习。

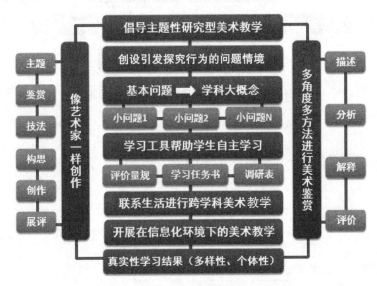

图 5-6 基于核心素养的教学设计示意图

（二）教学评价建议

"17版美术课标"教学评价建议有5点（图5-7），我们也将其视觉化。第一，树立学科核心素养本位的评价理念，要将评价嵌入美术学习的全过程，主要针对学生将所学美术知识与技能，在运用于情境中解决问题时，所体现出的美术学科核心素养发展水平。综合运用多种评价方式，如美术作品评价、阶段性自我评价、学习档案袋、书面测验等。第二，合理量化质性评价，制定相应评价量规，形成既重视学习过程又关注学习结果，兼顾团队合作，能促进学生发展的评价机制。第三，特别强调运用学习档案袋，记录在主题性美术学习活动中的全过程。第四，为学生提供充分展示的机会，因为展示是美术学习评价的独特方式。第五，在展示的过程中，通过自评锻炼学生反思能力，增强他们的目标意识，通过互评，学生打破自己的认知局限，保持最佳的学习状态。

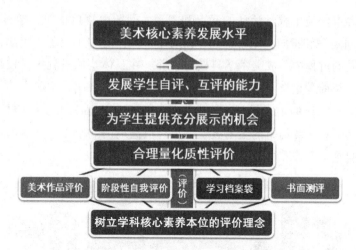

图 5-7　基于核心素养的教学评价示意图

二、学业水平考试命题建议（表 5-2）

表 5-2　学业水平考试命题建议

课程类型	课程（模块）	学业质量水平等级			考试形式	考试结果（等级）
必修课程	美术鉴赏	一	二	三	笔试	合格/不合格
选择性必修课程	绘画、中国书画、雕塑、设计、工艺、现代媒体艺术	一	二	三	学习档案袋（作品集）	合格/不合格
选修课程	美术史论基础、速写基础、素描基础、色彩基础、创作与设计基础		二	三		优秀/合格/不合格
学业质量水平与考试评价的关系		学习水平	毕业水平	高考水平		备注：笔试分主、客观题型，客观题分数不超过总分的50%
考试依据	学业质量标准					
学业水平考试的重点	考查学生对美术的审美感受、理解、鉴赏和表现的能力，并注重考查学生分析问题、解决问题的能力及学习能力					

（一）分别对必修课程美术鉴赏模块、选择性必修课程 6 个模块和选修课程 5 个模块进行水平考试。

（二）以学业质量标准作为考试依据。

（三）重点考查学生对美术的审美感受、理解、鉴赏和表现的能力，并注重考查学生分析问题、解决问题的能力及学习能力。

（四）运用不同考试形式和题型，美术鉴赏是笔试，客观题分数不超过总分的 50%；选择性必修课与选修课可采用学习档案袋和作品集的方式。

（五）以等级计分的方式记录考试结果，选修课程学业水平分为三级，一级与必修课程和选择性必修课程水平二相当，本课程标准仅列出二、三级水平。考试结果必修与选择必修只有合格与不合格；选修课程分优秀、合格和不合格，主要便于高校选拔专业人才。

（六）确定合适的考试时间，学业水平考试应放在每个模块学习结束后进行，考试的结果必须予以公示。

三、教材编写建议

课程标准分别从指导思想、内容呈现和信息技术应用及教辅材料的开发三方面给出建议。

（一）美术教科书编写指导思想

1. 贯彻立德树人的根本任务。美术教科书要体现国家意志，以社会主义核心价值观为导向。

2. 以美术学科核心素养为纲选择和组织教学内容。按照五个美术学科核心素养，联系现实生活和学生生活经验，创设问题情境，精心选择和组织教学内容。

3. 坚定文化自信，具有国际视野。大力弘扬中华优秀传统文化、革命文化和社会主义先进文化，关注文化的多样性。

4. 遵循学生的认知发展规律。

5. 符合政策、法规要求。

（二）美术教科书内容的呈现

1. 有利于引领教学方式的变革。精心设计教学情境与教学提示，有利于培养学生主动探究的学习能力，帮助学生学会学习，形成良好的学习习惯和批判性思维能力。

2. 精心设计学习活动。既要符合设定的教学目标，又要尽可能结合现实生活和学生生活经验。

3. 选图应体现典型性和多样性。古今中外美术作品应保持适当比例，强调中国美术的比重应略大。

4. 重视助读系统的设计，来呈现有利于学生学习和探究的多维知识体系。

5. 文字和用语应规范、准确。

6. 版式应新颖活泼、美观明了。

（三）美术教科书与信息技术的应用及教辅材料的开发

1. 基于学习内容搭建信息资源平台，鼓励在信息化环境下开展自主学习和研究性学习。

2. 配合教科书开发辅助教材，要求与编写教科书相同。

3. 根据需要编写地方或校本教材。可以根据当地美术教学资源，编写既体现美术学科核心素养又具有鲜明地域特色的地方或校本美术教材。

四、地方和学校实施本课程的建议

（一）对实施本课程的建议

本课程的实施主要由地方教育行政部门、教研部门和学校三方面构成。地方教育行政部门应进行统筹、监督和保障；教研部门应充分发挥业务引领作用；学校要制订切实可行的实施计划。

（二）开发和利用课程资源建议

课程标准分别给出了6条建议。1. 充分认识开发和利用课程资源的重要性；2. 改善实施高中美术课程的学校的软硬件环境；3. 充分开发和利用社会文化和自然资源；4. 广泛汲取我国各民族优秀传统文化思想资源，主要是汲取优秀传统文化精神和核心价值观；5. 充分而理性地利用信息化资源，来促进学习方式的转变，提高教学效果，注意培养学生对各种网络美术及相关信息的辨别、批判、选择和运用能力；6. 捕捉和利用生成性课程资源（图5-8），才是最重要的。面对一个全新的课标如何实施，大家都在摸着石头过河，每个人的理解与感悟力也不同，如何才能真正领会基于核心素养的教学，只有在高中美术教学中要求教师捕捉教师与学生、学生与社会、学生与学生在交流互动中生成的问题、事件和结果，以及教师的教学案例、教学反思和学生的成长过程、作品及其反响等，并及时地总结、整理和提升，再应用于高中美术教学中，才能丰富课程内容和教学方法。

图 5-8　捕捉和利用生成性课程资源

五、附录部分建议

课标的最后还有一个附录部分，响应了前言中所提到的增强指导性，附录 1 针对美术核心素养分别给出具体的水平划分；附录 2 中有 4 个教学与评价案例，方便大家借鉴和学习。

那么，重点是什么呢？我们回到开课之初"前言"中的关键词：三维目标与美术学科核心素养的整合；学科大概念；主题；结构化；情境化；学业质量标准；育人；中华优秀传统文化、革命文化、社会主义先进文化；解决实际问题的能力；等等，通过关键词来反思基于学科核心素养的美术教学。

案例直击："溪山行旅图"案例视频、单元说课视频与教案、说课稿①

思考与练习：

1. 《普通高中美术课程标准（2017 年版 2020 年修订）》开启了我国基础美术教育核心素养时代，它与三维时期的课程标准有什么不同？

2. "17 版美术课标"中高中美术课程的呈现方式是什么样的？

3. 结合案例"溪山行旅图"，你谈谈如何理解新增加的美术学科核心素养和学业质量标准。

线下课堂学习建议（4 课时）：

1. 个人分享展示线上学习笔记。

2. 小组合作展示回答上面思考与练习中的 3 个问题。

---

① 此案例选自"教研网"普通高中新课程教材学科教学研究课观摩活动"高中美术"，具体案例视频详见学堂在线 MOOC"中学美术教学设计"学习任务 5。

线上学习建议（2 课时）：

1. 线上学习学堂在线 MOOC "中学美术教学设计" "学习任务 6"，完成学习笔记。

2. 小组讨论 "学习任务 6" 思考与练习中的 3 个问题，以小组合作的形式进行汇报。

学习任务6　理解新义务教育艺术课程标准

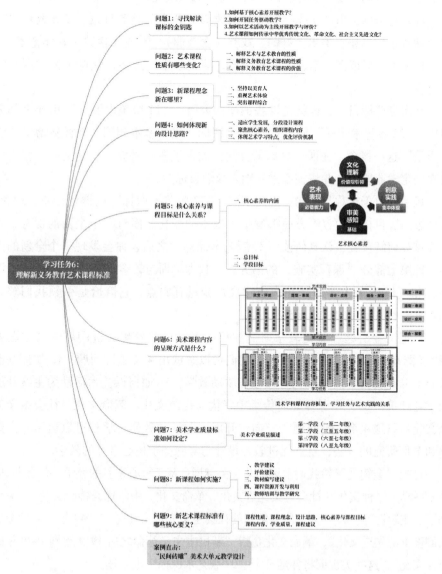

图6-1　"学习任务6：理解新义务教育艺术课程标准"的思维导图

问题 1　寻找解读课标的金钥匙

《义务教育艺术课程标准（2022 年版）》相较于《义务教育美术课程标准（2011 年版）》和《普通高中美术课程标准（2017 年版 2020 年修订）》从根本上发生了质的转变。为什么以"质"的转变来形容呢？

首先是名称，由"美术"课程标准改为"艺术"课程标准，义务教育"艺术"课程包括音乐、美术、舞蹈、戏剧（含戏曲）、影视（含数字媒体艺术）5 科，扩大了学科范围，丰富了课程内容，淡化了学科边界，强调了艺术课程的综合性。

其次是课标目录，也就是课程的架构方面，"11 版美术课标"由 4 个部分组成，"22 版艺术课标"同"17 版美术课标"结构基本相同，同样新增了"学业质量"这一概念，在课程目标部分同样加入了核心素养，这是义务教育阶段首次制定学业质量，并将核心素养纳入教学目标中。

最后，由于名称与架构方面的不同，"22 版艺术课标"的课程性质、理念、设计思路、目标、内容等方面都发生了根本的变化。面对一个全新的课标，我们应该如何解读呢？认真研读"22 版艺术课标"之后，你会发现一个全新的内容，即第七部分"课程实施"的第五点"教师培训与教学研究"，"11 版美术课标"和"17 版美术课标"在实施建议部分只有四点，它恰恰是引领我们解读"22 版艺术课标"的"金钥匙"。

这把"金钥匙"就是教学研究建议的第二点"聚焦关键问题开展主题教研"（图 6-2），从这一段文字中，我们可以解读出 4 个关键问题：1. 如何基于核心素养开展教学？2. 如何开展任务驱动教学？3. 如何以艺术活动为主线开展教学与评价？4. 艺术课程如何传承中华优秀传统文化、革命文化、社会主义先进文化？以这 4 个关键问题为导向，开展主题性的教研。学校可以运用专家讲座和案例研究的方法，重点促进教师设计与实施基于核心素养的教学。

这把"金钥匙"给我们解读出几个关键词：基于核心素养的教学、任务驱动、艺术活动、三种文化（社会主义先进文化、革命文化、中华优秀传统文化）、关键问题、主题性等。其中"三种文化"的社会主义先进文化是"1949 年至今社会主义制度下的先进文化"，革命文化是指"新民主主义革命之后 1919 年到 1949 年的革命文化"，这些关键词将伴随整个"22 版艺术课标"的解读。

图 6-2 聚集关键问题开展主题教研

"22 版艺术课标"共分 7 个部分（图 6-3），课程性质、课程理念、设计思路、课程实施 5 门艺术课程进行合写，课程内容、学业质量分学科进行撰写，第四节核心素养与课程目标先合写，后分写。它不但是形式的问题，还体现了更深层次的观念问题，也就是要在课程标准中平衡"综合"与"分科"的关系。

图 6-3 "22 版艺术课标"的目录

问题 2 艺术课程性质有哪些变化

课程性质表述由三段组成。

一、解释艺术与艺术教育的性质

艺术是人类精神文明的重要组成部分，是运用特定的媒介、语言、形式和技艺等塑造艺术形象，反映自然、社会及人的创造性活动。在"17版美术课标"中将"美术"定义为运用一定的媒材及技术表现人的需求、想象、情感和思想的艺术活动。

艺术教育是以形象的力量与美的境界促进人的审美和人文素养的提升。艺术教育是美育的重要组成部分，其核心在于弘扬真善美，塑造美好心灵。

我们从以上概念可以解读出艺术是创造性活动，美术是艺术活动，是活动就需要实践，淡化知识，强调育人。

二、解释义务教育艺术课程的性质（图6-4）

艺术课程由音乐、美术、舞蹈、戏剧（含戏曲）和影视（含数字媒体艺术）五科构成，是对学生进行审美教育、情操教育、心灵教育，培养想象力和创新思维的重要课程，其特点也由"美术1科"转变为"艺术5科"，具有审美性、人文性、情感性、实践性和创造性，与"11版美术课标"相比去掉了美术课程所特有的视觉性，强调融合。

图6-4 义务教育艺术课程的性质

三、解释义务教育艺术课程的价值

此段落的三个层次分别对应心灵教育、审美教育、情操教育。这里重点强调了立德树人和"三种文化"，在健康向上的审美实践中感知、体验、理解艺术，树立正确的价值观，坚定文化自信，为实现中华民族伟大复兴而不懈奋斗。

通过第一节对课程性质的解读，我们知道义务教育艺术课程由音乐、美术、舞蹈、戏剧（含戏曲）和影视（含数字媒体艺术）五科构成，强调活动与实践。艺术课程是对学生进行审美教育、情操教育、心灵教育，培养想象力和创新思维的重要课程，其核心在于弘扬真善美，塑造美好心灵，综合知识，强调育人。

问题3 新课程理念新在哪里

课程理念是课程改革的关键，也是统领整个课程标准的关键概念。

一、坚持以美育人（图6-5）

该课程理念以习近平新时代中国特色社会主义思想为指导，以落实核心素养为主线，引导学生积极参与各类艺术活动，让学生感受美、欣赏美、表现美、创造美，丰富审美体验，并学习和领会中华民族艺术精髓，增强民族自信心与自豪感。学生要了解世界文化的多样性，开阔艺术视野。该课程理念充分发挥艺术课程在培育学生审美与人文素养中的重要作用。坚持以美育人是艺术课程理念的核心。

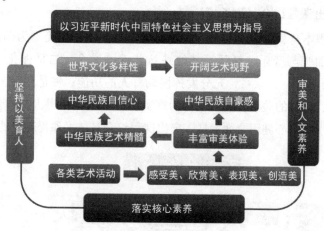

图6-5 坚持以美育人

二、重视艺术体验（图6-6）

首先是重视学生在学习过程中的艺术感知及情感体验，激发学生参与艺术活动的兴趣和热情，使学生在欣赏、表现、创造、联系/融合的过程中，以及美术学科在我们熟悉的"欣赏·评述""造型·表现""设计·应用""综合·探索"的过程中，形成丰富、健康的审美情趣；其次是强调艺术课程的实践导向，使学生在以艺术体验为核心的多样化实践中，提高艺术素养和创造能力。重视艺术体验是艺术课程理念实施的保障。

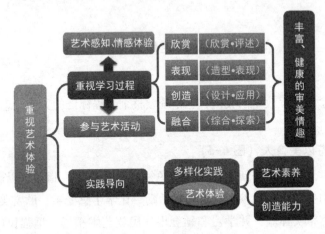

图 6-6　重视艺术体验

三、突出课程综合（图 6-7）

艺术课程本身就由五科组成，其综合包括三层次，以美术为例：一是以美术为本体，加强与音乐、舞蹈等其他姊妹艺术的融合；二是强化与其他学科（如语文、历史等）的联系，充分发挥协同育人的功能；三是注重艺术与自然、生活、社会、科技的关联，汲取丰富的审美教育元素，传递人与自然和谐共生理念，促进学生身心健康全面发展。突出课程综合是艺术课程理念的特色。

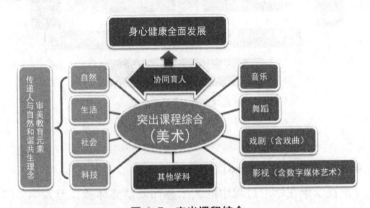

图 6-7　突出课程综合

问题 4 如何体现新的设计思路

艺术课程分别由 5 门不同的课程组成，如何设计就成了艺术课程实施的关键。

一、适应学生发展，分段设计课程（图 6-8）

第一阶段（一至二年级）也就是第一学段，以艺术综合为主，分别设置"唱游·音乐""造型·美术"，体现幼儿园综合活动到小学分科课程的过渡与衔接；第二阶段（三至七年级）以美术、音乐为主，有机融入其他姊妹艺术，由于年级跨度过大，所以分为第二、第三两个学段，为学生掌握较为全面的艺术基础知识与技能奠定基础；第三阶段（八至九年级）也就是第四学段，开设艺术选项，5 门艺术课程开齐开全，帮助学生掌握 1~2 项艺术特长，与高中模块化教学相衔接。第一阶段的艺术综合和第二阶段有机融入其他姊妹艺术，如何实施？

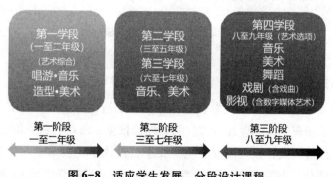

图 6-8 适应学生发展，分段设计课程

尹少淳老师有一个形象的比喻"世上只有藤缠树"，第一学段"造型·美术"这棵树缠绕影视（含数字媒体艺术）；"唱游·音乐"这棵树缠绕舞蹈、戏剧（含戏曲），比例约占 30%；第二、三学段美术这棵树继续缠绕影视（含数字媒体艺术）；音乐这棵树继续缠绕舞蹈、戏剧（含戏曲），比例约占 10%。

二、聚焦核心素养，组织课程内容（图 6-9）

我们首先要了解什么是艺术核心素养，它与"17 版美术课标"中的美术学科核心素养不同。艺术不是学科，就像小学课程中的"劳动"，没有独立的知识体系。艺术核心素养必须覆盖5个学科，于是就损失了美术学科所特有的"图像识读"，"审美判断"转变成"审美感知"成为艺术核心素养的基础，"美术表现"综合为"艺术表现"，与"创意实践、文化理解"共同构成了可以统领5门艺术类课程的"艺术核心素养"。不管是艺术核心素养，还是美术学科核心素养，其最终都要遵循中国学生核心素养，使学生成为全面发展的人。

聚焦艺术核心素养，美术课程还是我们熟悉的"欣赏·评述""造型·表现""设计·应用""综合·探索"4类艺术实践活动，以任务驱动的方式遴选和组织课程内容，课程内容坚持以中华优秀传统文化为主体，讲好中国故事，吸收、借鉴人类文明优秀文化成果，追求精神高度、文化内涵、艺术价值的统一。

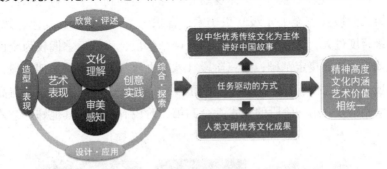

图 6-9　聚焦核心素养，组织课程内容

三、体现艺术学习特点，优化评价机制（图6-10）

我们围绕学生艺术学习实践性、体验性、创造性等特点，将学生的课程学习与实践活动情况纳入学业评价中。明确评价依据，改革创新评价的任务设计、题目命制、评价方式；强调评价的统一要求，重视学生艺术学习的过程性、基础性考核与评价；尊重学生的选择性，以学定考，根据学生的选择进行考核，体现教、学、评一致性。

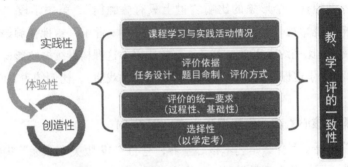

图 6-10　聚焦核心素养，组织课程内容

设计思路为艺术课程改革的顺利实施保驾护航，指明方向。

问题 5　核心素养与课程目标是什么关系

本节由核心素养内涵、总目标和学段目标三个部分组成。

一、核心素养内涵

核心素养是课程育人价值的集中体现，是学生通过课程学习逐步形成的适应个人终身发展和社会发展所需要的正确价值观、必备品格和关键能力。

艺术核心素养由审美感知、艺术表现、创意实践、文化理解四方面构成，它们之间相辅相成、相得益彰，贯穿艺术学习的全过程，也就是适用五门艺术课程。其中，审美感知是艺术学习的基础，艺术表现是学生参与艺术活动的必备能力，创意实践是创新意识和创造能力的集中体现，文化理解则以正确的价值观引领审美感知、艺术表现和创意实践。

（一）审美感知

它是艺术学习的基础。"22 版艺术课标"分三个层次表述，分别是"是什么""怎么做""为什么"。1. 审美感知核心素养是什么？它是指对自然世界、社会生活和艺术作品中美的特征及其意义与作用有发现、感受、认识和反应的能力。2. 具体指向是怎么达成审美感知核心素养？其也就是怎么做，即感知审美对象有意味的表现特征，以及艺术活动与作品中的艺术语言、艺术形象、风格意蕴、情感表达等。3. 审美感知的培养有助于学生发现美、感知美，使学生丰富审美体验，提升审美情趣。其也就是为什么要培养学生的审美感知核心素养。

（二）艺术表现

它是参与艺术活动的必备能力，同样分三个层次告诉我们艺术表现核心素养是什么？实现艺术表现核心素养，我们需要怎么做？为什么要达成艺术表现核心素养？

（三）创意实践

它是创新意识和创造能力的集中体现，同样分三个层次。它们分别是创意实践核心素养是什么？如何达成创意实践核心素养？为什么要达成创意实践核心素养？

（四）文化理解

它是艺术学习的价值观引领，同样分为三个层次。它告诉我们文化理解核心素养是什么？怎么做？为什么？大家在理解核心素养时，一定要记得它是统领五门艺术课程的，而不是美术所特有的。

二、总目标

"22版艺术课标"对总目标的表述分别对应四个艺术课程核心素养，统领艺术的五门课程（图6-11）。它分别从审美感知、艺术表现、创意实践、文化理解四方面给出具体的目标要求，为什么用五段表示呢？因为文化理解较为重要，它分两段进行表述：一是坚定文化自信，铸牢中华民族共同体意识；二是尊重、理解和包容世界多元文化。其他三个核心素养各一段，共五段。总目标用核心素养进行表述，是不是就意味着取代"11版美术课标"中要求的"三维目标"呢？我想更多应该是整合，如"17版美术课标"前言中的要求，凝练核心素养对三维目标进行整合。

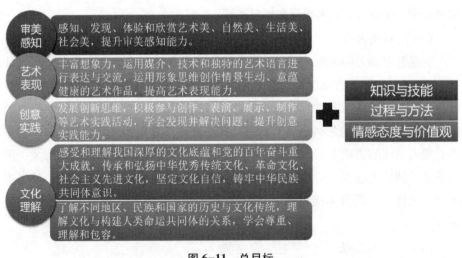

图6-11　总目标

三、学段目标

以学段优先，再分列不同学科，前面提到的核心素养与总目标是合写，学段目标是分写，这里的学段目标针对具体艺术课程，我们以美术课程为例进行解读。

学段目标的表述与总目标一样，基于艺术课程核心素养，用五个段落来表述，如"造型·美术"第一学段目标共分五段，第一段是审美感知，第二段是艺术表现，第三段是创意实践，最后两段对应文化理解。大家可以从每个学段中的"行为动词"来判断四个学段之间的层级递进关系。比如，"造型·美术"第一学段目标中的行为动词有"感知、初步形成、使用、表达、学会"等，尹少淳老师总结第一学段的重点是强调幼小衔接、造型游戏、感受体验、初步介入美术本体。

"美术"第二学段目标同样对应艺术核心素养。行为动词是"运用、欣赏、评述、表达、设计、融合、提高"等，尹少淳老师总结第二学段的重点是欣赏、表现、设计和工艺分类；渗入造型元素，形成原理和欣赏方法；学会视觉交流，体会设计与生活的关系，学习工匠精神；跨学科的表述则强调将美术与自然、文化、科技相融合。

"美术"第三学段目标在对应艺术核心素养五段表述中，使用的行为动词是"领略、养成、创意表达、规划、增强"等，尹少淳老师总结第三学段的重点是学科知识逐渐渗透和扩大，并结合其他知识，学会探究与解决问题，融合不同的学科知识，强调综合探索和学习迁移的能力。

"美术"第四学段目标表述同样为五段对应艺术核心素养，行为动词是"增强、传承、坚定、形成、创作、设计、继承与发展"等。尹少淳老师总结第四学段的重点是美术知识扩大和加深，学生更全面理解美术问题，进行迁移并解决问题，形成美术特长。

艺术课程核心素养以审美感知为基础，艺术表现为必备能力，创意实践是创新意识和创造能力的集中体现，文化理解则以正确的价值观引领审美感知、艺术表现和创意实践，总目标统领整个艺术课程，学段目标分学科根据总目标按核心素养进行表述，强调文化理解。基于艺术课程核心素养的教学从核心素养出发最后还要回归核心素养。

问题 6 美术课程内容的呈现方式是什么

课程内容是课程标准中占比最大的部分，由 5 门艺术课程内容构成，如美术学科按照四个学段进行表述，每个学段由 5 个学习任务构成课程内容。

一、美术学科课程内容框架

如图所示（图 6-12），美术学科课程内容分三个层次，第一是艺术实践分别是"欣赏·评述""造型·表现""设计·应用"和"综合·探索";第二个层次是根据4个艺术实践有机整合为16项具体学习内容;第三层次分学段将16项艺术实践活动具体化,成为20个深浅层次不同的学习任务。每个学段根据学段目标设置5个学习任务,学习任务可以是一个问题或一个项目,让学生通过完成学习任务,来完成义务教育阶段美术课程的学习。

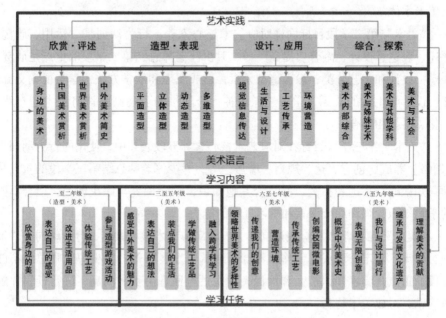

图6-12 美术学科课程内容框架

我们来看第一层次,即4个艺术实践与过程,以注重发展学生审美感知和文化理解素养的"欣赏·评述"为起点,到强调发展学生艺术表现和创意实践素养的"造型·表现"和"设计·应用",再到加强课程内容、社会生活与学生经验之间联系的"综合·探索"。

第二个层次,即根据4个艺术实践,构成16项美术语言和学习内容。尹少淳老师说,这里需要说明的是美术语言,不管是设计,还是美术,都需要一以贯之的美术语言。那么什么是美术语言?我们首先要知道什么是语言,语言是人类进行沟通交流的表达方式。比如,英语需要单词、语法,更重要的是在特定的情境中使用单词语法进行英语交流。美术也是特定的词汇(也就是造型元素),如点、线、面、形、色、材质、肌理等,美术语法(也就是形式原理),如多样统一、对称均衡、节奏韵律等,把词汇(造型元素)和语法(形式原理)组合起来就形成美术语言,也就是美术课程的学习内容(基础知识与基本技能）。

第三个层次，学习任务（图6-13）。它与艺术实践的16项学习内容又是什么关系呢？4个艺术实践，我们分别使用4种不同的线型代表4个艺术实践，双线对应"欣赏·评述"，虚线对应"造型·表现"，点线对应"设计·应用"，双点线对应"综合·探索"，这样方便大家理解学习内容与学习任务的关系。每一学段根据4个艺术实践均设置5项学习任务，为什么4个艺术实践对应5项学习任务呢？大家认真观察就会发现"设计·应用"点线的部分，分成"设计"与"工艺"两个学习任务，共20个学习任务，学习任务将美术语言（造型元素和形式原理）贯穿其中，是美术语言与学习内容的具体化。

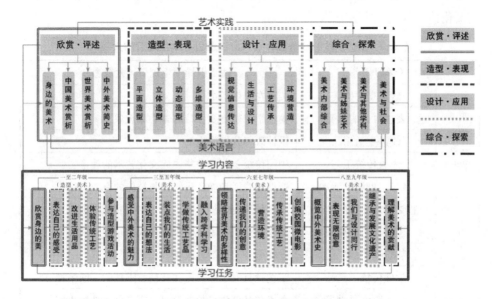

图6-13 学习任务与艺术实践的关系

二、美术课程内容

在"22版艺术课标"的具体表述中，我们以第二个学段"美术"为例，每个学段的课程内容基本由5个具体的学习任务组成，每个学习任务又分别给出"内容要求"和"学业要求"。除此之外，每个学段根据学习任务给出"教学提示"，包括教学策略、情境素材和学习活动建议，这里特别强调的是教学策略建议。

因为在每个学段后的教学策略建议中，"22版艺术课标"针对每项学习任务，给出学生需要理解的大观念。例如，第二学段中"感受中外美术的魅力"，在段落的最后用双引号引出"中国传统美术具有强大的生命力和凝聚力"就是学生完成此任务需要理解的"大观念"。这些对中小学美术教师开展教学都有着很强的指导意义。

三、美术课程学习任务群与大观念

我们根据课标整理出 4 个学段的任务群与对应的大观念（表 6-1）。例如，第二学段的"学习任务 4：学做传统工艺品"，是为了让学生理解"工艺师具有敬业、专注和精益求精的工匠精神"这一大观念。第四学段的"学习任务 1：概览中外美术史"，是为了让学生理解"美术反映不同时代、国家和地区的历史与文化传统"这一大观念。

表 6-1　4 个学段的任务群分别对应注重引导学生理解的大观念

学段（学习任务）		注重引导学生理解（大观念）
第一学段（一至二年级）	欣赏身边的美	美存在于生活中
	表达自己的感受	美术学习始终要保持好奇心和想象力
	改进生活用品	设计改善我们的生活
	体验传统工艺	中国传统工艺是中华民族文化艺术的瑰宝
	参与造型游戏活动	造型游戏活动能促进知识与技能的有效迁移
第二学段（三至五年级）	感受中外美术的魅力	中国传统美术具有强大的生命力和凝聚力
	表达自己的想法	美术是认识与表现自我和他人的重要方式
	装点我们的生活	设计服务于生活并改善我们的生活
	学做传统工艺品	工艺师具有敬业、专注和精益求精的工匠精神
	融入跨学科学习	美术与其他学科相融合可以富有创意地解决问题
第三学段（六至七年级）	领略世界美术的多样性	世界各国的美术作品是不同文化的重要载体
	传递我们的创意	美术是认识与表现自我、他人和周围世界的重要方式
	营造环境	设计能美化并改造我们的生活环境，同时让我们的生活融入艺术中
	传承传统工艺	继承与创新是传统工艺创作的重要原则
	创编校园微电影	现代媒体艺术是丰富人们认识世界和表现世界的方式

续表

学段（学习任务）		注重引导学生理解（大观念）
第四学段（八至九年级）	概览中外美术史	美术反映不同时代、国家和地区的历史与文化传统
	表现无限创意	美术可以表达思想与情感，并发展创意能力
	我们与设计同行	设计满足实用功能与审美价值，传递社会责任
	继承与发展文化遗产	中华优秀传统文化需要创造性转化、创新性发展
	理解美术的贡献	美术对推动人类文明发展做出重要的贡献

　　课程标准是艺术教学的法规性文件，像"字典"一样，当你在教学中遇到困惑，请打开它，对照学科、学段和具体的学习任务以及内容要求、学业要求、教学提示，反思教学，完成由知识教学向素养教学的转变。

问题7　美术学业质量标准如何设定

　　学业质量，它对中小学美术教师比较陌生，也是"22版艺术课标"解读的关键。

　　义务教育艺术学业质量标准同样采用分写的形式。5门艺术课程加学业质量内涵共6个部分，美术设一至九年级的学业质量标准，分4个学段进行描述。

一、学业质量的内涵

　　学业质量是学生在完成课程阶段性学习之后的学业成就表现，反映核心素养要求。学业质量标准是以核心素养为主要维度，结合课程内容，对学生学业成就具体表现特征的整体刻画，具有可测性、可评性。它不设水平等级，只规定合格标准。标准是教师教学评价的重要依据，也是学生需要达成的学习目标。同时，它还为教材编写者提供指导性原则，为考试命题提供主要依据。从这段话中，我们可以强烈地感觉到学业质量的重要性。

二、美术学业质量描述

　　美术设一至九年级4个学段的学业质量标准，其与核心素养相关联。比如，第一学段"造型·美术"的学业质量标准的每一条分别对应审美感知、艺术表现、创意实践、文化理解4个艺术核心素养，并做出具体可评可测的量化要求。比如，学生能从线条、形状、色彩、肌理等方面欣赏、评述周边环境中各种自然物与人造物，识别 5 种生活常见标识，创作 1~2 件美术作品（包括绘画、泥塑、定格动画），对 1~2 件生活用品进行装饰与美化，制作 1~2 件工艺品，结合各种活动创作 1~2 件作品，等等；在文化理解方面强调学生对"中国传统美术是中华民族文化艺术的瑰宝"的感受，在造型游戏活动中，能与同学交流合作，并尊重、理解他人的看法。

"美术"第二学段的学业质量标准，同样对应 4 个艺术核心素养，在第一学段的基础上同样提出具体的可测可评的量化要求。比如，学生知道 4 位中外著名美术家、知道 3~4 种美术门类、说出 2~3 种中国民间美术类别、创作 2~3 件美术作品、制作 1~2 件工艺品、运用不同学科创作 1~2 件作品等，在有机融入姊妹艺术中，提出创作摄影、动画、微电影、戏剧小品等。文化理解则强调对"中国美术源远流长的历史和多样的艺术魅力"和"传统工艺师敬业、专注、精益求精的工匠精神"的体会，以及理解、尊重他人的看法。

"美术"第三学段的学业质量标准，同样对应 4 个艺术核心素养，同样提出具体的可测可评的量化要求，同样融入姊妹艺术，除了摄影、定格动画外，具体到创编一部微电影。在文化理解方面，学生出现对"世界美术的多样性、差异性"的感受和认识，对"守正创新"的感受和理解，能运用跨学科的方法，多角度、辩证地分析问题。

"美术"第四学段的学业质量标准，除了具体的可测可评的量化要求外，开始选项学习，为与高中模块化教学相衔接奠定基础，与第一、二、三学段在审美感知、艺术表现和创意实践上构成层级递进的关系，更加强调文化理解的引领。在传承和创新社会主义先进文化、革命文化和中华优秀传统文化的基础上，学生形成开放的心态和全球意识，以及对"继承、发展文化遗产是每一代人的责任""美术对个人、对社会发展，以及对构建人类命运共同体的独特作用"的理解等。

学业质量是"22 版艺术课标"中出现的全新内容，从学业质量的内涵中，我们已经解读出它既是评价教师教学的重要依据，也是学生须达成的学习目标，同时，它还指导教材编写，为考试命题提供主要依据，它的重要性不言而喻。

问题 8　新课程如何实施

"22 版艺术课标"从课程性质、理念和设计思路，到目标、内容以及学业质量都给出了明确的要求，如何实施才是关键。

课程实施分别从教学、评价、教材、课程资源等方面展开，并新增了"教师培训与教学研究"，在解读之初，我们称它为解读"22版艺术课标"的"金钥匙"。可见，这部分内容在整个课程标准中的重要地位。

一、教学建议

（一）坚持育人为本，强化素养立意

这部分的内容分为两段，第一段指向艺术课程的育人价值是"培根铸魂、启智增慧"，强调要将艺术课程核心素养的培育贯穿艺术教学的全过程。第二段指向如何开展素养立意的教学。教师首先不仅要关注"教"，还要指导学生明确"为什么学艺术"；其次，设计与学生经验、社会现实和当地文化资源相关的情境与任务，层层递进；最后，引导学生主动、积极参与艺术实践活动，感悟艺术学习与实践的意义与价值。

（二）重视知识内在关联，强化教学内容有机整合

同样分为两段，第一段指向核心素养的教学，将教学内容有机整合起来，提升综合解决问题的能力。第二段指向如何整合。首先是以任务、主题或项目的形式开展教学；其次，通过综合性、创造性的艺术实践活动，引导学生联系自己的家庭、社区、家乡等，综合地解决实际问题。这一切都是为了提升创造能力和问题解决能力。

（三）注重感知体验，营造开放的学习情境

同样是两段表述，第一段指出艺术教学要通过各种艺术实践活动实现，尊重学生感知体验与艺术表达。第二段如何营造开放的学习情境，首先要引导学生亲近自然、感受生活，其次是欣赏艺术作品感知世界，最后是运用艺术语言和方式，表现美，体验创造的喜悦和自我实现的愉悦，提升实践、创造与审美能力。

（四）善用多种媒材，将继承与创新有机结合

具体内容由三段组成，第一段指向艺术教学，要创造性地运用传统器具、材料和现代媒介，充分调动学生的听觉、视觉、触觉、动觉等多种感觉，强调学生的深层体验。第二段指向学生，引导学生运用各式各样的器具和材料进行演奏、创作、表演和编创，并具体到每个艺术学科。第三段要求与时俱进，运用先进的信息技术，一是进行自主学习，二是加强和外界的沟通与交流，构建学习共同体。

（五）建立激励机制，激发学生的艺术潜能

具体内容分三段表述。第一段面向全体学生，激发每一位学生的艺术潜能。

第二段是教师通过营造、保护、激发、尊重、提供、加强、满足、鼓励来有效地激发学生的艺术潜能。第三段要求学校应举办多种类型的学生表演与展示活动，让学生获得艺术创造的成就感，增强学习艺术的自信心。

教学建议对一线教师最具指导意义，现将其视觉化（图6-14）。一是要坚持育人为本，强化素养导向，强调"育人"；二是重视知识内在关联，强化教学内容的有机整合，强调"综合"；三是注重感知体验，营造开放的学习情境，强调"活动"；四是善用多种媒材，将继承与创新有机结合，强调"体验"；五是建立激励机制，激发学生的艺术潜能，强调"评价"。教师根据课标，因材施教。我们将其概括为教学建议的五个核心要义，分别是"育人、综合、活动、体验与评价"（图6-15）。

图6-14 教学建议

图6-15 教学建议的核心要义

二、评价建议

（一）教学评价

评价是检验、提升教学质量的重要方式和手段。教师要充分发挥评价的诊断、激励和改善功能，促进学生发展。

1. 基本原则（图6-16）。第一，坚持素养导向，除知识与技能外，还要重视价值观、必备品格、关键能力的培养。第二，坚持以评促学，重点强调通过评价让学生发现自己的艺术潜能，改进自己的艺术学习。第三，重视表现性评价，通过作品展示、技艺表演等形式，引导学生对学习历程进行写实记录，提高评价的全面性、准确性。第四，坚持多主体评价，形成学校、教师、学生、家长多方共同激励机制。

图6-16　教学评价原则

2. 主要环节的评价（图6-17），包括课堂评价、作业评价和期末评价。（1）课堂评价：评价内容包括学生在学习过程中阶段目标的达成情况，主要为改进学习。（2）作业评价：作业评价既要关注结果，也要关注过程，发挥评价的引导、激励功能；（3）期末评价：包括课堂评价、作业评价和期末考核的结果。期末考核注重采用具有综合性的题目或任务，可运用表演、展示、纸笔测试、档案袋等方式，立足对学生艺术素养发展的全面评定。

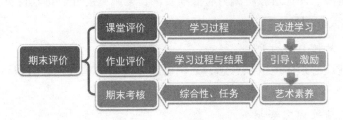

图6-17　教学评价环节

3. 评价结果的呈现和运用（图6-18）。评价结果可以采用"分项等级制"加"评语"的方式呈现，使学生了解自己的努力方向，针对不同学生，对评价结果要进行个性化、发展性解读。教师注重运用学生评价结果反思、改进教学。

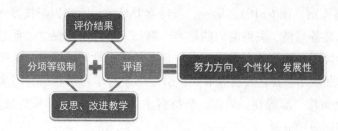

图6-18 评价结果的呈现和运用

（二）学业水平考试

1. 考试性质和目的。义务教育艺术学业水平考试是以学业质量标准、课程内容为依据，由省级教育行政部门统筹，地方教育行政部门组织实施的考试，旨在检测和衡量学生在义务教育阶段结束时的学业成就，为判断学生达到国家规定的毕业要求提供主要依据。

2. 学业水平考试的命题要求，包括命题原则、命题规划、题目命制三个部分。首先是命题原则，第一，素养立意、明确指向；第二，基于情境，设计问题；第三，形式多样，综合考查。其次是命题规划，第一，科学制定命题框架；第二，合理选择测评形式；第三，整体规划测评结构。最后是题目命制，按照明确考查意图、选取情境素材、设定测评任务、确定评分标准的基本流程进行。

3. 综合评定。采取过程性评价与学业水平考试相结合的评定方式，将评定结果作为高一级学校招生录取、地区教育质量评估等的参考依据。

三、教材编写建议

艺术教材是艺术课程内容的重要载体，是教师"教"与学生"学"的最基本的教学资源。课标对教材编写有五项要求，运用奥运五环将其视觉化（图6-19），帮助大家理解。

（一）坚持育人导向

教材建设必须体现国家意志，强调政治方向与价值导向，有机融入"三种文化"。

（二）精选内容素材

内容素材要体现中华民族共同体意识和国际视野，发展核心素养。

（三）优化组织结构

突出主题化、生活化、情境化、项目式、任务驱动等新的学习理念和方式，以单元的形式组织学习内容。

（四）彰显艺术特色

强调视觉美感，设置有利于引导学生自主、合作、探究学习的助读系统。

（五）丰富教材形态

构建纸电联动的新型艺术教材。

图6-19 教材编写建议

四、课程资源开发与利用

艺术课程资源是艺术课程内容的重要来源和艺术活动的重要载体，也是艺术课程教学实施的基本保障，具体有四点要求（图6-20）。

图6-20 课程资源开发与利用

（一）坚持正确导向

坚持以习近平新时代中国特色社会主义思想为指导，立足"三种文化"，突出核心素养导向，加强法治意识、尊重知识产权。

（二）保证基础配备

配齐基本的教学设施、器材和书籍，满足学校艺术教育"常演、常展"的要求和环境营造。

（三）开放课程资源

开发和利用各种公共文化资源、地方和社会文化资源，还可以利用各种节日、纪念日。

（四）顺应时代发展

搭建数字化、信息化的艺术课程资源平台，同时培养学生对各种网络艺术资源辨别、选择和运用的能力。

五、教师培训与教学研究①

教师培训建议、教学研究建议、校本教研建议三方面，又分别给出具体的三个、三个、两个建议，我把它简称为教师培训与教学研究的"3–332"（图6-21）。

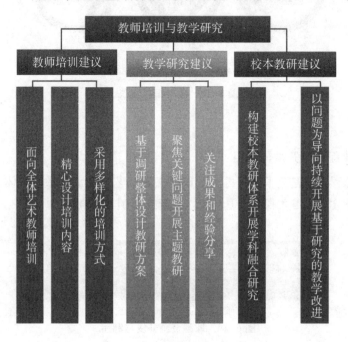

图6-21 教师培训与教学研究

（一）教师培训建议

1. 面向全体艺术教师开展培训。其主要分两个层次：一是课标针对培训者（包括学科教育专家、教研员和一线骨干教师）的培训；二是由培训者面向全体艺术教师展开培训。

2. 精心设计培训内容，首先，全面贯彻党的教育方针，坚持立德树人，促进艺术教师专业发展。其次，结合国家教育方针和有关政策文件深入解读"22

---

① 尹少淳．新版课程标准解析与教学指导（2022年版）美术［M］．北京：北京师范大学出版社，2022：218–225.

版艺术课标",包括课程育人价值,学习目标、任务及学业质量之间的关系,理解先综合后分项的意义。最后,明确音乐、美术、舞蹈、戏剧、影视学科之间的交叉与融合,并通过案例对基于课程标准实施教学的思路和方法进行示范、引导。

3. 采用多样化的培训方式。"22 版艺术课标"的分析、解读可采取专家现场讲座和线上视频演示等方式;案例研讨可采取工作坊、沙龙的方式进行。以上培训内容都可以通过线上线下混合式研讨等方式开展多样化培训,再运用"案例分享—分组研讨—专家点评"等环节释疑解惑。

(二)教学研究建议

1. 基于调研整体设计教研方案。通过精准调研,特别是农村中小学,确定教学方向与目标,分主题、分层次进行有针对性的培训,主要是为党育人、为国育才、全面育人,提升教师教研能力和水平。

2. 聚焦关键问题开展主题教研。这是我们解读之初所说的"金钥匙",其发挥教师的主体性,促进艺术教研健康可持续发展,基于四个关键问题:(1)如何基于核心素养开展教学;(2)如何开展任务驱动教学;(3)如何以艺术活动为主线开展教学与评价;(4)艺术课程如何传承中华优秀传统文化、革命文化、社会主义先进文化,开展主题教研。

3. 关注研究成果与经验共享。采用专题讲座、案例分享、现场指导等多种形式分享教师的研究成果,特别要强化教师优秀经验的线上、线下共享,促进学校之间、教师之间的深度对话和互动交流。

(三)校本教研建议

1. 构建校本教研体系,开展学科融合研究。充分发挥学校各学科教研组的作用,构建教研共同体,探索本校有效落实新课程标准的方法和策略。2022 年 5 月,尹少淳教授在北京教育学院丰台分院组织的小学美术教师云端研修的活动中,提到在艺术课程标准的时代变革中"课程融合"的教育趋势,援引 2014 年 5 月习近平总书记在第二次中央新疆工作座谈会上强调民族团结"像石榴籽那样紧紧抱在一起",说艺术课程的综合也要像石榴籽那样紧紧抱在一起,而粒粒分明则是学科特色。

2. 以问题为导向,持续开展基于研究的教学改进。以问题为导向,重视运用已有的研究成果,善于发现课程标准实施中的具体问题,树立解决问题的意识,再结合问题进行实证研究、收集资料、获取证据和总结成果做好推广,学校教研组要建立问题导向的"学习—实践—反思—改进"的校本教研范式,积极做好典型经验的总结和推广。

"22版艺术课标"最后一部分内容是课程实施，主要是针对艺术课程性质、理念、设计思路、目标、内容和学业质量标准，指导教师在课程实施过程中感受基于核心素养的教学与具体知识教学相比的变化，从而促进教师设计并实施基于核心素养的教学。特别是教学建议和教学研究两方面，这些对教师的实际教学起到关键引领作用。

问题9 新艺术课程标准有哪些核心要义

"学习任务6：理解新义务教育艺术课程标准"从寻找解读课程的"金钥匙"开始到课程实施共解答8个问题，我们通过回顾每个问题的关键内容来梳理"22版艺术课标"的核心要义。

一、我们要明确"22版艺术课标"的课程性质、理念、设计思路、课程实施是5门艺术课程合写；课程内容、学业质量分学科进行撰写；核心素养与课程目标先合写，后分写。它不但是形式的问题，还体现了更深层次的观念问题，也就是要在课程标准中平衡"综合"与"分科"的关系。

二、课程性质的变化。我们了解了义务教育阶段艺术课程由音乐、美术、舞蹈、戏剧和影视5科构成，其扩大了学科范围，丰富了课程内容，是对学生进行审美教育、情操教育、心灵教育，培养想象力和创新思维的重要课程。艺术教育的核心在于弘扬真善美、塑造美好心灵，淡化了学科边界，强调了艺术课程的综合性。

三、课程理念。一是坚持以美育人；二是重视艺术体验；三是突出课程综合。它是课程改革的关键，也是统领整个课程标准的关键概念。

四、设计思路。一是适应学生发展，分段设计课程；二是聚焦核心素养，组织课程内容；三是体现艺术学习特点，优化评价机制。它为课程的顺利实施保驾护航，指明方向。

五、核心素养与课程目标。艺术核心素养以审美感知为基础，艺术表现为必备能力，创意实践是创新意识和创造能力的集中体现，文化理解则以正确的价值观引领审美感知、艺术表现和创意实践。基于艺术核心素养的教学从核心素养出发最后还要回归核心素养。课程总目标合写，从核心素养的4个维度进行表述，只有文化理解为两段，因为它重要。学段目标以学段优先，再分列不同学科，同样运用五段表述，指向核心素养。

六、课程内容，分科进行撰写。美术学科课程内容框架，以4个艺术实践为基础，以 20 个学习任务为抓手，有机整合学习内容，构建一体化的内容结构体系。我运用不同的线型代表四类艺术实践，方便我们理解艺术实践、美术语言、学习内容以及学习任务之间的关系。特别是 20 个学习任务群，对应注重引导学生理解的大观念，更是点睛之笔。

七、学业质量。学业质量标准是以核心素养为准绳，结合课程总目标、学段目标和课程内容，对学生学业成就表现进行总体刻画，是教师教学评价的重要依据，也是学生需要达成的学习目标。同时，它还为教材编写者提供指导性原则，为考试命题提供主要依据，其重要性不言而喻。学业质量描述同课程内容，采用分写的形式，美术一至九年级分 4 个学段描述。根据核心素养制定所有艺术课程的总目标，根据总目标制定美术学科学段目标，再根据学段目标划分 4 个艺术实践，根据 4 个艺术实践设置 20 个学习任务群，根据 20 个学习任务群的内容要求和学业要求，制定美术学科 4 个学段的学业质量标准。

八、课程实施分别从教学建议、评价建议、教材编写建议、课程资源开发与利用、教师培训与教学研究五方面给出具体可操作的实施要求，重点是教学建议和教师培训与教学研究，是实施"22 版艺术课标"的关键。我们首先一起来回顾"22 版艺术课标"教学建议：一是要坚持育人为本（培根铸魂），强化素养导向（启智增慧），强调"育人"；二是重视知识内在关联，强化教学内容的有机整合，强调"综合"；三是注重感知体验，营造开放的学习情境，强调"活动"；四是善用多种媒材，将继承与创新有机结合，强调"体验"；五是建立激励机制，激发学生的艺术潜能，强调"评价"。教师根据课标，因材施教。我们将其概括为教学建议的五个核心要义，它们分别是"育人、综合、活动、体验与评价"。

同样回到开课之初解读"22 版艺术课标""金钥匙"，我们得出如何基于核心素养开展教学、如何开展任务驱动教学、如何以艺术活动为主线开展教学与评价，以及艺术课程如何传承中华优秀传统文化、革命文化、社会主义先进文化等关键问题，解决的方案就是聚焦关键问题开展主题性教研。

我们最后强调，课程标准像"字典"，当你在教学中遇到困难时，请先打开它。

案例直击："民间砖雕"美术大单元教学设计①

---

① 此案例选自广东省第十一届本科高校师范生教学技能大赛视频，教案与视频详见学堂在线 MOOC"中学美术教学设计"学习任务 6。

思考与练习：

1. 《义务教育艺术课程标准（2022 年版）》的颁布，在课程名称、课程性质以及理念上发生哪些变化，你如何理解？

2. 运用解读新课程标准的"金钥匙"，谈谈你对新课程标准的理解。

3. 在问题 8 中，结合教学建议、评价建议以及教材编写建议，小组分工合作完成对中小美术教材编写。

线下课堂学习建议（4 课时）：

1. 个人分享展示线上学习笔记。

2. 小组合作回答上面思考与练习中的 3 个问题并展示。

线上学习建议（2 课时）：

1. 线上学习学堂在线 MOOC"中学美术教学设计""学习任务 7"，完成学习笔记。

2. 个人完成"学习任务 7"思考与练习中的问题，小组选出优秀的学生进行线下展示汇报。

04

教学设计

　　单元概述：本单元由"设计美术学习目标""设计美术教学过程"和"完成美术教学评价"3个学习任务和11个问题构成。其旨在通过解决问题和完成学习任务，完成本课程的核心任务——中学美术教学设计，包括美术学习目标设计的三种方法、运用新的教育理念与模式完成美术大单元教学规划与单课时教学设计、完成对美术教师的整体评价以及学生学业质量测评。

　　大观念：教学设计要符合新课程标准的教学理念与要求。

　　基本问题：如何能够基于新课程标准，设计出符合学生发展规律、紧跟新时代步伐的创意美术课程？

学习任务 7　设计美术学习目标

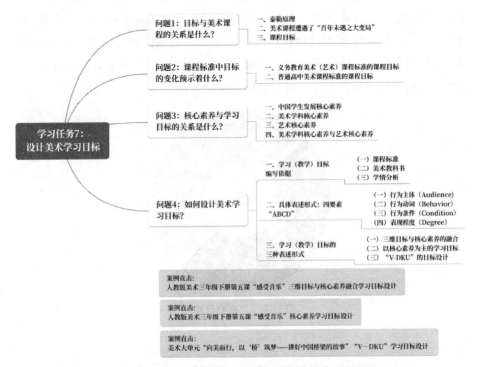

图 7-1　"学习任务 7：设计美术学习目标"的思维导图

问题 1　目标与美术课程的关系是什么

一、泰勒原理

"泰勒原理"（图 7-2），是 20 世纪三四十年代由美国课程理论专家拉尔夫·泰勒（Ralph W. Tyler）提出的一套比较完整的课程编订理论体系，被称为

"泰勒原理"（选自 1949 年泰勒所著的《课程与教学的基本原理》，该书从此成为课程研究与开发领域的经典之作）。我国现行的主要教学模式就是以"泰勒原理"为基础的"目标教学模式"。"泰勒原理"可概括为开发任何课程与教学计划必须回答的四个基本问题：学校应该达到什么教育目标？提供什么教育经验最有可能达到这些目标？怎样有效组织这些教育经验？我们如何确定这些目标正在得以实现？这四个基本问题确定教学目标、选择教学经验（学习经验）、组织教育经验、评价教育计划，构成著名的"泰勒原理"[①]。从"泰勒原理"中，我们不难发现，设计和预定教学目标是课程的灵魂。确定课程目标是课程四个要素之首，然后根据课程目标选择课程内容，再根据课程目标组织课程内容，最后根据课程目标评价课程内容。所以，我们在进行中学美术教学设计时，首先要了解的就是美术教学（学习）目标的设计。

图 7-2　"泰勒原理"

二、美术课程遭遇了"百年未遇之大变局"

尹少淳老师在解读《义务教育艺术课程标准（2022 年版）》时认为，像这样多个艺术门类组合在一起的课程标准，在中国历史上没有先河，因此我们说这是美术课程遭遇了"百年未遇之大变局"[②]。如何理解呢？我们就从"我们是谁？"开始，"从哪里来？""到哪里去？"用时间轴的形式展示（图 7-3），主要关注其中一些重要的节点。

美术正式被纳入中小学课程中，要从 1904 年中国近代第一个由政府颁布施

---

① 张华 . 课程与教学论［M］. 上海：上海教育出版社，2000：95-96.
② 尹少淳 . 新版课程标准解析与教学指导（2022 年版）美术［M］. 北京：北京师范大学出版社，2022：1.

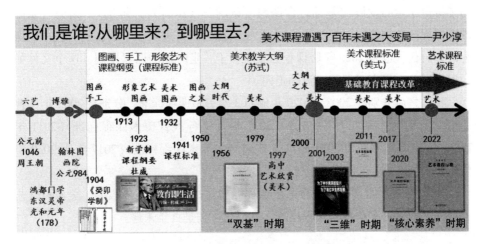

图 7-3 我们是谁？从哪里来？到哪里去？

行的学制《奏定学堂章程》（又称《癸卯学制》）开始，课程名称为"图画、手工"。

在此之前，我们需要知道和了解的是在公元前 1046 年，周王朝提出的"六艺——礼、乐、射、御、书、数"。以"博雅"为目的，创立于汉灵帝光和元年（178），被认为是中国最早的文艺专科学科"鸿都门学"和五代时期开始设立的"画院"，到宋代成立的"翰林图画院"，它们是早期美术课程的雏形。

《奏定学堂章程》之后，中国比较早可以找到的课程标准是 1913 年的《中学校课程标准》。1923 年《新学制课程标准纲要》的颁布，将小学美术命名为"形象艺术"，初中则沿用"图画"名称，[1] 在这个时期，杜威教育思想的影响开始显现，强调"教育即生活，儿童是教育的中心"。

1932 年，小学改为"美术"，初高中仍然叫"图画"，1941 年出现比较集中的课程标准，1950 年是图画课程纲要之末。

1956 年开始受苏联的影响，课程纲要改为图画教学大纲，正式开启了"大纲"时代；1979 年统称为"美术"；1997 年在高中阶段首次增加了全日制普通高级中学艺术欣赏课教学大纲，包括美术欣赏课；2000 年是美术教学大纲之末。

2001 年，我国开启了基础教育课程改革，也就是我们通常所说的"新课程改革"，同年颁布《全日制义务教育美术课程标准（实验稿）》（以下简称"实验稿美术课标"。这里给大家推荐一本非常重要的绿皮书《为了中华民族的复兴

---

[1] 课程教材研究所. 20 世纪中国中小学课程标准·教学大纲汇编：历史卷 [M]. 北京：人民教育出版社，2001：192-196.

为了每位学生的发展〈基础教育课程改革纲要（试行）〉解读》，因为《基础教育课程改革纲要（试行）》标志着我国基础教育进入一个崭新的时代——课程改革时代，也是 2022 年版课程方案所基于一定时期的课程规划，这个文件如同河床一般，规定了课程之流的走向。①

我国之后分别在 2003—2020 年颁布 3 本美术课程标准，分别是 2003 年《普通高中美术课程标准（实验）》、2011 年《义务教育美术课程标准（2011 年版）》、2017 年颁布 2020 年修订《普通高中美术课程标准（2017 年版 2020 年修订）》，美术始终为单列学科。

2022 年颁布的《义务教育艺术课程标准（2022 年版）》表明，美术只是艺术课程之一，没有单独的课程标准，其变化可谓是百年未遇。

三、课程目标

课程目标指课程要实现的目标和意图，它是确定课程内容、教学目标及教学方法的基础，是对某阶段学生课程学习后在品德、智力、情感等方面实现程度的总体刻画。课程目标是建设高质量课程的第一要义，有什么样的课程目标，就有相应的课程内容、课程结构、课程评价及课程实施，体现了课程编制者的基本意图。课程目标是对现在及未来所预期达成结果的直接体现，是教师规划课堂教学的基本依据。② 能恰当地确定某一课题的课程目标并能正确陈述，是美术教师的重要基本功。

在"学习任务 3"中，崔允漷先生将我国基础教育的发展分为三个时期：一是从新中国成立到 2001 年的"双基"时期，二是 2001—2017 年的"三维"时期，三是 2017 年后的"核心素养"时期。尹少淳老师说，对我国基础教育发展的三个时期的命名，都是基于课程目标而言的。③ 在过去的 20 年里，一线的美术教师可能才刚刚学会编写"三维"时期的"三维"教学目标，而"核心素养"时期的到来，我们最困惑的可能就是"三维"目标还能用吗？核心素养时代下的"核心素养"课程目标如何撰写？

---

① 尹少淳. 新版课程标准解析与教学指导（2022 年版）美术［M］. 北京：北京师范大学出版社，2022：3-4.

② 李刚. 新时代我国基础教育高质量课程建设［J］. 课程·教材·教法，2021，41（11）：35-41.

③ 尹少淳. 尹少淳谈美术教育［M］. 北京：人民美术出版社，2016：162.

问题 2 课程标准中目标的变化预示着什么

我们一起来解读新课程改革以来，也就是 2001 年之后颁布的美术课程标准，包括义务教育的 3 本与普通高中的 2 本。

一、义务教育美术（艺术）课程标准的课程目标

2001 年以来，义务教育阶段共颁布了 3 本课程标准，分别是"实验稿美术课标""11 版美术课标"和"22 版艺术课标"。要想了解其课程目标，我们先来对比它们的目录。"三维"时期的两本美术课程标准都由 4 个部分组成。核心素养时期的"22 版艺术课标"，不但名称发生了变化，而且内容也由 4 项变为 7 项，新增了学业质量，并在课程目标中增加了核心素养内涵等内容，页码也由之前的 30 页左右猛增至 120 多页。它不是简单的名称变化和内容增加的问题，而是遭遇了"百年未遇之大变局"。

（一）"实验稿美术课标"中美术课程总目标的表述，是用一整段去对应"三维目标"的三个维度。

> 学习美术欣赏和评述的方法等是知识与技能，学生以个人或集体合作的方法参与各种美术活动等则是过程与方法，而形成基本的美术素养，陶冶高尚的审美情操，完善人格则是情感态度与价值观。[①]

（二）"11 版美术课标"中美术课程总目标的表述，则特别强调了三维目标的设计，同"实验稿美术课标"一样，也是用一个整段去对应三维目标。

> 学生以个人或集体合作的方式参与美术活动，激发创意，了解美术语言及其表达方式和方法；运用各种工具、媒材进行创作，表达情感与思想，美化环境与生活；学习美术欣赏和评述的方法，提高审美能力，了解美术对文化生活和社会发展的独特作用。学生在美术学习过程中，丰富视觉、

[①] 中华人民共和国教育部. 全日制义务教育美术课程标准（实验稿）[M]. 北京：北京师范大学出版社，2001：7.

触觉和审美经验，获得对美术学习的持久兴趣，形成基本的美术素养。①

（三）到了"核心素养"时期的"22版艺术课标"，艺术课程目标的表述分段进行，其对应的则是艺术核心素养的审美感知、艺术表现、创意实践和文化理解。特别是文化理解用了两段进行表述，我们可见其重要性。

感知、发现、体验和欣赏艺术美、自然美、生活美、社会美，提升审美感知能力。[审美感知]

丰富想象力，运用媒介、技术和独特的艺术语言进行表达与交流，运用形象思维创作情景生动、意蕴健康的艺术作品，提高艺术表现能力。[艺术表现]

发展创新思维，积极参与创作、表演、展示、制作等艺术实践活动，学会发现并解决问题，提升创意实践能力。[创意实践]

感受和理解我国深厚的文化底蕴和党的百年奋斗重大成就，传承和弘扬中华优秀传统文化、革命文化、社会主义先进文化，坚定文化自信，铸牢中华民族共同体意识。[文化理解]

了解不同地区、民族和国家的历史与文化传统，理解文化与构建人类命运共同体的关系，学会尊重、理解和包容。②[文化理解]

这里需要强调的是课程目标采用合写的方式，也就是课程目标适用于义务教育艺术课程，包括音乐、美术、舞蹈、戏剧、影视5门学科，而非美术学科特有。

二、普通高中美术课程标准的课程目标

同样由目录对比开始，"实验高中美术课标"同"三维"时期的"实验稿美术课标""11版美术课标"，分别由4个部分组成。"核心素养"时期的"17版美术课标"与"22版艺术课标"相似，由6项内容组成，同样新增了学业质量，并在课程目标中加入核心素养等内容，内容也由之前的十几页，增至60

---

① 中华人民共和国教育部. 义务教育美术课程标准（2011年版）[M]. 北京：北京师范大学出版社，2012：6.

② 中华人民共和国教育部. 义务教育艺术课程标准（2022年版）[M]. 北京：北京师范大学出版社，2022：6-7.

多页。

（一）"实验稿美术课标"的美术课程目标表述由 5 段组成，第一段的表述形式同"三维时期"的义务教育阶段的美术课程标准，用一整段对应三维目标，既与义务教育阶段的美术课程相衔接，又具有自己的特点，是高一层次的美术课程。后面四段是对第一段的补充，分别针对美术创作、美术鉴赏，用美术解决学习与生活中的问题以及美术展示、评价进行详细的表述。

以个人或集体合作的方式参与美术学习活动，进一步学习美术知识与技能，运用直觉、想象、思维以及美术的方法进行艺术创造活动，探索表现技巧；学会分析、评价美术作品及美术现象，形成健康的审美情趣和审美观念；理解美术与其他学科之间的联系，并将美术语言运用于研究性学习之中；养成对美术终身爱好的情感，提高美术素养，热爱祖国优秀的文化，尊重世界多元文化。

1. 深入学习和理解造型语言，了解美术创作的过程与方法，选用相关材料、技法或现代媒体创造性地进行表现、设计或制作，表达自己的思想和情感以及美化生活。

2. 学会描述、分析、解释、评价美术作品和美术现象的方法；了解和探索美术某一门类的形成和发展的基本轨迹，获得有关的美术知识，理解美术作品的文化含义和风格特征；陶冶情操，热爱祖国优秀的传统文化，尊重并理解世界文化的多样性。

3. 学会通过多种渠道收集有关信息，认识美术活动与其他学科的关系，以及与自然、社会的联系；发展想象力，促进思维方式的灵活性和多样性，学会用美术的方式或结合其他方式解决学习和生活中的问题。

4. 学会运用美术展示知识和方法，有创意地展现美术学习的成果，增强自我表达的意识，学会自我评价，学会评价他人美术学习的成果；通过以视觉艺术为主的艺术交流，架起与他人思想和情感沟通的桥梁。①

（二）"核心素养"时期的"17 版美术课标"，美术课程总目标的表述分为两段：第一段是课程目标达成的根本任务、方法与总目标；第二段是针对达成美术学科核心素养进行细化，也就是对如何达到图像识读、美术表现、审美判

---

① 中华人民共和国教育部. 普通高中美术课程标准（实验）［M］. 北京：人民教育出版社，2003：7.

断、创意实践、文化理解五大美术学科核心素养进行详细表述。

　　普通高中美术课程以立德树人为根本任务，通过以美育人，引导学生以自主、合作、探究的方式参与美术学习，学会在现实生活情境中发现、提出和分析问题，综合运用美术学科及跨学科知识与技能解决问题，增强社会责任感，形成高中生必备的图像识读、美术表现、审美判断、创意实践和文化理解等美术学科核心素养。

　　通过课程学习，学生能够识别图像的形式特征，分析图像的风格特征和发展脉络，理解图像蕴含的信息［图像识读］；运用多种工具、材料和美术语言创作具有一定思想和文化内涵的美术作品及其他表达意图的视觉形象［美术表现］；依据形式美原理分析自然、日常生活和美术作品中的美，形成健康审美观念［审美判断］；具有创新意识，运用创造性思维进行创意，并用美术的方法和材料予以呈现和完成［创意实践］；从文化角度分析和理解美术作品，认同并弘扬中华优秀传统文化，尊重人类文化的多样性［文化理解］。[①]

　　在这里需要强调的是，各学科基于学科本质凝练了本学科的核心素养，明确了学生学习该学科课程后应达成的正确价值观、必备品格和关键能力，还要对知识与技能、过程与方法、情感态度与价值观三维目标进行整合。

问题3　核心素养与学习目标的关系是什么

　　核心素养时期的美术教学强调的是素养本位，它与传统的学科本位美术教学相比，素养本位更强调运用所学的美术知识与技能，去解决现实世界的现实问题。学科本位的美术教学通常只是让学习者了解学科内部的知识和学科领域的发展状况，不强调立即使用所学知识，这就是它们本质上的区别。解决问题的能力，恰恰是面对未知的未来，我们必须做好各种准备迎接各种挑战与机遇。

---

① 中华人民共和国教育部. 普通高中美术课程标准（2017年版2020年修订）［M］. 北京：人民教育出版社，2020：6.

一、中国学生发展核心素养

2014 年，教育部研制印发《教育部关于全面深化课程改革落实立德树人根本任务的意见》，提出"教育部将组织研究提出各学段学生发展核心素养体系，明确学生应具备的适应终身发展和社会发展需要的必备品格和关键能力"，首次提出"核心素养"一词。"中国学生发展核心素养"是 2013 年由北师大林崇德教授主持的一个课题，2014 年渗透到高中课程标准的研制当中，2016 年 9 月 13 日正式颁布。"中国学生发展核心素养"以"全面发展的人"为核心，包括三大方面：文化基础、自主发展、社会参与。中国学生发展的六大核心素养，即人文底蕴、科学精神、学会学习、健康生活、责任担当、实践创新，具体细化为国家认同的 18 个基本要点。

我国学者认为："核心素养是个体在知识经济、信息化时代面对复杂的、不确定性的现实生活情境时，运用所学的知识、观念、思想、方法，在未来面对不确定的情境中所表现出来的解决真实问题的关键能力与必备品格。由此可见，核心素养是关于学生知识、技能、情感、态度、价值观等多方面要求的综合表现，是每一名学生获得成功生活、适应个人终身发展和社会发展都需要的、不可或缺的共同素养。"[①]

二、美术学科核心素养

美术学科核心素养，随着《普通高中美术课程标准（2017 年版）》的颁布而出现，它的提出是我国学者的知识结晶。课程标准是这样表述的："学科核心素养是学科育人价值的集中体现，是学生通过学科学习而逐步形成的正确价值观、必备品格和关键能力。美术学科核心素养，主要包括图像识读、美术表现、审美判断、创意实践和文化理解。"[②]

尹少淳教授用奥运五环将其视觉化，以视觉形象为美术学科素养生发之源，美术学科的唯一性体现在图像识读与美术表现两大素养上，与一些学科共有的审美判断、创意实践和文化理解共同构成美术学科五大核心素养，将其简化为"图美审创文"，方便大家记忆。

---

① 胡知凡. 核心素养与世界中小学美术课程［M］. 上海：上海教育出版社，2020：4.
② 中华人民共和国教育部. 普通高中美术课程标准（2017 年版 2020 年修订）［M］. 北京：人民教育出版社，2020：4.

素养1：图像识读

图像识读指对美术作品、图形、影像及其他视觉符号的观看、识别和解读。

通过本课程的学习，学生能以联系、比较的方法进行整体观看，感受图像的造型、色彩、材质、肌理、空间等形式特征；以搜索、阅读、思考和讨论等方式，识别与解读图像的内涵和意义；从形态、材料、技法、风格及发展脉络等方面识别图像的类别；知道图像在学习、生活和工作中的作用与价值，辨析和解读现实生活中的视觉文化现象和信息。

素养2：美术表现

美术表现指运用传统与现代媒材、技术和美术语言创造视觉形象。通过本课程的学习，学生能形成空间意识和造型意识；了解并运用传统与现代媒材、技术，结合美术语言，通过观察、想象、构思和表现等过程，创造有意味的视觉形象，表达自己的意图、思想和情感；联系现实生活，结合其他学科知识，自觉运用美术表现能力，解决学习、生活和工作中的问题。

素养3：审美判断

审美判断指对美术作品和现实中的审美对象进行感知、评价、判断与表达。

通过本课程的学习，学生能感受和认识美的独特性和多样性，形成基本的审美能力，显示健康的审美趣味；用形式美原理和其他知识对自然、生活和艺术中的审美对象进行感知、描述、分析和评价；通过语言、文字和图像等方式表达自己的审美感受，用美术的方式美化生活和环境。

素养4：创意实践

创意实践指在美术活动中形成创新意识，运用创意思维和创造方法。

通过本课程的学习，学生能养成创新意识，学习和借鉴美术作品中的创意和方法，运用创造性思维，尝试创作有创意的美术作品；联系现实生活，通过各种方式搜集信息，进行分析、思考和探究，对物品和环境进行符合实用功能与审美要求的创意构想，并以草图、模型等予以呈现，不断加以改进和优化。

素养5：文化理解

文化理解指从文化的角度观察和理解美术作品、美术现象和观念。

通过本课程的学习，学生能逐渐形成从文化的角度观察和理解美术作品、美术现象和观念的习惯，了解美术与文化的关系；认识中华优秀传统美术的文化内涵及独特艺术魅力，坚守中华文化立场，坚定文化自信；理解不同国家、地区、民族和时代的美术作品所体现的文化多样性，欣赏外国优秀的美术作品；尊重艺术家、设计师和手工艺者及其创造的成果和对人类文化的贡献。[①]

三、艺术核心素养

艺术核心素养随着《义务教育艺术课程标准（2022年版）》的颁布而提出，课标是这样表述的："核心素养是课程育人价值的集中体现，是学生通过课程学习逐步形成的适应个人终身发展和社会发展需要的正确价值观、必备品格和关键能力。艺术课程要培养的核心素养主要包括审美感知、艺术表现、创意实践、文化理解等。"[②] 它适用五门艺术课程，即美术、音乐、舞蹈、戏剧（含戏曲）和影视（含数字媒体艺术）。

1. 审美感知

审美感知是对自然世界、社会生活和艺术作品中美的特征及其意义与作用的发现、感受、认识和反应能力。审美感知具体指向审美对象富有意味的表现特征，以及艺术活动与作品中的艺术语言、艺术形象、风格意蕴、情感表达等。审美感知的培育，有助于学生发现美、感知美，丰富审美体验，提升审美情趣。

2. 艺术表现

艺术表现是在艺术活动中创造艺术形象、表达思想感情、展现艺术美感的实践能力。艺术表现包括艺术活动中联想和想象的发挥，表现手段与方法的选择，媒介、技术和艺术语言的运用，以及情感的沟通和思想的交流。艺术表现的培育，有助于学生掌握艺术表现的技能，认识艺术与生活的广泛联系，增强形象思维能力，涵养热爱生命和生活的态度。

3 创意实践

创意实践是综合运用多学科知识，紧密联系现实生活，进行艺术创新和实际应用的能力。创意实践包括营造氛围，激发灵感，对创作的过程和方法

① 中华人民共和国教育部．普通高中美术课程标准（2017年版2020年修订）［M］．北京：人民教育出版社，2020：4-6.

② 中华人民共和国教育部．义务教育艺术课程标准（2022年版）［M］．北京：北京师范大学出版社，2022：5.

进行探究与实验，生成独特的想法并转化为艺术成果。创意实践的培育，有助于学生形成创新意识，提高艺术实践能力和创造能力，增强团队精神。

4. 文化理解

文化理解是对特定文化情境中艺术作品人文内涵的感悟、领会、阐释能力。文化理解包括感悟艺术活动、艺术作品所反映的文化内涵，领会艺术对文化发展的贡献和价值，阐释艺术与文化之间的关系。文化理解的培育，有助于学生在艺术活动中形成正确的历史观、民族观、国家观、文化观，尊重文化多样性，增强文化自信。[①]

四、美术学科核心素养与艺术核心素养

义务教育艺术课程是集音乐、美术、舞蹈、戏剧、影视为一体的综合学科，它没有一套基于自身的完整的学科体系。所以在艺术核心素养出台时，很多美术教师惊呼美术学科素养中的"图像识读"哪儿去了？因为艺术核心素养涵盖五门艺术学科，"图像识读"是我们美术学科特有的，它不能适用于其他四门艺术课程，我们只能忍痛割爱。艺术核心素养还把"审美判断"改为"审美感知"，其成为艺术核心素养的基础，"美术表现"转变为"艺术表现"，"创意实践"和"文化理解"不变。基础教育的美术教师，美术学科的学科性还是不可以丢掉的，我们在设计课程目标时，关注"图像识读"美术学科核心素养是必须的。

问题 4　如何设计美术学习目标

新的课程标准颁布，一线美术教师最关心的就是学习（或教学）目标如何制定，三维目标还能用吗？学习（或教学）目标是学生在经过教与学活动之后，能够做什么的具体明确的分类表述。教学目标的设定最重要的是要具体、明确、可测量，主要是表述学生学到了什么，能获得什么样的能力。

---

① 中华人民共和国教育部. 义务教育艺术课程标准（2022 年版）[M]. 北京：北京师范大学出版社，2022：5-6.

一、学习（教学）目标编写的依据

（一）课程标准

"22 版艺术课标"中的总目标、学段目标、课程内容、学业质量中的表述是义务教育阶段美术学习目标编写的源头。"17 版美术课标"中的课程目标、内容要求以及学业质量中的表述是普通高中美术学习目标编写的基础源头，它们比较宏观，是编写课时学习目标的依据和来源。

（二）美术教科书

美术教科书是课程标准的具体化，教材所呈现的内容就是课程标准目标的具体化。阅读教材，分析教材中的文字与图片，从教材中提炼教学目标，落实核心素养。教材和课标决定了教学的重点。

（三）学情分析

"学习需要"分析和"认知基础"分析。

学习需要：学习态度、学习动机、学习兴趣等非智力因素。

认知基础：学习者特征分析、知识基础、认知能力、认知风格、生活经验等智力因素。

学情分析决定了教学的难点。

二、具体表述形式：四要素"ABCD"

根据行为目标的四要素来写，"行为主体+行为动词+行为条件+表现程度"简称"ABCD"[①]。

（一）行为主体（Audience）

行为主体一定是学生。

例如，使学生……，引导学生……，培养学生……，让学生……，在这里的学生，是使、引导、培养、让的宾语，而不是主语。

例如：

1. 完成一幅中国花鸟画创作。

2. 让学生理解中国花鸟画的创作意境。

3. 培养学生发现美的能力。

---

① 施良方，崔允漷. 教学理论：课堂教学的原理、策略与研究 ［M］. 上海：华东师范大学出版社，1999：141-142.

4. 感受传统民间美术的魅力，体会工匠精神。

以上四个案例，案例1和4行为主体虽然隐藏了，但可以确定行为主体一定是学生。案例2和3，虽然出现了学生，但它只是宾语，所以案例2和3的表述是错误的。

（二）行为动词（Behavior）

行为动词又叫作行为动作，它是学生达成目标的可测量、可观测的具体行为，具体体现在教学目标的表述上，就是学生能做什么。"做"就是一个动作，"做什么"也就是做的对象。撰写的要求就是具体、简明、可测量。

1. 美术教学目标中有哪些动词是可以使用的呢？我们在这里根据"22版艺术课标"，以核心素养达成为基础，将总目标与学段目标中的行为动词进行了梳理，制作表7-1。

在总目标的表述中，行为动词就是一个由浅入深的递进关系，如审美感知核心素养目标中由感知到发现，再到体验、欣赏进而提升。后面的四个学段则更加明确地进行了细化，如第一学段的审美感知就是感知、形成，到了第二学段就可以达成欣赏、评述和感受，第三学段在欣赏、评述的基础上，可以领略和养成，第四学段就是增强和形成。

表7-1 "22版艺术课标"中的行为动词

核心素养	总目标	第一学段 （一至二年级）	第二学段 （三至五年级）	第三学段 （六至七年级）	第四学段 （八至九年级）
审美感知	感知、发现、体验、欣赏、提升	感知、初步形成	运用、欣赏、评述、感受	运用、欣赏、评述、领略、养成	了解、知道、增强、形成
艺术表现	运用、表达、交流、创作、提高	使用、按照、表达	运用、创作、表达、学会	运用、创作、提升	创作、创造性表达、发展
创意实践	发展、参与、学会、提升	学会、针对、提出、进行、初步形成	了解、设计、体会	根据、规划、增强	了解、设计、形成、增强
文化理解	感受、理解、传承、弘扬、坚定、铸牢、了解、学会	利用、体验、制作、知道、增强、参与、初步形成	利用、学习、能将、探究、提高	利用、制作或创作、体会、结合、增强	了解、制作、认识、理解、提升

2. 接下来就是教学目标的具体、简明、可测量，这也是教学目标最难把握的地方。

　　例如，"剪纸"的教学目标是这样设计的：学生能够掌握传统剪纸的制作方法，提高对剪纸工艺中谐音与寓意的认识。

　　什么叫具体、简明、可测量呢？就是用某种方式考查学生是否达成了学习目标。在教学目标中的"掌握"有点模糊，没办法测量。"提高……认识"也很笼统与含糊，属于抽象的内在感觉，也难以对其进行测量。我们可以从具体的掌握程度进行测量。

　　测量角度一：展示剪纸作品，学生能够分析剪纸作品中的剪、刻、折等方法并进行尝试。

　　目标：辨别和尝试剪纸作品中的不同技法。

　　测量角度二：学生能运用剪、刻、折等技法，完成一张剪纸作品。

　　目标：完成一张完整的剪纸作品。

　　测量角度三：创设一个主题和场景，学生能够运用剪纸制作技法，创作一张有美好寓意的剪纸作品。

　　目标：创作一张有美好寓意的剪纸作品。

　　从不同的测量角度设计，教学目标就成了可测量的，也给出了不同层级的教学目标。第一个辨别和尝试就是低级目标，完成和创作一张有寓意的剪纸作品，就是中、高级目标。

　　另在具体的美术教学实践过程中，如果某一个知识点被列在教学目标当中，你就一定要在后面的教学过程中满足和达成，不然你的教学目标就是失败的，就是无效的，所以在设计教学目标时知识点不可以太多。

　　（三）行为条件（Condition）

　　行为条件就是学生在什么条件下学会了这些目标。在课堂上，我们创设了什么样的情境，给了什么样的信息和资源以及教育学的方法和手段。其总结起来由以下四方面组成：一是教与学的手段和方法（习惯）；二是信息和资源；三是时间限制；四是情境创设。这些都是课堂上为了使学生达成学习目标提供给学生的，同样我们也可以写在教学目标当中。

　　（四）表现程度（Degree）

　　表现程度指学生学习之后，达到的最低表现水准，也就是达到的预期和水平。简单地说，就是学生学完了能做吗？

　　例如，

　　（1）5分钟，可以画出简单设计草图。

　　（2）通过小组讨论，能够分析剪纸作品中作者所要表达的情感和意义。

　　（3）运用传统剪纸技法，完成一幅有美好寓意的剪纸作品。

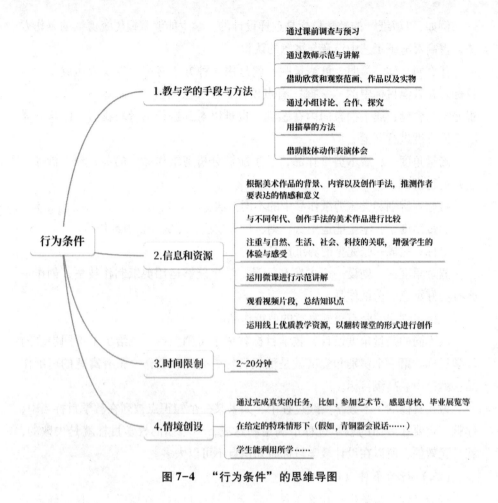

图7-4 "行为条件"的思维导图

不是每条目标都需要包涵上述四个要素，有时可以省略一些，大致有如下陈述方式：

（1）行为动词+表现程度

例：创作一幅漫画作品。

（2）行为主体+行为动词+表现程度

例：学生能够创作一幅四格漫画作品。

（3）行为条件+行为主体+行为动词+表现程度

例：根据自己的所见所闻、所感所想，学生能够运用漫画的表现形式，创作有主题的四格漫画。

三、学习（教学）目标的三种表述方式

（一）三维目标与核心素养的融合

自2001年基础教育改革至今，三维目标已经深入一线美术教师的课堂教学中。我以人教版美术三年级下册第五课"感受音乐"（图7-5）为例，在设计美术课时学习目标时，以三维目标的形式表述，加入核心素养。比如，在知识与技能目标中，我将艺术核心素养的审美感知、艺术表现、创意实践用括号标出，在情感态度与价值观目标中，将文化理解融入并标出，而过程与方法目标则是核心素养如何达成。我们需要强调的是，虽然艺术核心素养中没有图像识读，但作为美术教师也要关注图像识读核心素养的达成。

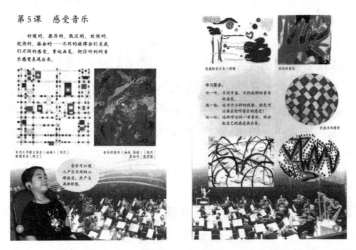

图7-5　人教版美术三年级下册第五课"感受音乐"①

案例直击：人教版美术三年级下册第五课"感受音乐"
三维目标与核心素养融合学习目标设计

1. 知识与技能

感受不同的音乐旋律和点、线、面、色彩等美术语言，发现并体验音乐的旋律与美术语言存在的内在关联［审美感知（含图像识读）］。学会运用美术

---

① 人民教育出版社，课程教材研究所. 美术：三年级下册［M］. 北京：人民教育出版社，2013：8-9.

语言和美术媒材，结合音乐旋律的变化，完成一幅能够表达出内心情感的绘画作品。（艺术表现）

2. 过程与方法

通过聆听音乐、感受音乐、分析音乐等过程，运用游戏与欣赏大师画作相结合等方式完成做中学、玩中学（艺术表现），学生能自主探究出美术与音乐的内在关联性，并通过课堂讨论、小组合作等实践活动完成绘画创作。（创意实践）

3. 情感、态度与价值观

学生在感受音乐、美术等艺术表现魅力的同时，激发想象力和创新思维能力，能够借助音乐，运用绘画作品创意表达自己丰富的内心情感。在自主探究中，学生发现艺术与生活的关系，养成积极乐观的生活态度和热爱生活的美好情感。（文化理解）

（二）以核心素养为主的学习目标

根据《义务教育艺术课程标准（2022 年版）》的目标表述形式，我们以核心素养为主进行课时学习目标的设计。我们同样以人教版美术三年级下册第五课"感受音乐"为例，以审美感知、艺术表现、创意实践和文化理解四个核心素养为主进行课时学习目标的表述。

案例直击：人教版美术三年级下册第五课"感受音乐"核心素养学习目标设计

审美感知（含图像识读）：感受不同的音乐旋律和点、线、面、色彩等美术语言，发现并体验音乐的旋律与美术语言存在的内在关联。

艺术表现：学会运用美术语言和美术媒材，结合音乐旋律的变化，在感受音乐、美术等艺术表现魅力的同时，运用绘画作品创意表达自己丰富的内心情感。

创意实践：以游戏与欣赏大师画作相结合等方式，借助音乐完成一幅能够创意表达出内心情感的绘画作品，美化生活。

文化理解：在自主探究中发现艺术与生活的关系，养成积极乐观的生活态度和热爱生活的美好情感。

（三）"V-DKU"的目标设计

我们之所以选用"V-DKU"进行目标设计①，是因为尹少淳老师在解读"22版艺术课标"时，讲到《以概念为本的课程与教学：培养核心素养的绝佳实践》是编写课标的依据，强调"KUD"，也就是强调学生在事实知识层面上能"知道"（Know），在概念层面上能"理解"（Understand），在技能和过程层面上能"做"（Do）。②

例如，《义务教育艺术课程标准（2022年版）》美术第一学段"学习任务1：欣赏身边的美"，内容要求是"K"："知道"（Know），即学生应该知道的。学业要求是"D"："做"（Do），即学生能做的。其中关于学生需要理解的大观念"U"："理解"（Understand），出现在每个学段后面的"教学提示—教学策略建议"中，对应每个学习任务的最后一句话，即用双引号引出注重引导学生理解的"美存在于生活中"的大观念。

"22版艺术课标"对核心素养的界定是通过课程学习逐步形成正确价值观、必备品格和关键能力，那么正确价值观"V"（Value），一定是引领必备品格和关键能力的。

新的课程标准还强调活动与体验，让学生在做中学，获得解决实际问题的能力，于是将"KUD"中的"D"提前，通过指向解决问题、完成任务或项目活动的"做"（Do）、"知道"（Know）学科本体或跨学科的知识与技能、"理解"（Understand）可迁移的观念和理念。③ 我们将新课程标准中强调的价值观与"KUD"相结合，就形成了价值观引领下的"做中学"，即"V-DKU"的学习目标设计。

1. "V-DKU"（图7-6）是什么？"V"是价值观，"D"是做，"K"是知道，"U"是理解，将其与三维目标进行类比，"V"对应情感态度与价值观，强调立德树人，也就是社会性；"D"对应过程与方法，强调活动与体验，也就是方法性；"K"对应知识与技能，强调美术学科本体，也就是学科性；"U"则对应核心素养，强调对大观念的理解，也就是知识的迁移性。其中社会性、方法性与学科性不难理解，最难理解的就是"U"，也就是迁移性，问题总是真实的、复杂的，解决问题必须综合运用所学知识，也可以理解为"触类旁通"，从

---

① 详见"学习任务8"中的"问题3"中"二、遵循'V-DKU'的新教学理念"。

② 林恩·埃里克森，洛伊斯·兰宁. 以概念为本的课程与教学：培养核心素养的绝佳实践[M]. 鲁效孔，译. 上海：华东师范大学出版社，2018：6.

③ 尹少淳. 新版课程标准解析与教学指导（2022年版）美术[M]. 北京：北京师范大学出版社，2022：281.

一个个具体的案例与事件中得到一套普遍适用的方法，然后用其去处理新的问题。

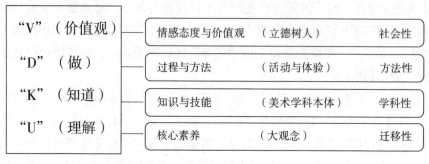

图7-6 "V-DKU"是什么

2. 如何表述"V-DKU"教学目标？以岭南美术出版社出版的小学美术五年级"家乡的桥"为例，我们将"家乡的桥"整合为单元课程，分别由第一课时桥的前世今生——欣赏感受桥（欣赏·评述）；第二课时 向美而行——画出心中的桥（造型·表现）；第三课时 巧手筑家桥，慧心解乡愁——制作出实用又美观的桥（设计·应用）；第四课时 以"桥"筑梦——讲好中国桥梁的故事（综合·探索）构成"向美而行，以'桥'筑梦——讲好中国桥梁的故事"单元课程。这里需要强调的是，单元课程教学目标表述中的"U"，也就是需要学生理解的大观念一定是一致的。

案例直击：美术大单元"向美而行，以'桥'筑梦
——讲好中国桥梁的故事""V-DKU"学习目标设计

第一课时 桥的前世今生——欣赏感受桥。学生主要在"欣赏·评述"实践活动中能达成核心素养。"V-DKU"的具体表述。

学生能养成（V）：了解古今中外桥梁文化的多样性，丰富审美体验，开阔艺术视野，理解桥梁文化中的乡愁与连接，增强文化自信，产生心灵共鸣，激发家国情怀，增强学生负责意识。（文化理解）

学生能做到（D）：了解桥梁的发展史和相关文化以及"神十四"航天员事件带来的情感启迪，通过拼贴、插接与绘画等表现手法，表现桥梁的造型美与线条美。（艺术表现、创意实践）

学生知道（K）：掌握古今中外桥梁的种类、结构以及背后科学与技术的支撑，在感受桥梁的造型美的同时，体会其实用价值以及为我们生活带来的便利。

（审美感知）

学生能理解（U）：美术与其他学科相融合可以富有创意地解决问题（大观念）

第二课时 向美而行——画出心中的桥。学生主要在"造型·表现"实践活动中能达成核心素养。"V-DKU"的具体表述。

学生能养成（V）：善于观察、勤于思考，理解桥梁是文化、科技、美观、实用的高度融合，有着强烈的好奇心，激发创新的兴趣和意识。（文化理解）

学生能做到（D）：能够绘制、拼贴、插接完成一幅古代、现代或未来桥梁的写生画或创作画，进行二次定格动画主题创作。（艺术表现、创意实践）

学生知道（K）：使用传统和现代的工具、材料和媒介，从透视、比例、构图、造型、色彩等方面进行桥梁画的绘制和创想，并能将其运用到定格动画的场景中，表达自己的所见所闻、所感所想，也能与他人交流。（审美感知）

学生能理解（U）：美术与其他学科相融合可以富有创意地解决问题（大观念）

第三课时 巧手筑家桥，慧心解乡愁——制作出实用又美观的桥。学生主要在"设计·应用"实践活动中能达成核心素养。"V-DKU"的具体表述。

学生能养成（V）：养成乐于动手、善于合作、专注、不怕困难、精益求精的工匠精神，理解桥梁文化中的乡愁与连接，增强文化自信，增强负责意识和环保意识，在好奇心的驱使下，初步具有创新的兴趣。（文化理解）

学生能做到（D）：掌握桥梁设计的方法，经历讨论、合作、交流、制作等过程，体会设计的重要性，能够用剪、折、卷、拼贴、插接等方法，小组合作制作出古代、现代或未来的桥梁的立体作品。（艺术表现、创意实践）

学生知道（K）：理解桥梁设计的原理，掌握桥梁的比例、结构中的科学知识，根据桥梁设计图选取合适的废旧材料。（审美感知）

学生能理解（U）：美术与其他学科相融合可以富有创意地解决问题（大观念）

第四课时 以"桥"筑梦——讲好中国桥梁的故事。学生主要在"综合·探索"实践活动中能达成核心素养。"V-DKU"的具体表述。

学生能养成（V）：跨学科综合解决问题的能力，体现科学技术与传统创新的关系，增强学生的科学精神和科技强国的理念。（文化理解）

学生能做到（D）：小组合作完成一部简单的有主题的定格动画作品的设计、拍摄与制作，并上传网络，践行信息社会责任。（艺术表现、创意实践）

学生知道（K）：结合信息科技学科知识，掌握定格动画的制作原理、特点以及合成定格动画的基本原理和方法。（审美感知）

学生能理解（U）：美术与其他学科相融合可以富有创意地解决问题。（大观念）

整个学习（教学）目标是教学活动的重要前提和贯穿始终的灵魂，正如崔允漷教授所说的："学习目标既是教学的出发点，也是归宿，或者说它是教学的灵魂，支配教学的全过程，并规定着教与学的方向。"① 能够设计出清晰、准确、具体的教学目标，是对一名合格美术教师的最基本要求。

思考与练习：

选择中小学美术教材中的任意一课，个人选择以下三种学习目标之一，编写完成自己的学习目标设计。

1. 三维目标与核心素养结合的学习目标。

2. 核心素养学习目标。

3. "V-DKU" 学习目标。

线下课堂学习建议（4 课时）：

1. 个人分享展示线上学习笔记。

2. 小组选出优秀的学生进行学习目标设计的线下展示汇报。

线上学习建议（4 课时）：

1. 线上学习学堂在线 MOOC "中学美术教学设计""学习任务 8"，完成学习笔记。

2. 完成"学习任务 8"思考与练习中的问题，小组汇报单元规划表，并选出优秀的学生进行单课展示汇报。

---

① 崔允漷. 有效教学［M］. 上海：华东师范大学出版社，2009：110.

学习任务 8　设计美术教学过程

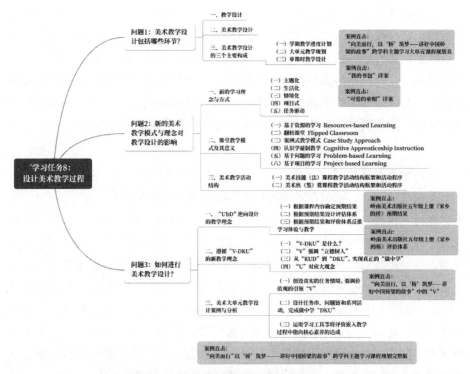

图 8-1　"学习任务 8：设计美术教学过程"的思维导图

问题 1　美术教学设计包括哪些环节

一、教学设计

何谓教学？概括地说，教学是教师与学生以课堂为主渠道的交往过程，是教师的教与学生的学的统一活动。通过这个交往过程和活动，学生掌握一定的知识技能，形成一定的能力态度，人格获得一定的发展。①"教"与"学"是一对互补的概念，作为教师的我们必须理解，"教"是为了"学"，如果没有人"教"我们也可以"学"，但如果没有人"学"，就绝不可能谈上"教"。

设计是一个动词，是事前的一种预想和计划。设计指为了实现预期的目标，预想今后可能会出现的情况，明确所要设计系统的各个构成要素以及各个要素与整体之间的关系，从而对面临的问题进行决策、求解以及创新的行为，即精心构想和选择能达到预期目标的方案的过程。②

教学设计是在正确教育理念的指导下，关于"教什么"和"如何教"的一种方案，它是教师根据学科教学的原理和教学目标要求，运用系统的方法，对参与教学活动的诸多要素进行的一种行之有效的分析和策划，也是在教学之前，为了更快、更好地达到预期的、促进学习者个体发展的教学目标，对解决教学问题的方案进行有目的的构想、试行、评价和修改的过程。它包括从课程层面进行设计，之后到单元设计，再逐步进入对每一节课的课堂教学设计。

二、美术教学设计

美术教学设计，就是在正确教育理念的指导下，根据课程方案、课程标准、美术教材等课程内容以及学情，预先对美术教学目标、教学内容、教学过程以及教学评价进行的预想和计划。我们也可称它为"教"与"学"的方案预想和计划，也就是我们通常所说的"备课"或"写教案"，现在的美术教学更关注学生的"学习"，也可以称为"学案"。古人云："凡事豫则立，不豫则废。"（西汉·戴圣《礼记·中庸》）这些预想和计划的过程，都将在教学的具体实施中起到关键的作用。不管上什么课，教学设计都是上好一节课的前提，美术教学也不例外，它可以加强教学中的计划性和预见性。美术教学设计一般由学期教学进度计划、大单元教学规划、单课时教学设计三部分构成。

三、美术教学设计的三个主要构成

（一）学期教学进度计划

学年是教育年度，它不同于我们的自然年从当年的 1 月至 12 月，而是以当年的 9 月 1 日到次年的 8 月 31 日为一个学年，暑假是学年分界线。一学年分为两个学期，寒假是学期分界线。一学年分为第一学期、第二学期，也称上学期、

---

① 张华. 课程与教学论［M］. 上海：上海教育出版社，2000：73.
② 刘美凤. 教育技术教程［M］. 北京：清华大学出版社，2014：17.

下学期。教学进度计划就是根据学期进行教学进度计划的编写。

　　教学进度计划是指一个学期教学内容的安排，也就是在一个学期的开学之初，就要对教学内容有一个整体的把握与预想，如何根据教材内容合理安排时间，有计划地进行一个学期的课程教学。这主要是为了让教师可以整体把握本学期的教学内容，根据学校的活动安排以及自然、重大节日等情况进行教学安排，可以更贴近学生的学习与生活。其次，教师还可以根据教学内容的安排，提前准备各种教学资源与技术，保障教学的顺利进行。

　　在义务教育阶段，美术教科书是根据学期进行编写的，如一至六年级共12个学期也就对应有12册美术教科书，那么学期教学进度计划就是一册美术教材在具体实施过程中的具体安排。在普通高中阶段，美术教科书是根据课程标准中的学习模块进行编写的，则需要根据学期，安排如何完成模块教学。比如，必修"美术鉴赏"模块安排在高中第一学年的第一或第二学期，绘画、中国书画、雕塑、设计、工艺、现代媒体艺术6门选择性必修课程，可安排在第一学年的第二学期、第二学年的第一或第二学期、第三学年的第一学期，其他选修课程可安排在高中阶段的任何一个学期。

　　学期教学进度计划也可以称为教学日历，它主要包括以下内容（表8-1）。

表8-1　20____—20____学年第____学期教学进度计划（教学日历）

科目		任课教师		任教年级		班级	
周次	节次	单元	单课内容	教学方法	教具	学具	教学设备
1	1						
2	2						
……	……						

（二）大单元教学规划

　　2017年，随着"17版美术课标"的颁布，中国基础美术教育正式进入"核心素养"时期。核心素养与深度学习息息相关，钟启泉老师说"深度学习"的前提条件是改造"单元设计"，它是撬动"课堂转型"的杠杆，何为"单元"，无非就是教学中"设计·实施·评价"的一个单位。[1] 学科核心素养本位的美术教学，强调在现实情境中发现问题，明确任务，以自主、合作和探究的学习方式，获取知识与技能，并将其运用于解决问题和完成作品的过程中，同时逐

---

[1]　钟启泉.深度学习［M］.上海：华东师范大学出版社，2021：76.

渐形成美术学科的观念、思维方式和探究技能。它其实强调的就是，改变教师单纯的知识与技能传授者的角色和一课一练的教学习惯，学会以学生为主体的主题性研究型教学设计，也就是以单元教学的形式去组织课程内容。

"17版美术课标"的教学建议的第一条就是倡导主题性研究型美术教学。[①] "22版艺术课标"在教材编写建议中提倡以单元的形式组织学习内容。单元的大小应根据不同的任务、学生的年龄特征确定，从整体到细节，处理好学科逻辑与生活逻辑的关系，并形成有特色的组织结构。[②] 单元教学就是根据一定的主题，将学习内容组成具有联系和递进关系的课程加以深度学习。一个单元往往由最少2个及以上课时构成，其优点是，避免了过去美术课程"打一枪换一个地方"、蜻蜓点水、浅尝辄止的弊端，从而保持对特定主题的持续联系和深度关注，获得驻留感，增加美术学习的广度和深度。[③] 那么在单元规划中，我们应该如何设计，如何体现主题呢？跨学科主题学习大单元课程规划表（表8-2），主要包括以下内容。

表8-2　跨学科主题学习大单元课程规划表

教研共同体		学校		年级	
跨学科主题学习名称					
跨学科主题学习涉及学科					
跨学科主题学习任务	1. 大观念： 2. 基本问题： 3. 大任务： 4. 真实的任务情境： 5. 单元的构成：				
跨学科主题学习目标					

① 中华人民共和国教育部.普通高中美术课程标准（2017年版2020年修订）[M].北京：人民教育出版社，2020：44.

② 中华人民共和国教育部.义务教育艺术课程标准（2022年版）[M].北京：北京师范大学出版社，2022：119.

③ 尹少淳.尹少淳谈美术教育[M].北京：人民美术出版社，2016：175.

课程实施规划		
学习主题任务	实践任务	课时
选题	任务1： 任务2： …… 任务N：	
规划	任务1： 任务2： …… 任务N：	
实施	任务1： 任务2： …… 任务N：	
展评	任务1： 任务2： …… 任务N：	

1. 教研共同体：包括本学科教学团队和所跨学科教师以及工艺师、设计师、画家等。

2. 学校：以不同区域、不同学校组建的教研共同体。

3. 年级：义务教育阶段一至九年级，普通高中一至三年级。

4. 跨学科主题学习名称：指文艺作品或者活动中所表现的中心思想，泛指主要内容。

5. 跨学科主题学习涉及学科：义务教育阶段分三个层次，一是艺术学科内部综合；二是基于美术学科与至少一门及以上的其他学科进行综合；三是与社会、自然、生活和科技的综合。普通高中阶段分为两个层次：一是美术与其他学科综合的跨学科课程，如以动画片的形式表现语文中的寓言、成语故事等；二是美术与现实社会情境相联系的跨学科课程，如地方文化的保护、绿色环境的营造等。

6. 跨学科主题任务：

（1）大观念：理解和组织知识，这些观念（主题）一般是永恒的，具有迁移性。

（2）基本问题：建立学习行为，导向对大观念的理解和掌握。大观念如果是目的，那么基本问题就是指向大观念的路径。

（3）大任务：学生通过单元学习需要完成的大作业，来反推教学（学习）过程。

（4）真实任务情境：在真实的情境中发现问题，并通过任务和问题去掌握解决问题的方法。

（5）单元的构成：至少2课及以上构成单元。

7. 跨学科主题学习目标（详见"学习任务7"）：每一课需要达成的核心素养和所跨学科核心素养。

8. 课程实践规划：包括学习主题任务中选题、规划、实施、展评四个环节。

9. 实践任务：建立任务群对应的课时。每一个课时中的任务群，也要对应选题、规划、实施、展评四个环节来设计相应的任务构成任务群。

案例直击："向美而行，以'桥'筑梦——讲好中国桥梁的故事"跨学科主题学习大单元课程规划表①

（三）单课时教学设计

不管是学期教学计划还是大单元教学规划，它们都是由每个单课构成的。那么，如何设计每个单课是教学设计的基础。一个单元最少由2个（含2个）以上单课构成，主要是根据主题、任务的大小和学生年龄特征合理安排单元的构成，单元中的每一课都应该是完整的一节美术单课教学设计，它需要包括以下要素。

1. 课题：包括单元课题与单课课题。

2. 课时：小学40分钟/课时、中学45分钟/课时。

3. 授课教师：具体到上课的教师。

4. 课型：理论课、技能课、综合课。

5. 模块或艺术实践：高中7个模块，中小学4个艺术实践。

6. 教学思路设计：（教师资格证考试会加分）教学新理念的运用，如主题化、生活化、情境化、项目式、任务驱动、逆向设计、"V-DKU"等。

---

① 具体内容见"学习任务8"的案例直击"向美而行，以'桥'筑梦——讲好中国桥梁的故事"跨学科主题学习大单元课程规划表完整版。

7. 学情分析：根据学生所处年龄阶段的心理特征、认知基础以及班风、学风等学情确定教学（学习）目标中的难点内容。

8. 教学内容（教材）分析：分析教材与教学内容，结合课程标准，能够找出教学（学习）目标中的重点内容。

9. 教学（学习）目标：学生是主体，把学生放在最前面，不能出现"让学生""使学生"，目标设计可以是以下三种方法（详见"学习任务7"）。

（1）三维目标与核心素养整合的学习目标（主要用于高中阶段）；

（2）"V-DKU"（价值观引领下的做中学）学习目标；

（3）核心素养学习目标。

10. 教学重点（课标与教材的要求）与难点（结合学情分析）：忌多。

11. 教学方法：讲述法（讲解、讲读、讲述、讲演）、讨论法（复述，复习，解决问题，反思和检测观点、看法、论点、事件，等等。提高口头交流技能、平等民主，畅所欲言）、示范和演示法（前者要求模仿，讲少做多，后者要求重复，讲多做少，与讲述结合，用视频辅助，不可混淆）、合作学习法（群体，4~6人合作交往，强调异质组合）、角色扮演和模拟活动法（学生扮演自然和生活中的新角色，并在虚拟的场景中模拟一些活动，增强体验，获得经验）、练习和实践法（理论与实践的结合）、案例学习法（强调案例的典型性）、实物收集与展示法（分享展示资料与实物，吸引兴趣，营造氛围）、引入相关人员参与教学法（民间艺术的非遗传承人、设计师、画家等）、实地考察法（身临其境，增强体验）、学业游戏法（游戏与学习相结合）、辩论法（学术攻防）、问题发现与探究指导法（情境中发现问题，探究问题）、头脑风暴法（不评价、不批评、不解释、不干预、不阻拦）等。①

12. 学习方法：自主、合作、探究等，构建学习共同体。

13. 教学准备：教具、学具、教学资源与技术。

14. 教学过程。

（1）组织教学：常规（同学们好，起立，老师好，坐下）。

（2）真实情境导入（最好不超过3分钟）：重中之重、课眼。

（3）探索新知与教师示范（7~8分钟）：最重要的部分，也是最难的部分。设计任务串对应实践活动，再通过问题链指向基本问题，对应教学（学习）目标与重难点，体现新理念，设计制作学习辅助工具，帮助学生在自主、合作、探究中学习，强调做中学、用中学、创中学。

---

① 尹少淳. 美术教育学新编［M］. 2版. 北京：高等教育出版社，2023：219-239.

（4）实践练习与巡视辅导（10~25分钟）：学生实践，教师辅导。作业设计要清晰可操作，强调具体要求（也就是教学中知识点的运用）、纪律与卫生、规格（多大的纸，运用哪些材料与工具）等。

（5）评价与小结（5分钟）：时时评价（表现性评价）和作业评价（结果性评价）相结合。设计评价量规，通过自评、互评、点评相结合的方式，主要让学生多说话，教师则具体表扬，指明方向。小结要着重强调价值观的引领和首尾呼应。

（6）素质拓展：网址，参考资料。

15. 教学反思：实际上课时需要，上完课后加上（考试、比赛不需要）。

16. 板书设计：对整节课知识点的梳理与提炼，浓缩的教案，注意图文结合。

17. 学习工具：学习任务书、学习单、预学单、延学单、评价量规、资料包、小组分工合作单等。

案例直击："我的书包"详案①

案例直击："可爱的童帽"详案②

问题2　新的美术教学模式与理念对教学设计的影响

在全球化大背景下，在世界各地尤其是教育发达地区，无一例外地进行着现象式学习、团队合作学习、项目式学习、多学科融合学习、问题导向式学习、体验式学习、探究式学习、人工智能辅助学习等。这些教学方式主要是强调学生的共通能力，即培养学生交流与合作能力、搜集信息能力、解决问题能力、批判性思维能力和创意能力等。

芬兰的"基于现象的教学"是围绕着现实中的现象，通过不同学科的方法进行分析与学习的。③ 他们可以接触很大的话题，如"时间""空间"和"爱"。例如，在学习"时间"这一课时，学生到养老院跟老人一起做活动，老人和孩子们相互画像，让他们体验"时间"在人身体上的变化，学生学到了知

---

① 具体案例视频与教学设计详见学堂在线 MOOC"中学美术教学设计"学习任务8，此案例依据《义务教育美术课程标准（2011年版）》制作。

② 具体案例视频与教学设计详见学堂在线 MOOC"中学美术教学设计"学习任务8，此案例依据《义务教育美术课程标准（2011年版）》制作。

③ 胡知凡. 核心素养与世界中小学美术课程［M］. 上海：上海教育出版社，2020：17.

识，而老人得到了快乐。他们认同中国传统教育，如孔子的"知之者不如好之者，好之者不如乐之者"。

在英国，一篇课文可以学习一天，因为他们还要进行角色体验、表演、对话和改变原文意思进行重新创作。例如，在学习以"比萨（Pizza）"为主题的英语课时，教师会在前一天就告诉同学们第二天要做"比萨"，通过做"比萨"学到和"比萨"相关的词汇。于是，学生进行一场围绕着"比萨"，从词汇到"比萨"制作的全过程学习，教师体验从采购原材料、制作到分享"比萨"的沉浸式教学。

在新加坡，他们已经不在乎 PISA（Programme for International Student Assessment，国际学生评估项目）的排名，而是注重学生解决实际问题的能力，也就是体现素养本位的课程理念。素养本位的课程更强调育人的价值，更强调情境的学习，更强调运用知识来解决问题，更强调培养学生自主学习的意识。① 比如，他们进行任务驱动式合作学习方式，根据新加坡的气候条件和地质特点，建造一栋绿色环保的大楼，用什么材料？如何施工？流程是什么？等等。他们在合作学习中擦出很多创造性的火花。

一、新的学习理念与方式

"22 版艺术课标"的教材编写建议："鼓励以灵活多样的方式构建艺术教材的框架和内容，突出主题化、生活化、情境化、项目式、任务驱动等新的学习理念和方式。提倡以单元的形式组织学习内容。"

（一）主题化

主题化教学是进行深入学习最有效的教学方法，它通过围绕一个特定的主题或情境来组织教学活动，帮助学生更好地理解和欣赏艺术。它注重学生对主题的理解和表达，并运用主题将碎片化的知识建立联系，通过观察、实践和思考来获取知识和技能。主题式美术教学可以提高学生的观察能力、想象力和创造力，同时也能帮助学生更好地了解和欣赏艺术作品。我们可以说，主题是美术活动的核心、出发点和归宿，知识、技能、材料、形式、风格均是其载体和从属，因为它们都是为主题的理解和表达服务的。② 主题化教学是实施核心素养时代下美术大单元教学最常用的教学方法。

---

① 胡知凡. 核心素养与世界中小学美术课程［M］. 上海：上海教育出版社，2020：332.
② 尹少淳. 美术教育学新编［M］. 2 版. 北京：高等教育出版社，2023：392.

（二）生活化

生活化教学是一种将教学活动置于现实生活背景中，让学生在生活中学习，在学习中更好生活的教学方式。这种教学方式强调将学生看作学习的主体，将教学内容与学生的生活经验紧密联系在一起，让学生在生活中体验、感受和探索，从而激发他们的学习兴趣和动力，提高他们的认知能力和生活技能。

生活化教学的实施需要教师根据教学内容和学生的实际情况，创设贴近学生生活的情境，引导学生积极参与其中，让学生在真实的情境中学习和思考。同时，教师还需要注重学生的情感体验，关注学生的兴趣爱好和个性特点，让学生在轻松愉悦的氛围中学习知识、发展技能。

（三）情境化

情境化教学是指在教学过程中，教师通过引入或创设具有一定情绪色彩的、以形象为主体的生动具体的场景，来引起学生一定的态度体验，从而帮助学生理解教材，并使学生的心理机能得到发展的教学方法。情境化教学的核心在于激发学生的情感，让学生在情境中体验、感受和思考，从而激发他们的学习兴趣和动力，提高他们的认知能力和生活技能。

情境化教学模式的一般流程：搜集信息、编制情境化问题、呈现问题情景、分析讨论并解决问题。情境化教学不仅可以给学生提供暗示或启迪，有利于问题的解决和知识的掌握，还有益于锻炼学生的创造性思维。

情境化教学的方法包括生动形象的语言描绘、课内游戏、角色扮演、诗歌朗诵、绘画、体操、音乐欣赏、旅游观光等。这些方法可以将教学内容与学生的生活情境紧密联系在一起，让学生在真实的情境中学习，在学习中提升解决真实情境中问题的能力。

（四）项目式

项目式教学是以一个具体的项目或任务为核心，要求学生通过规划和执行这个项目或任务来获取知识和技能。它强调学生的自主学习和实践，鼓励学生在实际项目中发挥创新能力和解决问题的能力。项目式美术教学注重跨学科的整合和应用，将美术知识与技能应用到实际生活中，提高学生的综合素质和应用能力。同时，它也注重团队合作和交流，鼓励学生之间相互协作、分享经验和知识，培养学生的社交能力和合作精神。作品既可以是有形的产品，也可以是一个设计好的文案或方案等。

（五）任务驱动

任务驱动是一种建立在建构主义教学理论基础上的教学方法。"22 版艺术课标"的课程内容就是以学习任务的形式呈现的，它的重要性可见一斑。任务驱动是以"任务"为核心，设计"教法"和"学法"，教师在教学中创设一种能够激发学生学习动机的教学情境，把教学内容蕴含在一个或者多个教学"任务"中，呈现给学生。在完成"任务"的过程中，学生通过思考问题、分析问题、解决问题的过程，培养了独立思考以及对问题的探究与解决能力。任务驱动美术教学法强调学生的主体性，让学生在任务的驱动下，主动地参与教学过程，通过完成任务来获取知识和技能，培养他们创新能力和解决问题的能力。同时，任务驱动教学法也强调教师的引导作用，教师需要创设适当的教学情境，提出明确的任务和要求，引导学生主动探究和学习。任务驱动美术教学法已经形成了以"任务为主线、教师为主导、学生为主体"的现代化教学模式，这种教学模式的每个环节都非常重要，任务设计是否明确、教师主导是否到位、是否体现以学生为主体等都将直接关系到教学效果是否显著。

不管是任务驱动，还是项目式或主题式美术教学，它们都是以学生为中心的教学方式，只是它们在实施过程和目标上有所不同。任务驱动强调学生在"任务"的驱动和"问题"的激发下，以自主学习和小组协作学习的方式，开展对"任务"的探究。项目式美术教学注重学生的自主学习和实践，以一个具体的项目或任务为核心，强调学生的创新能力和解决问题的能力；主题式美术教学则以一个特定的主题或情境为中心，注重学生对主题的理解和表达，培养学生的批判性思维和独立思考能力。生活化和情境化是相通的，在实际教学中，教师可以根据教学目标和学生的需求选择合适的教学方式，也可以交叉使用。

二、课堂教学模式及其意义

所谓的课堂教学模式，指在一定教育思想的指导下，为完成特定的教学目标，设计并通过实践而逐渐形成的教学诸要素之间比较稳定的相互作用的关系，包括教学过程诸要素的组合方式、教学程序及其相应的策略和评价方式等。[①] 例如，美国芝加哥大学教育学教授本杰明·布鲁姆（Benjamin Bloom）的"掌握学习教学模式"、美国认知心理学家杰罗姆·布鲁纳（Jerome Seymour Bruner）的"发现教学模式"、美国行为主义心理学家伯尔赫斯·弗雷德里克·斯金纳（Burrhus Frederic Skinner）的"程序教学模式"、德国教育家克拉夫基（Wolfgang Klafki）的"范例教学模式"等对美术教学都有着基础价值和指导意义。其设计的动机并非专指美术教学，因此对美术教学而言，有的可以整体运用，有的只能局部

---

① 刘美凤. 教育技术教程 [M]. 北京：清华大学出版社，2014：133-134.

适用，有的可以作为我们思考教学的出发点。①

当下，核心素养时代的到来主要培养学生在面对真实世界的真实问题时，具有发现、分析、解决问题的能力，美术教学也是如此。学生如何养成核心素养，是新时代对教育提出的新要求，如何构建在一定的教学思想和理论的指导下，基于一定的教学情境（含教师与学习者的特点、教学环境等）、教学目标、教学内容、教学策略、教学评价方式等，形成一种相对稳定的搭配形式。我们下面给大家展示几种以学生为中心的教学模式，也是有利于学生形成核心素养的教学模式。教师可以根据自己的教学实际进行选择与应用，这里需要强调的是以下模式的实施一定是建立在讲授任何知识与技能之前所使用的，以下模式是基于建构主义学习观的模式。

（一）基于资源的学习 Resources-based Learning

"指学生的学习不是通过教师的讲授，而是通过与广泛的学习资源（人类和非人类资源）交互作用进行自主学习的一种方式。"②

基于资源的学习是一种自主学习方式，它强调学习者利用各种资源进行自主学习和自我建构，来实现个人发展目标。这些资源包括各种学习材料、学习工具、网络资源、社交媒体、在线论坛等。

基于资源的学习具有以下特点。

自主学习：学习者可以根据自己的学习需求和兴趣，自主选择学习资源，制订学习计划和目标，并进行自我评估和调整。

自我建构：学习者通过自主学习和思考，不断积累知识和技能，形成自己的认知结构和知识体系，并进行自我建构和更新。

广泛的学习资源：基于资源的学习可以利用各种学习资源，包括各种书籍、文章、网站、社交媒体、在线论坛等，使学习者能够更加灵活地进行学习。

多元化的学习方式：基于资源的学习可以采用多种学习方式，如在线阅读、写作、讨论、交流等，使学习者能够更加深入地进行学习。

强调批判性思维：基于资源的学习要求学习者具备批判性思维的能力，能够对各种学习资源进行筛选、评价和整合，来实现个人发展目标。

基于资源的学习可以帮助学习者提高自主学习能力、自我管理能力、问题解决能力等，同时也可以帮助学习者实现个人发展目标，提高职业竞争力。在数字化时代，基于资源的学习越来越受人们的关注和重视。

---

① 尹少淳. 美术教育学新编 [M]. 2 版. 北京：高等教育出版社，2023：254-259.
② 刘美凤. 教育技术教程 [M]. 北京：清华大学出版社，2014：152.

（二）翻转课堂 Flipped Classroom

2007 年，美国的一名基金公司分析员萨尔曼·汗（Salman Khan）通过自己制作的微课件为表妹补课获得巨大成功。翻转课堂主要适用于线上和线下相结合的混合式教学，美国目前每天有上百万学生晚上在家观看可汗学院的数学教学视频，第二天则跟同学一起在教室做作业，遇到问题有老师和同学可以请教。这跟传统的"老师白天在教室上课，学生晚上回家做作业"的方式正好相反，被称为"翻转课堂"。

翻转课堂是一种重新调整课堂内外时间，将学习的决定权从教师转移给学生的教学模式。在这种模式下，学生在家通过观看教师发布的视频或其他学习资源完成知识的学习，而课堂则变成教师与学生之间和学生与学生之间互动的场所，包括答疑解惑、知识的运用等。翻转课堂是为了让学生通过实践获得更真实的学习。

（三）案例教学模式 Case Study Approach

学生通过阅读真实情境中具有典型意义的一个或多个案例，主动获得需要学习的，关于一类事物概念、规则或原理等知识的学习方式。

案例教学模式是一种以案例为基础的教学法（case-based teaching），案例本质上是提出一种教育的两难情境，没有特定的解决之道。教师在教学中扮演着设计者和激励者的角色，鼓励学生积极参与讨论，不像传统的教学方法，教师是一位很有学问的人，只扮演着传授知识的角色。

案例教学法非常适合于开发分析、综合及评估能力等高级智力技能。它到了 1980 年，才受到师资培育的重视，尤其是 1986 年美国卡内基小组（Carnegie Task Force）发表《准备就绪的国家：二十一世纪的教师》（*A Nation Prepared: Teachers for the 2lst Century*）的报告书中，特别推荐案例教学法在师资培育课程中的价值，并将其视为一种相当有效的教学模式。

（四）认知学徒制教学 Cognitive Apprenticeship Instruction

在正式的学校教育产生之前，学徒制曾经是人们学习的最普遍方式。认知学徒制中的"学徒"表明了它与传统的学徒制的继承关系，即强调学习应当发生在其应用的情境中，通过观察专家工作与实际操作相结合获得知识与技能。[1]其目的在于培养学生的高级认知技能，如问题解决能力、反思能力等。

学徒制也是美术技能教学最常见的方法，正如"17 版美术课标"的教学建

---

[1] 刘美凤.教育技术教程［M］.北京：清华大学出版社，2014：137.

议，"经历'像艺术家一样创作'的过程"①。它基于情境学习理论，专家在自己的活动中总是应用情境化的思维策略，学习者通过观察、模仿和实践来学习和掌握这些策略。这正是美术教学中最常用的教学方法，教师示范与演示，让学生通过观察，进行模仿与实践。教师作为认知学徒，提供指导和支持，帮助学习者建立自己的认知框架和思维模式。

认知学徒制教学通常包括以下步骤。

确定学习目标和任务：教师和学习者共同确定学习目标和任务，确保学习内容与实际应用相关联。

展示专家思维：教师展示专家在解决问题时的思维过程，包括问题建模、分析、解决方案的制订和评估等。

模仿和实践：学习者通过观察、模仿和实践，学习和掌握专家思维模式。教师提供指导和支持，纠正错误并提供反馈。

反思和总结：在学习过程中，学习者需要对所学内容进行反思和总结，以便将所学知识应用到类似的问题解决情境中。

认知学徒制教学的优点：提高学习者的高级思维技能和知识迁移能力；通过实际任务和问题解决过程，使学习更加情境化和实用化；促进学习者对知识的深入理解和批判性思维的培养；教师作为认知学徒，提供指导和支持，帮助学习者建立自己的认知框架和思维模式。

（五）基于问题的学习 Problem-based Learning

强调把学习放置于一个真实的问题情境中，让学习者在小组合作解决问题的过程中，引导学生自主学习与解决问题相关的学科知识，并把学到的知识直接应用于解决问题中，从而形成高级认知技能、自主学习的能力以及与人合作的能力并激发学生终身学习的内部动机。

基于问题的学习（Problem-based Learning，简称 PBL）是一种教学方法，其中复杂的现实世界问题是促进学生学习概念和原理的工具，这种方法不是直接呈现事实和概念。

在 PBL 中，教师通常会提供一个真实且复杂的问题，这个问题可能涵盖了许多学科领域的知识，学生需要运用多学科知识来解决问题。学生需要在小组中合作，收集和分析信息，提出假设和解决方案，并通过实践和反思来不断完善和修正方案。

---

① 中华人民共和国教育部. 普通高中美术课程标准（2017 年版 2020 年修订）[M]. 北京：人民教育出版社，2020：48.

PBL 的目的是培养学生的问题解决能力、批判性思维、团队协作和终身学习能力。这种教学方式鼓励学生主动参与，积极探索，从实践中学习和成长。

在 PBL 中，教师需要担任引导者和支持者的角色，为学生提供适当的资源和指导，帮助学生解决问题。同时，教师还需要鼓励学生积极参与解决问题的过程，并及时给予反馈和建议。

（六）基于项目的学习 Project-based Learning

基于项目的学习（Project-based Learning）是以一个具体的项目或任务为核心，要求学生通过规划和执行这个项目或任务来获取知识和技能，强调产出具体的产品和作品。例如，学习任务 2 中的项目式教学案例《巨型蚯蚓》。①

基于项目的学习特点如下。

1. 学生主动参与边做边学：一边设计插图，一边研究专业插画家的作品；一边查字典，一边编写文本。学生不仅是知识的学习者，还是项目的参与者和实施者。

2. 真实的学习：真实的问题、真实的过程、真实的产品、真实的展示、真实的评优和真实的影响。

3. 跨学科的整合：项目式学习是天然的跨学科课程。真实世界的问题总是相对复杂的，需要同时使用多个学科的知识和能力才能解决。比如，在这个《巨型蚯蚓》的项目中，学生要创作出最终的书，必须学习生物学、统计学、英语、艺术等学科的知识。

4. 综合解决问题的能力：首先是合作，项目一定是团队协作完成的，他们需要自己分工、组织、协调，成员之间出现分歧和摩擦，他们必须知道如何应对。其次是交往，在项目进行的过程中，每个环节都在训练学生的沟通表达能力。他们需要告诉别人自己的想法，也要听懂别人的想法。再次是创造，这一点显而易见。完成项目的过程，就是对解决问题能力的不断挑战和训练。最后是形成批判性思维，就像前面提到的，整个项目的完成需要经历多次的讨论、尝试、反思、批评和修改……在项目遇到困难或失败时，不轻易放弃，不断尝试新的办法。通过这样的学习方式，学生可以更好地理解知识在现实世界中的应用，教师同时培养他们的实践能力和综合素质。

三、美术教学活动结构

教学结构是由美术课程的不同类型决定的。众所周知，自从 2001 年新课程改

① 具体案例见学堂在线 MOOC"中学美术教学设计"学习任务 2。

革以来，义务教育阶段美术课程由"欣赏·评述""造型·表现""设计·应用""综合·探索"四种不同类型构成。2022年之前，我们称它为"四个学习领域"；2022年之后，我们称它为"四类艺术实践"。不管是学习领域还是艺术实践，它的主要结构均由技能（法）和欣（鉴）赏两种类型构成。普通高中美术课程分为三种类型，分别是必修课程、选择性必修课程和选修课程。在这些课程中，它们又分别设置了不同的模块，如必修课程只有美术鉴赏模块，选择性必修课程包括绘画、中国书画、雕塑、设计、工艺和现代媒体艺术六个模块，选修课程包括美术史论基础、速写基础、素描基础、色彩基础和创作与设计基础，它们与义务教育阶段的四类艺术实践一样，也分为技能（法）和欣（鉴）赏两种类型。

（一）美术技能（法）课程教学活动结构框架和活动程序

一般美术技法教学的活动程序：组织教学—真实情境导入—探索新知（教师示范）—实践练习与巡视辅导—评价与小结—素质拓展等。

探究式美术学习的活动程序：创设问题情境—确定主题—观察感受—搜集素材—学习借鉴—构思创意—选择材料和技法—探索表现方法—创作作品—展示交流等。①

（二）美术欣（鉴）赏课程教学活动结构框架和活动程序

一般美术欣赏课程教学的活动程序：组织教学—真实情境导入—直观感受—作品赏析—评价与小结—素质拓展等。

美国学者费德门（Edmund Burke Feldman）所设计的美术鉴赏四步法：描述—分析—解释—评价。

问题 3　如何进行美术教学设计

尹少淳教授说在世界百年未遇之大变局中，美术课程遭遇了百年未遇之大变局，我们该到哪里去？② 在核心素养时期，我们要如何应对这百年未遇之大变局，钟启泉老师说"深度学习"是21世纪学校变革的风向标，与核心素养息息相关。③

什么是深度学习？钟启泉老师在《深度学习》一书中告诉我们，它是针对

---

① 中华人民共和国教育部. 普通高中美术课程标准（2017年版2020年修订）［M］. 北京：人民教育出版社，2020：2.

② 尹少淳. 新版课程标准解析与教学指导（2022年版）美术［M］. 北京：北京师范大学出版社，2022：11.

③ 钟启泉. 深度学习［M］. 上海：华东师范大学出版社，2021：2.

浅层学习来的。浅层学习的学习特征（表8-3）像极了我们现在的单课教学，关注的是一节课一节课的知识点，而知识点与知识点之间缺乏联系，只是一些记忆性的知识与例行的操作步骤，没有引起我们的思考，形成批判性思维的能力，只寻求知识是什么，而不知道为什么，更不知道知识的价值与意义。深度学习则是将碎片化的知识与经验连接起来，通过掌握普通的范式与内容的原理，让学生基于证据引出结论，不但知道知识是什么，还知道知识为什么以及如何创新，关注知识的逻辑性与推理，展开批判性探讨（表8-3）。这就是今天我们探讨的——大单元教学，它关注的是核心素养的养成。

表8-3　深度学习与浅层学习的特征①

深度学习	浅层学习
1. 同既有知识与经验连接起来进行思考	1. 知识碎片化
2. 掌握普遍的范式与内在的原理	2. 记忆知识和例行的操作步骤
3. 基于证据，引出结论	3. 对新颖思考的意义感到困惑
4. 关注逻辑性与推理，展开批判性探讨	4. 几乎不寻求学程或课题的价值与意义
5. 体悟学习中的成长	5. 缺乏具有学习目的与策略的反思
6. 潜心学习学程内容，孜孜以求	6. 心理压力过大，忧心忡忡

一、"UbD" 逆向设计的教学理念

教学理念是指导教学行动的思想与观念，只有理念新了，你的行动才能跟得上。通常的课堂教学设计有两种：一种是演绎式课堂教学设计，就是教师在教学开始时就告知学习目标，通过接下来的教学技巧和学习体验，引导学生从学习目标转到具体的实例上来；另一种是引导式课堂教学设计。教师先提供具体的例子，通过探究的过程完成更为抽象的观念和理解。② "UbD" 的逆向设计就是运用引导式的课堂教学设计，只有在我们明确了预期结果和评估证据，搞清楚它们意味着什么之后，才能真正做好教学计划的细节，包括教学方法、教学顺序以及资源材料的选择（图8-2）。③ 这就是由结果反推过程的逆向设计。

逆向设计 "UbD" 由格兰特·威金斯（Grant Wiggins）和杰伊·麦克泰格

---

① 钟启泉. 深度学习［M］. 上海：华东师范大学出版社，2021：26.

② 林恩·埃里克森，洛伊斯·兰宁. 以概念为本的课程与教学：培养核心素养的绝佳实践［M］. 鲁效孔，译. 上海：华东师范大学出版社，2018：49-50.

③ 格兰特·威金斯，杰伊·麦克泰格. 追求理解的教学设计［M］. 2版. 闫寒冰，宋雪莲，赖平，译. 上海：华东师范大学出版社，2017：19.

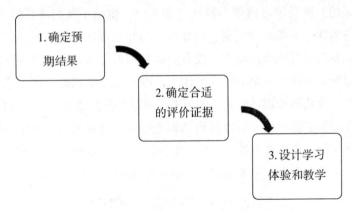

图 8-2 "UbD"逆向设计的三个阶段

（Jay McTighe）于《追求理解的教学设计》一书中提出，此书的封面有课改理念如何落实？核心素养如何培养？深度学习如何开展？这三个问题恰恰是当下这个迅猛变化的世界，带给教育翻天覆地变化要解决的核心问题。

（一）根据课程内容确定预期结果

教师分析课程内容，确定教与学的目标，并将教学目标具体化，也就是学生需要完成的大作业。在设计大作业时，教师首先要根据课程标准、教材的要求以及学情，设计学习目标。其次是创设真实的情境，教师引导学生联系自己的家庭、社区、家乡、学校，体验情感、现实与美术作品之间的关系，引发情感共鸣与共振。在真实情境中，让学生要发现真实的问题，由"要我学"向"我要学"转变，有效地激发学生的学习内驱力。最后将目标具体化，设计出大作业也就是单元教学的预期结果与学生达成共识。这就是逆向设计的核心，以终为始，打破我们先讲课然后布置作业的顺序。

案例直击：岭南美术出版社五年级上册
《家乡的桥》预期结果

1. 预设学习目标，来源于课程标准、教材和学情分析

（1）课程标准分析

《家乡的桥》是五年级下册第六单元"我们的家乡"第四课，属于第二学段（三至五年级），根据课程内容，我们将其定位为学习任务5：融入跨学科学习，属于"综合·探索"艺术实践。

①学段目标。本学习任务主要组织学生以个人或小组合作的方式，将美术与

自然、社会及科技相融合，探究各种问题，提高综合探索与学习迁移的能力。①

②课程内容。第二学段（三至五年级）学习任务 5：融入跨学科学习"探究身边环境中存在的问题，综合运用不同学科的知识、技能和思维方式，创作图画书、摄影作品、动画、微电影或戏剧小品等，提出解决环境问题的思路与方案，并进行展示与交流"。②

③学业质量：第二学段（三至五年级）③

● 能根据教师提出的主题或自己的所见所闻、所感所想，创作 2~3 件富有创意的平面、立体或动态的美术作品（如绘画、泥塑、摄影、定格动画等），运用造型的手段表达美。（艺术表现、创意实践）

● 能将美术与其他学科知识、技能相结合，提出解决问题的思路和方案。（艺术表现、创意实践）

● 在参与综合探索活动中，能主动学习和探究；在交流、合作时，能尊重、理解他人的看法。（文化理解）

（2）教材分析

教材中的课程学习目标是运用透视、比例等构图知识，以手绘、纸模型表现桥梁造型。其主要内容可分成三部分：第一，欣赏古今桥梁，感受桥梁建筑的艺术美；第二，学习"近大远小"的透视知识，学会表现桥的方法；第三，学习用线描或手工制作等方式，完成桥梁的绘制和桥梁模型的制作。桥梁是水上的道路，能使人们不用更换交通工具而直接到达彼岸。桥梁是庄严的史书，它记载着人类战胜自然的艰难历程和巨大的成功。桥梁不仅是连接两岸的道路，还是劳动人民智慧勤劳的结晶。桥梁结合了力学、美学、建筑学等诸多学科的知识。本教材的学习目标是查询桥的历史文化，了解家乡改革开放以后的新成果，培养学生热爱家乡、热爱祖国的思想感情。

（3）学情分析

五年级学生对美术的认识，正处于由意象到具象过渡发展的阶段，学生具备了较细致深入观察物象的能力，并开始能够感知物象的立体和空间特征，他们对信息技术充满了好奇，具有一定解决问题的能力。

---

① 中华人民共和国教育部．义务教育艺术课程标准（2022 年版）［M］．北京：北京师范大学出版社，2022：56.

② 中华人民共和国教育部．义务教育艺术课程标准（2022 年版）［M］．北京：北京师范大学出版社，2022：57.

③ 中华人民共和国教育部．义务教育艺术课程标准（2022 年版）［M］．北京：北京师范大学出版社，2022：105.

通过以上分析，我们将《家乡的桥》的学习目标定位为完成以"连接"为主题的定格动画。

2. 创设任务情境

2022 年的中秋节，学习强国精心为"神十四"航天员乘组准备了特别中秋大礼，系列视频"'神十四'航天员的幸福乡愁"上线了。在远离地球 400 千米的轨道上，航天员们想的是国、念的是家。宇宙星空是吞噬一切的黑，祖国家乡是照亮一切的光。乡愁是一道长长的桥梁，可以连接此岸与彼岸，也可以连接你和我的心，更可以连接历史与未来。航天员在成就我们的飞天梦，我们能不能发挥自己的想象力，运用跨学科的知识建造一座美丽的天桥，成就航天员幸福的乡愁呢?

3. 预期结果（大作业）

小组合作完成"以'桥'筑梦"为主题的定格动画创编、制作与分享。我们将美术与科学、道德与法治、信息科技等学科知识相融合，学生能了解我国桥梁文化的源远流长和博大精深，为中华民族创造出来的文明成果而感到自豪。学生可以理解美术与其他学科相融合可能富有创意地解决问题。

（二）根据预期结果设计评价体系

新课程标准针对"内容要求"给出"学业要求""教学提示"，细化评价与考试命题建议，注重实现"教、学、评"一致性。作为教师，我们不但要知道"教什么""怎么教""为什么教"，还要知道学生"学什么""怎么学""为什么学"，更要注重学生"学会了吗"。这就需要教师根据课程标准中的学业质量标准，将大作业的具体评价体系设计出来。

有人错误地认为，"做中学"就是让学生做自己喜欢的事情和活动，教师要无条件地服从学生的意愿。杜威一针见血地指出："做中学不等于把学生从死记知识纲要的环境转到自由活动的环境，而是把他们从乱碰的活动移入经过选择指导的环境。亦是说，环境是教师根据学生的需要精心选择、组织的。"① 教师想要选择一些在学生能力范围之内，又能激发学生学习兴趣和探索精神的环境，就需要教师针对目标设计出相对应的评价体系，形成指导性的环境。

---

① 刘广荣. 杜威：从做中学 [N]. 中国教师报，2022-12-21（11）.

案例直击：岭南美术出版社五年级上册
《家乡的桥》评价体系

预期目标	评价证据
学生能养成（V）：了解世界文化的多样性，在吸收借鉴人类文明优秀文化成果的同时，讲好中国桥梁故事，增强负责意识与文化自信，体会古今中外桥梁是科技与艺术的完美融合，理解中国桥梁艺术具有强大的生命力和凝聚力（审美感知）（政治认同、道德修养）	·表现性任务： 1. 能够说出桥梁背后深层次的文化涵义，理解桥梁不但可以连接此岸与彼岸，还能连接家乡和祖国 2. 能够与同学分享茅以升爷爷的"抗战必胜，此桥必复"这八个字背后的故事以及长江大桥为什么叫"争气桥"，增强民族自信和文化自信 3. 能说出中国桥梁背后科技与文化的支撑，体会造桥人精益求精的工匠精神 4. 能辨别与抵制不良信息，尊重他人观点，遵守网络礼仪，理性发表个人观点，增强责任意识 ·其他证据： 1. 将"以桥筑梦"为题的定格动画上传网络，实现线上交流评价并转发分享，讲好中国桥梁故事 2. 线上定格动画作品的点赞数量
学生能做到（D）：能够运用绘制、拼贴完成一幅古代、现代或未来桥梁的写生画或创作画。能够用剪、折、卷、拼贴、插接等方法，小组合作制作完成一座古代、现代或未来的桥梁的立体作品，创编完成以"以桥筑梦"为主题的定格动画作品，并上传网络（艺术表现）（科学思维）（态度责任）	·表现性任务： 1. 分小组完成灌木拱桥拼装 2. 小组合作编写出故事脚本 3. 能够画出古代、现代和未来的桥梁作品 4. 小组合作完成立体桥梁的设计与制作 5. 小组合作完成定格动画的素材拍摄与后期剪辑任务并上传网络 ·其他证据： 1. 可以正确评价自己和他人关于桥梁的美术作品，分析优缺点，听取他人的修改意见，明确改进方向 2. 运用评价量规完成小组自评、互评与分享
学生能知道（K）：桥梁的历史、文化、种类及结构等相关知识，感知桥梁文化背后所蕴含的科学、道德与法治等学科知识，知道桥梁的比例、结构、造型、色彩等美术基础知识（创意实践）（科学思维）	·表现性任务： 1. 知道中国四大古桥和现代桥梁以及正在建设的四大未来桥梁，了解它们的造型特点，完成学习单 2. 能够分析定格动画的呈现形式以及制作原理 3. 理解材料与桥梁性能的关系，能够正确地选择制作桥梁的工具与材料 4. 能够掌握三维立体桥梁的制作方法 5. 完成学习单，掌握基本的透视以及定格动画中场景与分镜头知识 ·其他证据： 小组合作完成具体分工表的填写与具体分工

续表

预期目标	评价证据
学生能理解（U）：美术与其他学科相融合可以富有创意地解决问题（大观念）"	·表现性任务： 能够认识到用美术与信息科技相结合的方式能创作出更有生命力的美术作品，上传网络践行社会责任，讲好中国桥梁故事

（三）根据预期结果和评价体系反推学习体验与教学

有了预期结果和评价体系，我们如何反推学习体验与教学呢？我们首先重新回顾一下，《家乡的桥》是岭南美术出版社五年级上册第六单元"我们的家乡"中的一课。有的老师就有疑问了，这本来就是单元教学，为什么我们还要设计大单元呢？此单元非彼单元，首先"我们的家乡"单元共由六课组成，分别是"开平碉楼""年画""石狮""家乡的桥""风筝飘飘""家乡的节日"。它们虽然围绕着"我们的家乡"这个主题展示，但它们的表现形式不同，重点是围绕着几种不同的民间艺术样式，引导学生探究其艺术特点以及艺术表现手法。它虽然是单元课程，但它像极了钟启泉老师所说的浅层学习，是一个一个碎片化的知识，学习到的内容也只是例行的操作步骤，缺乏知识的逻辑性与推理性，更没有让学生去掌握普通内容的原理，只是围绕着"我们的家乡"主题，设计六节完全不同的课，它们之间缺少联系和统整。核心素养时代下的美术教学，重视知识内在的关联性，要超越零散的知识、技能，将教学内容有机整合起来，促进学生对知识进行整体联系的建构，提升学生解决问题的能力。"单元设计"既提倡教材以单元的形式组织学习内容，又倡导主题性研究型美术教学，提高学习者综合探索和学习迁移的能力，教师实现从学科本位、知识本位转向素养本位。

我们具体如何设计学习体验与教学呢？我们以"22版艺术课标"的教学和评价建议为基本，以深入学习为导向，通过大观念、任务串、问题链、学习单以及评价量规等学习工具，充分考虑学生的身心发展、个性特点和学习经验，设计与实施教学（详见第152页的案例直击"向美而行，以'桥'筑梦——讲好中国桥梁的故事"）。

二、遵循"V-DKU"的新教学理念

（一）"V-DKU"是什么？

"V"是价值观（Value）、"D"是能做（Do）、"K"是知道（Know）、"U"

是理解（Understand），"V-DKU"就是在正确价值观引领下的做中学。《义务教育课程方案（2022年版）》指出加强知行合一、学思结合，倡导"做中学、用中学、创中学"。① "做中学"最早是1916年由美国哲学家约翰·杜威（John Dewey）在《民主主义与教育》一书中提出来的。教育就是人的主观认识随着客观现实不断变化而获取各种"经验"的过程。经验是人与现实相互作用的结果，如果没有主动性，人就不可能从现实中获得经验。② "知"和"行"是紧密相连的，没有"行"就没有"知"，"知"从"行"中来。只有从"做"中得来的知识，才是"真知识"。那么，什么是"做中学"？教师就好比厨师，每天精心准备各种美食，告诉学生这个好吃有营养，大家一定要把它吃光吃尽，但往往事与愿违，学生并不买账，有的当堂还给教师，有的离开后就倒进了垃圾桶。"做中学"就是教师为学生准备好各种美食的原材料，告诉大家获得自己喜欢吃的美食的方法，让学生在不断尝试中，去体验知识获得的过程，形成自己获得美食的方法。自己做的美食无论如何学生都会吃，更不想浪费，也会一次又一次去尝试让它变得更好吃，这就是"做中学"的魅力所在。教，就其本身而言，永远不会引发学，只有当学习者对学习进行成功的尝试时才会引发学习。"成就"是学习者成功理解所教内容的结果。③

（二）"V"强调立德树人

"V"是价值观，也是教育的根本任务——立德树人，教师要把握课程的思想性与方向性。"22版艺术课标"和"17版美术课标"都强调立德树人为教育的根本任务，强调培育和践行社会主义核心价值观，特别强调对中华优秀传统文化、革命文化和社会主义先进文化三种文化的教育，同时强调加强国家安全、法治意识、生命与健康、人与自然和谐共生等方面的教育。核心素养通过课程学习逐步形成正确的价值观、必备品格和关键能力，所以正确的价值观一定引领必备品格和关键能力。

（三）从"KUD"到"DKU"，实现真正的"做中学"

概念为本的模式"Know"知道、"Understand"理解、"Do"能做，即

① 中华人民共和国教育部. 义务教育课程方案（2022年版）[M]. 北京：北京师范大学出版社，2022：5.

② 刘广荣. 杜威：从做中学 [N]. 中国教师报，2022-12-21（11）.

③ 格兰特·威金斯，杰伊·麦克泰格. 追求理解的教学设计 [M]. 2版. 闫寒冰，宋雪莲，赖平，译. 上海：华东师范大学出版社，2017：253.

"KUD"①。

尹少淳老师在解读"22版艺术课标"时曾说《以概念为本的课程与教学：培养核心素养的绝佳实践》是编写依据，强调"KUD"，也就是学生知道、理解和能做。为了更清晰明确地让学生通过"做"学会、知道、理解，新教学理念强调"做中学"，就把D提前了，从"KUD"到"DKU"让其本土化，这就是我们在教学过程设计中要遵循的教学理念——"V-DKU"，价值观引领下的"做中学"。

（四）"U"对应大观念

"U"（理解，Understand）需要引导学生理解"大观念（big idea）"。什么是"大观念"？它与"大概念"都源于英文"big idea"，在这里，我比较赞同尹少淳老师的表述"大观念"，大观念是指在一个学科领域中最精华、最有价值的学科内容。②

核心素养时代下的教学更加关注对学科领域最主要学科内容的理解，而大观念统领下的美术教学，就是学生在学习一门学科之时，不能仅仅学会基础知识和技能，他们需要积极参与学习活动，在体验中形成自己对美术本质的理解。我们不要误以为美术只与技能、技巧有关，如何准确地运用这些技能与方法，去探索和交流思想、认识和表现世界才是美术的精髓所在。

"大概念可以以各种形式体现——一个词、一个短句、一个句子或一个问题。反过来说，一个核心概念，一个基本问题或者一个正式理论都是大概念，只是用不同的方法表达出来而已。"③ 尹少淳老师所说可迁移的大观念，可以用一个陈述句来表述，如艺术源于生活，高于生活；创造是艺术活动的主要动力；与自然和谐相处，是人类生存和发展的根本要求；等等。④

这些大观念都是理解学科领域的核心概念，他们是可以迁移到另一个情境之中的。大观念可以把碎片化的知识整合起来，让学生掌握学科普遍的范式与内在的原理，从而实现深度学习。义务教育阶段艺术课程内容由20个学习任务构成，在"22版艺术课标"中已明确了需要引导学生理解的20个大观念（详见"学习任务7"，表7-2）。

---

① 林恩·埃里克森，洛伊斯·兰宁. 以概念为本的课程与教学：培养核心素养的绝佳实践 [M]. 鲁效孔，译. 上海：华东师范大学出版社，2018：6.
② 尹少淳. 美术教育学新编 [M]. 2版. 北京：高等教育出版社，2023：393.
③ 格兰特·威金斯，杰伊·麦克泰格. 追求理解的教学设计 [M]. 2版. 闫寒冰，宋雪莲，赖平，译. 上海：华东师范大学出版社，2017：77.
④ 尹少淳. 美术教育学新编 [M]. 2版. 北京：高等教育出版社，2023：392.

高中美术课程则需要美术教师对大观念进行总结与提炼。怎样找到美术主题思想和大观念呢？迈克·帕克斯（Michael Parks）在《美术教学指南》中列出了主题思想，即他所谓的生成性话题的四大特征：（1）对美术至关重要的；（2）与其他学科存在联系的；（3）易被学生所接受的；（4）能激发教师的兴趣。他还在书中列出美术的大概念：美、何谓美术、权力、社区等。① 这些大概念过于抽象和宽泛，很难成为一节课或一单元课的主题，我们可以将其定位为一个学期的大概念，一个学年，甚至一生都需要理解的大概念。教师要做的是将这些抽象和宽泛的大概念与学生生活和经验建立联系，成为让学生能够接受的概念。比如，艺术源于生活，高于生活，它涵盖了"艺术""生活"等关键概念，这些概念比较抽象与宽泛，那么什么是艺术？什么又是生活？他们之间又有什么联系呢？为了避免学生碎片化地理解"艺术"与"生活"最精华、最有价值的学科内容，我们将其高度概括与提炼，用最能反映其特点的陈述句来表示，"艺术源于生活，高于生活"，这就是学生可以接受的大观念了。

三、美术大单元教学设计案例与分析

美术大单元教学设计如何体现"22 版艺术课标"和"17 版美术课标"下的核心素养美术教学的特点以及创新之处呢？大单元教学需要运用大观念统领整个单元的教学，设计基本问题指向实现大观念的路径，那么具体到单课进行教学设计时，我们又如何体现"价值观的引领"以及"做中学"呢？

（一）创设真实的任务情境，强调价值观引领"V"

美术单元主题的选择一定要强调价值观的引领，也就是育人价值的体现。教师再创设真实的任务情境，与学生已有的知识和经验建立联系，在具体的、真实的任务中，学生去发现问题、解决问题，提高解决问题的能力，形成核心素养。这个真实尤为重要，它能够激发学生的学习热情，体现了"以用待学"和"以学待用"的区别。②

真实世界的真实问题总是复杂的、多变的，我们之前学习的内容好像远离我们的生活，学生总在思考，我们学习这些是为了什么？可以用在哪里呢？我们现在可以回忆一下之前所学的知识用得最多的是哪些，是为了长大之后再用吗？这就是"以学待用"。学生学习没有目的性，那么就会缺失学习的能动性和

---

① 迈克·帕克斯，约翰·赛斯卡. 美术教学指南［M］. 郭家麟，孙润凯，译. 长沙：湖南美术出版社，2015：54.

② 尹少淳. 尹少淳谈美术教育［M］. 北京：人民美术出版社，2016：169.

自觉性。我们将知识与技能嵌入真实的情境，先引导学生为了完成任务发现问题，然后为了解决问题，学生需要主动去探索美术知识与技能，那么就会变为"以用带学"。一个是等待的"待"，一个是带动的"带"，就形成了两种完全不同的学习动力，学习的内驱力和学习的外驱力。这两种动力缺一不可，内驱力可以更好地帮助学生形成学习的自觉性和自愿性，让学习变得有趣、有用，由"要我学"向"我要学"转变。教师再将立德树人、培育和践行社会主义核心价值观，特别是对中华优秀传统文化、革命文化和社会主义先进文化三种文化的教育融入美术课程，同时强调加强国家安全、法治意识、生命与健康、人与自然和谐共生等方面的教育，确保课程的思想性与方向性。

案例直击："向美而行，以'桥'筑梦——讲好中国桥梁的故事"中的"V"

1. 欣赏启迪：带着两个问题（忙碌的"神十四"三人组会不会在工作之余思念亲人？同时故乡的亲人有没有也在思念牵挂着他们？），学生们观看"神十四"航天员幸福乡愁系列视频合集，该视频主要讲述航天员陈冬、刘洋、蔡旭哲在中秋之夜给全国人民送上中秋祝福，接着是关于航天员陈冬的采访片段以及陈冬父母望着月亮盼望团圆。

2. 探究发现：每年七月初七，牛郎和织女都能在鹊桥上一解相思之苦，"神十四"航天员的幸福乡愁能通过什么去实现呢？

3. 建立联系：经过课前学生对古代、现代、未来桥梁知识的总结整理，建一座未来桥梁，来解决航天员乡愁的意识。

（二）设计任务串、问题链和系列活动，完成做中学"DKU"

在预设的情境中，为了完成单元的大任务，我们需要将单元大任务分解为每一课可以完成的小任务，以任务串的形式组织课程内容。为什么要设计任务串呢？将课程内容转变为系列任务，也是"22版艺术课标"课程改革最明显的呈现方式。

比如，第一学段的课程内容分别由五个学习任务构成，分别对应"欣赏·评述""造型·表现""设计·应用""综合·探索"四个艺术实践。

学习任务1：欣赏身边的美——"欣赏·评述"

学习任务2：表达自己的感受——"造型·表现"

学习任务3：改进生活用品——"设计·应用"

学习任务4：体验传统工艺——"设计·应用"

学习任务 5：参与造型游戏活动——"综合·探索"

那么，我们先来理解为什么要运用任务驱动教学。任务驱动教学模式强调学习者要在真实情境中的任务驱动下，按照教师指定的任务，利用掌握的知识，去寻找完成任务的方法，从中获得学习经验，体会创造性思维带来的快乐。[①] 在单元大任务驱动下，学生为了完成任务就要去发现问题并依次解决问题，所以与之配套的就是教师根据任务设计问题链，让学生在解决问题的过程中设计相应的活动，让学生边做边学，在自主合作探索中学习，运用美术知识与技能掌握解决问题的方法，形成解决问题的能力。

（三）运用学习工具等将评价嵌入教学过程，指向核心素养的达成

"22 版艺术课标"要求评价贯穿艺术学习的全过程和各个环节，重视表现性评价，教师充分发挥评价的诊断、激励和改善功能，促进学生的发展。"17 版美术课标"要求要将评价嵌入学习过程，教师除了运用质性评价的档案袋外，还要设计评价量规进行量化评价。新课标强调的就是"教、学、评"的一致性。说到评价，大家通常会想到纸笔测验，主要考查学生"知道什么"，而表现性评价则关注学生"能做什么"，也就是在情境中综合应用知识的表现能力。表现性评价要求学生实际创作作品，或形成对问题的创造性回答并通过某种行动的表现交流答案，它关注高层次学习所要求的批判性思考、知识整合、复杂问题的解决，其优势在于能够反映学生真实的学习结果，能够促进学生的有效学习。[②]如何实施？通过设计学习单，统计小组合作或个人完成学习单的情况，就可以实现表现性评价的可评可测。这个学习单的设计一定要巧妙、灵活，最好让学生在最短的时间内用最快的方式呈现出来。学生能选择连线就不填写，也可以简单地画一画，当然遇到学习心得、分享体会时也需要用简短的语言进行描述。教师要构建激励评价机制，设计评价量规让美术评价可测可评（详见学习任务9，评价工具的设计）。

附：板书设计。美术学科与其他学科最大的不同就是图文结合，作为视觉艺术的美术，图与文字同样重要，教师要设计出图文并茂的板书，并对知识点进行高度概括与浓缩，帮助学生学习。板书内容包括标题、主要内容等文字的设计以及教师示范和学生作业展评的图片区设计，最重要的还有课程大观念的展示。

---

① 刘美凤．教育技术教程［M］．北京：清华大学出版社，2014：145.

② 崔允漷．有效教学［M］．上海：华东师范大学出版社，2009：246-247.

案例直击：“向美而行，以'桥'筑梦——讲好中国 桥梁的故事”跨学科主题学习课程规划完整版①

跨学科主题学习课程规划表

指导教师：涂湘东

姓　名	陈素霞 施晓慧 麦小燕 程奇龙 陈　欢 康　铸 吴振和 林舒苑 曾伟榕	学校	广东省湛江市第二十九小学 岭南师范学院美术与设计学院 广东省湛江市第七小学 岭南师范学院美术与设计学院 广东省湛江市第十三小学 岭南师范学院美术与设计学院 岭南师范学院美术与设计学院 广东省湛江市第十小学 岭南师范学院美术与设计学院	年级	五年级
跨学科主题 学习名称		向美而行，以“桥”筑梦——讲好中国桥梁的故事			
跨学科主题 学习涉及学科		美术：桥梁的种类、结构以及组成部分，桥梁造型美感，设计、描绘和制作出具有乡愁主题的桥梁 科学：桥梁中的科学、技术、社会和环境的相互影响，利用实物、影像或文字表达自己的创意 道德与法治：了解中国古代与现代桥梁的主要代表作品以及桥梁文化的源远流长和博大精深，为中华民族创造出来的文明成果而感到自豪 信息科技：“以桥筑梦”定格动画的创编、制作与共享			
跨学科主题 学习任务		“大观念：美术与其他学科相融合可以富有创意地解决问题 基本问题：桥梁如何运用美术与其他学科的融合解决桥梁是文化科技相伴而生的问题？” 大任务：完成“以‘桥’筑梦”为主题的定格动画 真实任务情境：2022年的中秋节，学习强国精心为“神十四”航天员乘组准备的特别中秋大礼，系列视频“神十四航天员的幸福乡愁”上线了。在远离地球400千米的轨道上，航天员们想的是国、念的是家。宇宙星空是吞噬一切的黑，祖国家乡是照亮一切的光。乡愁是一道长长的桥梁，可以连接此岸与彼岸，也可以连接你和我的心，更可以连接历史与未来。航天员在为我们成就飞天梦，我们能不能发挥自己的想象力，运用跨学科的知识建造一座美丽的天桥，成就航天员幸福的乡愁呢			

---

① 尹少淳．跨学科主题学习实践指导．小学美术［M］．北京：北京师范大学出版社，2024：45-51.

跨学科主题 学习任务	课程将美术与科学、道德与法治、信息科技等学科知识相融合，学生能了解我国桥梁文化的源远流长和博大精深，为中华民族创造出来的文明成果而感到自豪，并能跨学科地理解桥梁在设计时如何兼顾艺术与科学，理解桥梁不但是美观与实用的结合，还是国家经济实力的体现，更可以连接乡愁。小组合作完成最后单元结课大任务——"以'桥'筑梦"为主题的定格动画创编、制作与分享，践行信息社会责任 单元共由4个课时构成： 第一课时　桥的前世今生——欣赏感受桥（"欣赏·评述"） 第二课时　向美而行——画出心中的桥（"造型·表现"） 第三课时　巧手筑家桥，慧心解乡愁——制作出实用又美观的桥（"设计·应用"） 第四课时　以"桥"筑梦——讲好中国桥梁的故事（"综合·探索"）
跨学科主题 学习目标 （艺术）核 心素养和跨 学科（科学） （道德与法 治）（信息 科技）等部 分核心素养	1. 学生能养成（V）：了解世界文化的多样性，吸收借鉴人类文明优秀文化成果的同时，讲好中国桥梁故事，增强负责意识与文化自信。体会古今中外桥梁是科技与艺术的完美融合，理解中国桥梁艺术具有强大的生命力和凝聚力（审美感知）（政治认同、道德修养） 2. 学生能做到（D）：能够运用绘制、拼贴完成一幅古代、现代或未来桥梁的写生画或创作画。能够用剪、折、卷、拼贴、插接等方法，小组合作制作完成一座古代、现代或未来的桥梁的立体作品，创编完成以"以桥筑梦"为主题的定格动画作品，并上传网络（艺术表现）（科学思维）（态度责任） 3. 学生能知道（K）：桥梁的历史、文化、种类及结构等相关知识，感知桥梁文化背后所蕴含的科学、道德与法治等学科知识，知道桥梁的比例、结构、造型、色彩等美术基础知识（创意实践）（科学思维） 4. 学生能理解（U）：美术与其他学科相融合可以富有创意地解决问题（大观念）

课程实施规划		
学习主题 任务	实践任务	课时
选题	关键问题：桥梁与文化、科学的关系是什么？ 任务 1：创设桥梁可以连接"神十四"航天员乘组乡愁的真实问题情境	
规划	任务 2：知道中国桥梁的代表作品以及意义（跨道德与法治） 任务 3：搭建简单的贯木拱桥（跨科学） 任务 4：理解桥梁文化中科学、技术、社会、环境的相互影响（跨科学） 任务 5：学会欣赏评述桥梁是美观与实用的结合	课时 1
	关键问题：如何用美术知识与技能，以定格动画的方式表现和创想桥梁故事？ 任务 6：创设定格动画在生活中应用的真实情境； 任务 7：分析定格动画制作原理进行分工合作（跨信息科技）	课时 2
	任务 8：设计完成"古代、现代和未来心中的桥"的美术作品 任务 9：将画与设计的"心中的桥"与场景、道具相融合，完成展示评价	
实施	关键问题：在桥梁制作中如何体现科学思维和家国情怀？ 任务 10：了解桥梁搭建的原理以及材料选用（跨科学） 任务 11：探究将绘画的桥制作成三维立体桥梁的方法 任务 12：制作"巧手筑家桥，慧心解乡愁"的立体桥梁 任务 13：评述桥梁的美感与科学文化的关系（跨道德与法治、科学）	课时 3
	关键问题：如何通过定格动画完成"以'桥'筑梦"，讲好中国桥梁故事？ 任务 14：播放不完整的定格动画，创设让同学们补充完整的真实问题情境 任务 15：拍摄定格动画所需要的素材（跨信息科技） 任务 16：后期合成、创作完成"以'桥'筑梦"的定格动画作品（跨信息科技）	课时 4
总结	任务 17：讲好以"桥"筑成航天员乡愁梦的故事并分享交流，完成评述与展示	

跨学科主题学习课时教学设计表

第一课时 桥的前世今生——欣赏感受桥	设计者	陈素霞、施晓慧
学 习任 务	关键问题：桥梁与文化、科学的关系是什么？ 任务1：创设桥梁可以连接"神十四"航天员乘组乡愁的真实问题情境 任务2：知道中国古代与现代桥梁的代表作品以及意义（跨道德与法治） 任务3：搭建简单的贯木拱桥（跨科学） 任务4：理解桥梁文化中科学、技术、社会、环境的相互影响（跨科学） 任务5：学会欣赏评述桥梁是美观与实用的结合	
学 习目 标	学生能养成（V）：了解古今中外桥梁文化的多样性，丰富审美体验，开阔艺术视野，理解桥梁文化中的乡愁与连接，增强文化自信，产生心灵共鸣，激发家国情怀，增强学生责任意识（文化理解）（政治认同）（道德修养） 学生能做到（D）：了解桥梁的发展史和相关文化以及"神十四"航天员事件带来的情感启迪，通过拼贴、插接与绘画等表现手法，表现桥梁的造型美与线条美（艺术表现、创意实践） 学生知道（K）：掌握古今中外桥梁的种类、结构以及背后的科学与技术支撑，在感受桥梁造型美的同时，体会其实用价值以及为我们的生活带来的便利（审美感知）（科学思维）（态度责任） 学生能理解（U）：美术与其他学科相融合可以富有创意地解决问题（大观念）	
重 点难 点	重点：了解不同时期桥梁类型、结构以及发展史，理解桥梁背后科学技术与文化的关系，并能与乡愁建立联系 难点：桥梁文化如何连接乡愁	
学 情分 析	五年级学生开始处于由意象到具象的过渡发展阶段，学生具备了较细致深入观察物象的能力，并开始能够感知物象的立体和空间特征，对信息技术充满了好奇，具有一定解决问题的能力。根据《义务教育艺术课程标准（2022年版）》第二学段（三至五年级）"感受中外美术的魅力"学习任务中"运用造型元素、形式原理和欣赏方法，欣赏评述艺术家的作品，感受中外美术作品的魅力"的要求，再结合所跨学科科学课第13个学科核心概念"工程设计与物化"第5~6学段的学业要求，学生"能基于所学科学知识，应用创造性思维的基本方法提出多种设计方案，基于批判性思维评价并优化设计方案"。五至六年级道德与法治针对政治认同、道德修养核心素养的学业要求，使学生"能够用实例说明中华文化的源远流长与博大精深，了解中华民族对人类文明的贡献"。学生为了能够运用跨学科的方式去解决如何实现"神十四"航天员的乡愁梦这一具体问题，必须对古今中外桥梁的种类、结构以及背后的科学与文化知识有更深入的理解，才能更好地掌握桥梁对生活的实际意义	

教学过程

任务1：创设桥梁可以连接"神十四"航天员乘组乡愁的真实问题情境

实践意图	学生活动	教师组织	学业要求
1. 创设真实的问题情境，培养学生发现问题和综合解决各种问题的意识 2. 激发学生对中国桥梁历史人文文化故事的兴趣 3. 学生理解桥梁不但可以连接此岸彼岸，还可以连接乡愁和心灵	1. 欣赏启迪：带着两个问题（忙碌的"神十四"三人组会不会在工作之余思念亲人？同时思念远方的亲人有没有也在思念牵挂着他们？），学生们主要观看"神十四"陈冬、刘洋、蔡旭哲在中秋之夜以及陈冬送父母望着月亮盼望团圆 2. 探究发现：每年农历七月初七，牛郎和织女都能在鹊桥上一解相思之苦，"神十四"航天员乡愁能通过什么去实现呢？ 3. 建立链接：经过课前学生对古代、现代、未来桥梁知识的总结整理，建一座未来桥梁，来解决航天员乡愁的意识	1. 创设情境：播放学习强国2022年中秋推出的"神十四"航天员的幸福乡愁"视频片段，该视频主要讲述航天员陈冬、刘洋、蔡旭哲在中秋冬的采访片段以及陈冬是关于航天员陈冬的幸福问题 2. 组织讨论：按课前分好的古桥组、现代组、未来组进行讨论，小组长展示讨论成果 3. 提出要求：如果你是一个工程师，你将会帮助航天员解决乡愁的问题？	1. 学生能够在社会时事中发现问题，并能够提出解决问题的方案，具有解决问题的意识 2. 理解桥梁背后深层次的文化含义以及连接家乡和祖国

续表

任务2：知道中国桥梁的代表作品以及意义（跨道德与法治）

实践意图	学生活动	教师组织	学业要求
1. 发放资料包让学生自主探究，加深学生对中国桥梁的认识，拓宽知识面 2. 巧用学习单，引发学生的深度学习与思考，理解桥梁文化与科技的关系 3. 理解桥梁的发展，了解时代对桥梁的影响	1. 自主探索：根据教师提供的中国古代桥梁素材包，了解中国四大著名古桥——河北赵州桥、北京卢沟桥、泉州洛阳桥、潮州广济桥。学生从桥的外形、结构、材料、历史等了解中国古代桥梁 2. 分组讨论：中国桥梁的源远流长与博大精深，重点讨论赵州桥和港珠澳大桥 3. 分享实践： （1）学习古代桥梁资料包，完成"学案1"。古桥组用三分钟时间把中国著名古桥梁的相关知识分享给大家 "桥的前世今生" 学案1 1. 我发现中国四大著名古桥是： □赵州桥 □洛阳桥 □广济桥 □卢沟桥 多孔联拱石桥是_____，最著名的石造 2. 世界上最古老的大跨径石拱桥是_____， 界上最早的闭合拱桥是_____，也 3. 我最喜欢的古桥是_____，它的特色结构是_____ 它的历史意义（价值）是_____ 4. 我收集（绘画）的古桥图片： 〈班级：____ 姓名：____ 第 小组 创作时间：____ 〉 **图8-3 学案1**	源远流长的古桥史与自立自强的现代中国桥 1. 方法引领：引导学生如何使用古代和现代桥梁资料包 2. 组织讨论：分组讨论完成学案1与学案2 3. 提出要求：体会中国桥梁的源远流长与博大精深	1. 知道中国古代四大古桥的名字与所在地和它们的结构和材质以及它们背后的科技与文化 2. 能够用桥梁的实例说明中华优秀传统文化的博大精深和源远流长，现代桥梁所反映的社会主义先进文化，让学生自豪骄傲 3. 了解中华民族对人类文明的贡献，树立中华政治认同和道德修养的核心素养

续表			
	学生活动	教师组织	学业要求
实践意图	（2）共同学习现代桥梁资料包，完成"学案2"。现代的桥梁包括港珠澳大桥、丹昆特大桥、北盘江大桥、平潭海峡大桥。现代组用三分钟时间把中国现代桥梁的相关知识分享给大家 **"桥的前世今生"学案2** 1. 我发现中国四大著名现代桥是： 　□港珠澳大桥　　　　□丹昆特大桥 　□北盘江大桥　　　　□平潭海峡大桥 2. "新世界七大奇迹"之一是＿＿＿大桥，世界上最长的大桥是＿＿＿大桥，世界第一高桥是＿＿＿大桥。世界最长跨海公铁两用大桥是＿＿＿大桥。 3. 我最喜欢次的桥是＿＿＿，它的特色结构是 　＿＿＿，它的历史意义（价值）是 　＿＿＿。 4. 我收集（绘画）的现代桥图片： （班级：　　姓名：　　第　小组　创作时间：　　） **图8-4 学案2**		

任务 3：搭建简单的贯木拱桥（跨科学）

实践意图	学生活动	教师组织	学业要求
1. 利用工具建造简单的贯木拱桥模型 2. 基于"结构与功能"等科学概念，通过发散性思维形成、分享、交流，倾听和尊重，敢于发表意见的品格 3. 初步感受定格动画 4. 体验感受中国古代桥梁中科技与文化的关系	1. 自主探索：欣赏贯木拱桥的定格动画，了解贯木拱桥的科技支撑 2. 思考发现：思考贯木拱桥是什么桥？它也叫叠力拱（活动便桥），中国《清明上河图》中的虹桥与其结构相似，但比达·芬奇（Leonardo da Vinci）的画作早 300 多年，比二战英国工程师唐纳德·贝雷（Donald Bailey）早近 800 年 3. 实践验证：分小组将书本放在贯木拱桥上测试承重力，要求稳固并且符合力学原理。学生进行贯木拱桥搭建，测试承重力，感受古人的力学原理及古人智慧的伟大  图 8-5　学生搭建贯木拱桥并测试其承重力	分小组拼贯木拱桥，感受古人的力学原理 1. 视频引领：组织学生欣赏贯木拱桥搭建定格动画的视频，并分步骤讲解 2. 提出要求：要求学生搭建贯木拱桥并测试其承重力	1. 掌握桥运用的力学原理 2. 通过小组合作完成桥梁模型的搭建 3. 具有使用工具、制作实物模型的能力 4. 理解贯木拱桥的搭建原理，并进行承重的测试、体验展示成就感，感受喜悦感 5. 感受定格动画在生活中的应用，建立利用实物影像、文字或实物表达自己的创意的意识

续表

任务4：理解桥梁文化中科学、技术、社会、环境的相互影响（跨科学）

实践意图	学生活动	教师组织	学业要求
1. 建立学生文化自信 2. 理解建桥人独立自主、艰苦奋斗的优秀品质 3. 了解世界文化的多样性 4. 掌握桥梁建设的意义	1. 欣赏探究：理解我国不同地域的桥梁，受所在地自然地理和人文社会的影响，呈现出完全不同的风格特点。再观看视频中世界各地特色桥梁，了解世界文化的多样性 2. 深入思考：桥在世界上有着什么样的地位？为什么桥梁是一个国家经济实力的象征？完成"学案3"，思考为什么中国桥梁的意义又早已不再局限于自身，还是发展之桥、友谊之桥、合作之桥和通向未来之桥 "桥的前世今生" 学案3 1. 我发现中国最著建的桥有哪些？ □港珠澳大桥　　□武汉海鸥跨海大桥 □杭州湾跨海大桥　　□台海跨海大桥 □苏州胥跨海大桥　　□_____大桥，因为_____，我认 2. 我认为最难建的是_____大桥，因为_____。 为最有意义的是_____ 3. 我想象的_____大桥图片： （班级：　　姓名：　　第　　小组　创作时间：　　　） 图8-6　学案3	圆梦未来桥 1. 启发引领：欣赏图片和播放视频，组织学生讨论并完成"学案3" 2. 提出问题：茅以升爷爷的"抗战必胜，此桥必复"这入个字背后的故事叫"争气桥"。为什么长江大桥叫"争气桥"？	1. 能够理解自强不息的建桥精神 2. 能理解桥梁在建造过程中，除了造型美观，巧用材料外，还需考虑环境、社会的关系，更好地融入科学技术的构造原理 3. 能理解中国桥梁的意义早已不再局限于自身，还是发展之桥，友谊之桥，合作之桥和通向未来之桥 4. 能够设计与描绘出古代、现代、未来的桥梁

续表

实践意图	学生活动	教师组织	学业要求
	3. 知识拓展：茅以升与钱塘江大桥，开启了近代中国人自己建造跨江大桥的先河！1968年，自行设计和建造完成的南京长江大桥，打破了美国专家对长江南京段无法建桥的预言 4. 展望延伸：无论是数量规模还是科技含量，无论是国内施工还是海外建设，中国桥梁正以其磅礴的气势和无穷的活力展现在世人面前，跨越四海，通向未来。美国旧金山新海湾大桥、马来西亚槟城二桥、孟加拉国帕德玛大桥等，是连接中国与世界的纽带，成为"中国制造"矗立在海外的"名片" 5. 探索发现：中国海岸线长、岛屿众多，跨海大桥建设能够增强经济联系，有利于当地居民的出行，探究如何建设未来桥梁 6. 头脑风暴：思考为什么中国交通工具已经很发达了，还要去挑战建造难且花费巨大财力、人力的桥梁？桥梁的作用是连接、是沟通、是了解、是融合 7. 绘制与设计：根据要求完成线描桥梁的绘制与设计	3. 启发引导：组织学生学习未来桥梁资料包，并思考为什么中国交通工具这么发达还要建桥 4. 提出要求：如何通过绘画的形式画出古代与现代桥梁，展示祖国的强大，并设计出能解决"神十四"乘组乡愁的未来桥梁	

续表

任务5：学会欣赏评述桥梁是美观与实用的结合

实践意图	学生活动	教师组织	学业要求
1. 自评、互评所设计的桥梁是否符合美观与实用相结合的基本法则 2. 能够就自己小组做介绍，也能够对制作设计的理解进行简述，设计中遇到的困难及解决方法进行简述 3. 能正确地表达自己的想法并尊重他人的看法	1. 展示提升：结合核心素养的要求，从美观与实用两个角度，通过自评、互评完成桥梁的优化与调整 2. 评价交流：通过自评让学生大胆表达，再根据评价单进行评价，组员在倾听的基础上给出合理建议，最后小组间推荐优秀作品进行组与组间的展示与交流	1. 引领评价：给出评价单，评价单主要以艺术学科核心素养与跨学科核心素养为主要评价体系进行评价，评价形式以自评为主，互评为辅，教师主要是鼓励与表扬 2. 重点强调：中国传统艺术具有强大的生命力和凝聚力 3. 总结展望：为自己、为家乡、为未来设计绘制一座既美观又实用的大桥	1. 能够运用评价单完成自评与互评 2. 能说明桥梁的设计意图，并展示与分享 3. 能对设计与制作的桥梁进行优化与调整 4. 能够在小组合作分工中体会集体的智慧

《桥的前世今生——欣赏感受桥》作品评价单

核心素养	评价	非常满意 😄	满意 🙂	不满意 ☹
审美感知	桥梁文化的多样性			
艺术表现	绘制桥梁（线条与造型）			
创意实践	创想未来桥梁的便利			
文化理解	文化自信、责任意识			
政治认同	国家情怀、民族自豪			
道德修养	热爱家乡与祖国			
科学思维	比较、分析、结构与功能			
态度责任	展示、体验、观赏又实用			

我设计的桥梁既美观又实用

图8-7　作品评价单

3. 理解迁移：理解中国传统艺术具有的强大生命力和凝聚力

续表

部分学生作品与学习单：

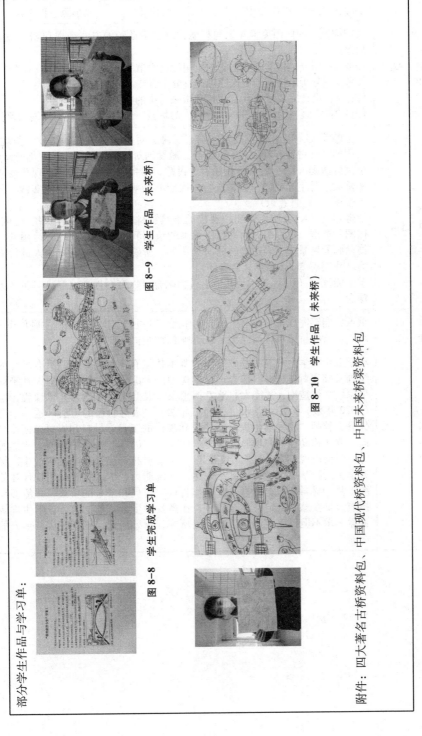

图 8-8　学生完成学习单

图 8-9　学生作品（未来桥）

图 8-10　学生作品（未来桥）

附件：四大著名古桥资料包、中国现代桥资料包、中国未来桥梁资料包

跨学科主题学习课时教学设计表

第二课时 向美而行——画出心中的桥		设计者	麦小燕、程奇龙
学 习 任 务	关键问题：如何用美术知识与技能，以定格动画的方式表现和创想桥梁故事？ 任务6：创设定格动画在生活中应用的真实情境 任务7：分析定格动画制作原理进行分工合作（跨信息科技） 任务8：设计完成"古代、现代和未来心中的桥"的美术作品 任务9：将画与设计的"心中的桥"与场景、道具相融合，完成展示评价		
学 习 目 标	学生能养成（V）：善于观察、勤于思考，对桥梁是文化、科技、美观、实用的高度融合有着强烈的好奇心，激发创新的兴趣和意识（文化理解） 学生能做到（D）：能够运用绘制、拼贴、插接完成一幅古代、现代或未来桥梁的写生画或创作画，进行二次定格动画主题创作（创意实践、艺术表现）（信息意识） 学生知道（K）：使用传统和现代的工具、材料和媒介，从透视、比例、构图、造型、色彩等方面进行桥梁画的绘制和创想，并能将其运用到定格动画的场景中，表达自己的所见所闻、所感所想，也能与他人进行交流（审美感知）（信息社会责任） 学生能理解（U）：美术与其他学科相融合可以富有创意地解决问题（大观念）		
重 点 难 点	重点：能够完成桥梁的写生画或创作画，并进行二次定格动画主题创作 难点：所绘桥梁可进行二次定格动画主题创作		
学 情 分 析	小学五年级学生对美术基础知识和基本技能有一定的掌握，具有较好的绘画基础和对各种材料综合运用的能力。大部分学生能较好地设计平面形象、立体造型，并能大胆地发挥想象。根据《义务教育艺术课程标准（2022年版）》第二学段（三至五年级）"表达自己的想法"这一学习任务，教师"引导学生探索用传统和现代的工具、材料和媒材，创作平面、立体或动态等表现形式的美术作品，表达自己的所见所闻、所感所想，学会以视觉方式与他人交流"。"信息科技"尝试用数据讲故事，提升学生的科学思维能力，以及表达与交流能力。学生能够运用现代和传统工具、材料和媒材，写生或创作古代、现代和未来的桥梁，并能够编撰航天员乡愁梦的定格动画故事，在激发学生创意的同时，让学生理解视觉艺术不但可以表达自己的所见所闻、所感所想，也能完成与他人的交流		

教学过程

任务6：创设定格动画在生活中应用的真实情境

学业要求	教师组织	学生活动	实践意图
1. 能够感受定格动画在生活中的运用 2. 能保持强烈的好奇心，具有创新的兴趣和意识	1. 创意情境：课前播放模拟教师上课时候同学们的定格动画，视频内容是定格动画在生活中应用的创设定格动画生活中的真实情境 2. 提出要求：运用定格动画的形式为"神十四"航天员完成乡愁梦。分组完成古代、现代的写生桥和未来的创想桥并放进定格动画的场景中	1. 欣赏体会：观看教师提前录制好的"问好"定格动画视频，感受定格动画在真实情境中的运用。视频内容是定格动画在教师走进教室，喊"起立"，同学们说"上课"，班长就在教师的授意下，说"老师好"，视频配合教师就说"同学们好，请坐"，视频播放完毕，教师进入教室 2. 深入思考：教师运用不同寻常、奇妙的定格动画的方式完成的原理。同学们完成了我们习以为常的课前问候。那么定格动画的原理是什么？如何制作呢？	1. 激发学生的探究兴趣和意识 2. 知道定格动画创作与心中桥梁绘制的关系 3. 初步感知信息科技给我们带来的便利

任务7：分析定格动画制作原理进行分工合作（跨信息科技）

学业要求	教师组织	学生活动	实践意图
1. 了解定格动画的制作原理 2. 能设计出以"以'桥'筑梦"为主题的故事及场景	1. 启发引领：分析定格动画制作原理（锦囊1）。如何运用定格动画传承和制作新桥梁文化，并描绘和制作连接乡愁的未来桥梁？ 2. 预设情境（锦囊2）：学生观察故事场景（锦囊2），以"以'桥'筑梦"为主题去设计故事	1. 合作探究：学生根据锦囊1（内容包括什么是定格动画以及制作原理、分镜头等），了解定格动画的呈现形式以及它的制作原理 2. 体验实践：学生根据锦囊2（内容包括绘制古代、现代与未来的故事景图），设计绘制完成桥梁故事未来的故事景图，学生可以通过场景背后的魔术贴进行自由组合，为定格动画分镜头做准备	1. 激发学生对定格动画的探究与实践精神 2. 通过小组讨论，培养学生的自主学习能力

续表

学业要求	教师组织	学生活动	实践意图
	3. 提出要求：各小组分工合作，设计"以'桥'筑梦的场景"，并创编"桥和航天员"的故事	 图8-11 古代桥的场景 图8-12 现代桥的场景 图8-13 未来桥的场景	3. 通过布置场景，培养学生动手操作的能力，学生能大胆地与同伴交流所观察到的现象

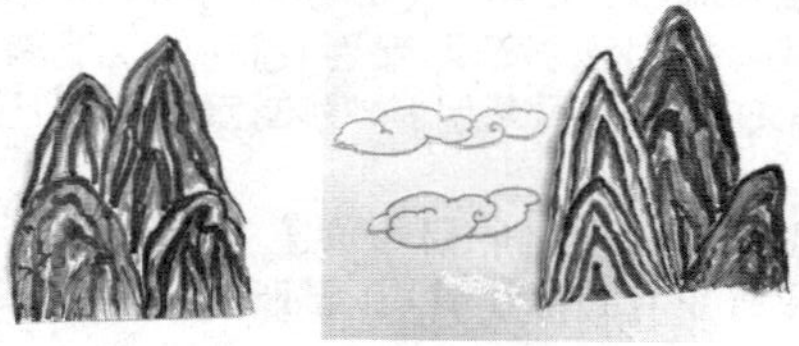

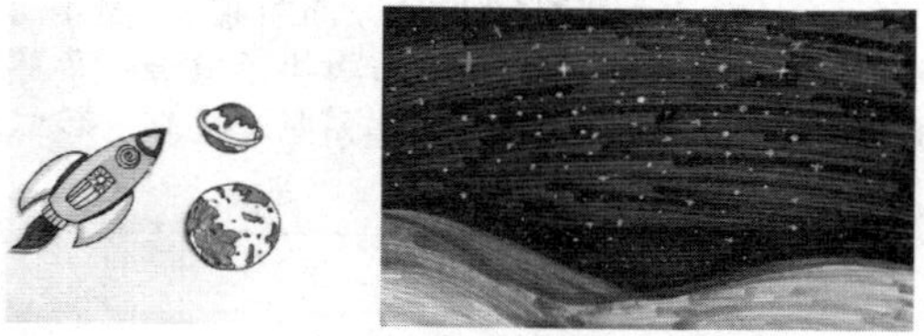

续表

实践意图	学生活动	教师组织	学业要求
	3. 实践探讨：各小组根据锦囊 2 去构思 "以 '桥' 筑梦" 的中国故事，并把场景图布置在 A3 底板上 4. 分工合作：分小组讨论分享故事场景。古代桥梁组：大山里的小女孩离开家乡路过一条小河，搭建传统的桥梁。现代桥梁组：帮助小女孩变成了小姑娘，来到了城市，连接两座海大桥，遥望大海对面的城市，建设一座现代跨海大桥。未来桥梁组：小姑娘成为宇航员，在太空站遥望明月，搭建一座未来的桥梁，帮助宇航员归乡 4. 实践创意：分工合作，布置场景图。"向美而行——画出心中的桥"的行动正式启动。古代桥梁组：绘制古桥。现代桥梁组：绘制现代跨海大桥。未来桥梁组：设计出未来天桥 5. 深入思考：制作过程中要思考故事里的主角是谁，如何连接乡愁		

续表

任务 8：设计完成"古代、现代和未来心中的桥"的美术作品

实践意图	学生活动	教师组织	学业要求
1. 感受桥梁建筑的艺术美，知道桥梁绘画作品中的透视现象，掌握透视的表现手法 2. 通过创作，提高学生的美术实践能力 3. 小组讨论完成学习单，让学生更好地掌握定格动画的原理和主题设计 4. 欣赏以桥梁为创作主题的美术作品，增强学生的感性认识，提高学生的鉴赏能力和创造美的能力	1. 观察发现：欣赏不同角度的桥梁图片，发现如何将眼中的桥通过绘画的形式变成心中的桥 2. 自主探究：发现桥梁的透视，找出透视规律，近观察桥梁的透视图片，包括桥梁周围的环境以及场景，都随着桥梁的透视而发生变化。比例与结构之间的关系，观察透视的规律（近大远小，近高远低，近宽远窄等），完成学习单 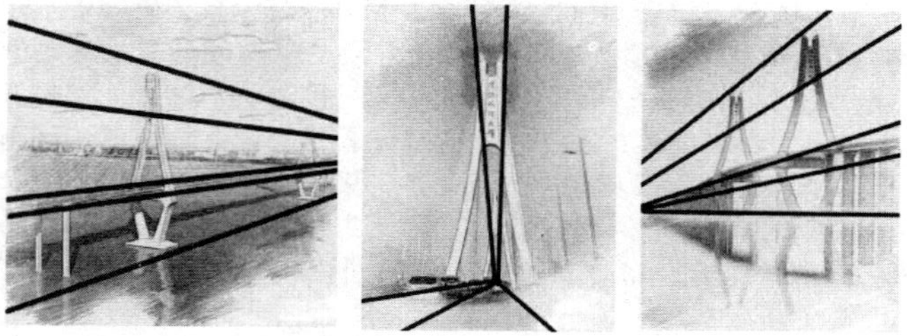 图 8-14　桥梁的透视变化图 3. 欣赏探究：欣赏以桥梁为创作主题的名家美术作品，感受桥梁建筑的艺术美，同时展示同龄学生的作品，激发学生对桥梁美术作品创作的热情	1. 引导激发：出示三座不同透视效果的桥梁图片，引导学生回忆生活中的透视场景 2. 组织观察：通过图片、手绘展示等方式，帮助学生理解透视，并组织学生欣赏以桥梁为创作主题的美术作品 3. 引领示范：手绘演示为航天员设计一座"折叠空间"的天桥，让航天员可以随时实现幸福的乡愁	能运用透视原理画出"古代、现代和未来心中的桥"的美术作品

续表

实践意图	学生活动	教师组织	学业要求

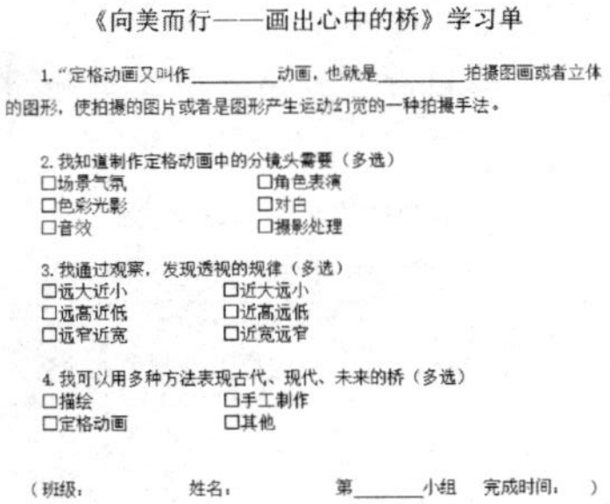

学生活动：

《向美而行——画出心中的桥》学习单

1. "定格动画又叫作_____动画，也就是_____的镜头画面融合立体的图形，使拍摄的图片成为最终画面产生运动幻觉的一种拍摄手法。

2. 我知道制作定格动画中的分镜头要素（多选）
□场景气氛 □角色造型 □色彩效果 □时长
□配乐音效 □道具处理

3. 我通过观察，发现透视的规律（多选）
□近大远小 □近大远小
□近高远低 □近疏远密
□近实远虚 □近清远模糊

4. 我可以用多种方法来表现远近、现代、未来的桥作（多选）
□绘画 □剪贴 □手工制作
□定格动画 □其他

（班级_____，姓名_____，第_____小组，完成时间_____，）

图 8-15 学习单

图 8-16 学生作品

4. 观摩思考：认真观摩，思考完成学习单，小组讨论完成学习单。思考如果你是设计师，你想给航天员设计一座什么样的桥？它有什么特殊的用处？

5. 实践创作：在合适的场景中绘制和设计完成"古代、现代和未来心中的桥"的美术作品

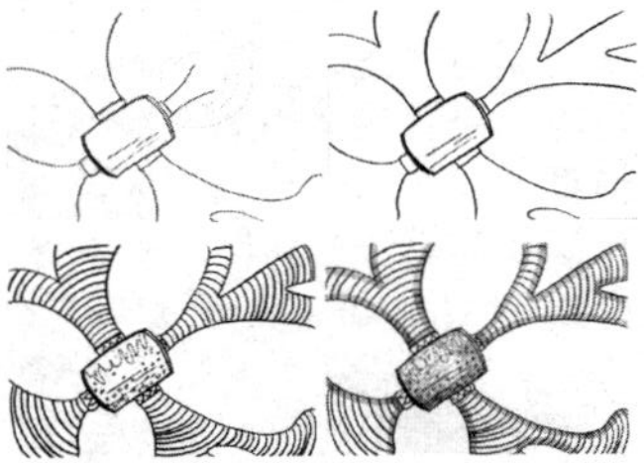

教师组织：

图 8-17 教师示范过程

4. 提出要求：完成学习单，布置任务，画出心中的桥。指导学生从透视、比例、构图、造型、色彩等方面进行桥梁画的绘制和创想，并能将其运用到定格动画的场景中

续表

<table>
<tr><th colspan="4">任务 9：将画与设计的“心中的桥”与场景、道具相融合，完成展示评价</th></tr>
<tr><th>实践意图</th><th>学生活动</th><th>教师组织</th><th>学业要求</th></tr>
<tr>
<td>1. 通过作业展评的方式，引导学生自我评价，培养学生语言表达能力
2. 养成“学习—评价—再学习”的良好学习习惯
3. 学会倾听、理解、尊重他人的看法</td>
<td>1. 尝试探究：自评说说作品创作的构思意图，互评发现作品的优秀之处和存在的问题
2. 评价提升：同桌之间互相修改作品，提高动手能力
3. 展示交流：小组评选最佳作品，从评价单给出的评价体系进行评价。组员在倾听的基础上给出合理建议。最后将各个小组推荐的优秀作品剪下来，贴在故事场景中，再进行组与组间的展示与交流

《向美而行——画出心中的桥》作品评价单
<table>
<tr><th>核心素养</th><th>评价</th><th>非常满意</th><th>满意</th><th>不满意</th></tr>
<tr><td>审美感知</td><td>能感受古代与现代桥梁的魅力</td><td></td><td></td><td></td></tr>
<tr><td>艺术表现</td><td>能绘画出桥梁写生美术作品</td><td></td><td></td><td></td></tr>
<tr><td>创意实践</td><td>能创作出体现乡愁的桥梁作品</td><td></td><td></td><td></td></tr>
<tr><td>文化理解</td><td>综合探索与迁移的学习能力</td><td></td><td></td><td></td></tr>
<tr><td>信息意识</td><td>分享信息，开展协同创新</td><td></td><td></td><td></td></tr>
<tr><td>信息社会责任</td><td>尊重他人的知识产权</td><td></td><td></td><td></td></tr>
</table>
图 8-18　作品评价单

4. 理解迁移：理解美术是认识与表现自我和他人的重要方式</td>
<td>1. 引领评价：给出评价单，评价单主要根据艺术学科核心素养与所跨学科核心素养进行评价，评价形式以自评为主，互评为辅，教师主要是鼓励与表扬
2. 重点强调：美术是认识与表现自我和他人的重要方式
3. 总结展望：如何把平面桥制作成立体桥，再进行二次创作完成“以‘桥’筑梦”的定格动画</td>
<td>理解桥梁文化中的乡愁与连接，增强民族自信和文化自信</td>
</tr>
</table>

续表

部分学生作品与学习单：

图8-19 学生作品（古桥与现代桥）

图8-20 学生作品图（未来桥）

图8-21 学生学习单

附件："向美而行——画出心中的桥" 锦囊1、"向美而行——画出心中的桥" 锦囊2

跨学科主题学习课时教学设计表

第三课时 巧手筑家桥，慧心解乡愁 ——制作出实用又美观的桥		设计者	陈 欢 康 铸、吴振和
学 习 任 务	关键问题：在桥梁制作中如何体现科学思维和家国情怀？ 任务 10：了解桥梁搭建的原理以及材料选用（跨科学） 任务 11：探究将绘画的桥梁制作成三维立体桥梁的方法 任务 12：制作"巧手筑家桥，慧心解乡愁"的立体桥梁 任务 13：评述桥梁的美感与科学文化的关系（跨道德与法治、科学）		
学 习 目 标	学生能养成（V）：养成乐于动手、善于合作、专注、不怕困难精益求精的工匠精神，理解桥梁文化中的乡愁与连接，增强文化自信，增强负责意识和环保意识，在好奇心的驱使下，初步具有创新的兴趣（政治认同）（道德修养）（态度责任） 学生能做到（D）：掌握桥梁设计的方法，经历讨论、合作、交流、制作等过程，体会设计的重要性，能够用剪、折、卷、拼贴、插接等方法，小组合作制作出古代、现代或未来桥梁的立体作品（创意实践、艺术表现） 学生知道（K）：理解桥梁设计的原理，掌握桥梁的比例、结构中的科学知识，根据桥梁设计图选取合适的废旧材料（审美感知）（科学思维） 学生能理解（U）：美术与其他学科相融合可以富有创意地解决问题（大观念）		
重 点 难 点	重点：掌握立体桥梁的制作方法，将设计图纸上的二维空间桥梁转变成三维空间的立体桥梁 难点：巧妙运用废旧材料制作的桥梁作品与场景完美融合		
学 情 分 析	小学五年级学生对美术基础知识和基本技能有一定的掌握，具有较好的绘画基础和对各种材料综合运用的能力。大部分学生能较好地设计平面形象、立体造型，并能大胆地发挥想象。根据《义务教育艺术课程标准（2022 年版）》第二学段（三至五年级）"装点我们的生活"这一学习任务，教师"引导学生了解实用与美观相结合是设计原则，为班级、学校的活动设计物品，体会设计能改善和美化我们的生活"。科学课第 13个学科核心概念"工程设计与物化"第 5~6 学段的学业要求"能制作实物模型，并基于证据改进实物模型的设计和制作"。道德与法治课五至六年级针对政治认同、道德修养核心素养的学业要求，学生"能够用实例说明中华文化的源远流长与博大精深，了解中华民族对人类文明的贡献"，学生能够运用跨学科知识将桥梁由设计图纸变为实物模型，并能为航天员解决乡愁的问题。它是知识与创造力的统一，不但需要美术的知识，还需要科学的知识，更需要政治认同和道德修养来支撑		

教学过程

任务10：了解桥梁搭建的原理以及材料选用（跨科学）

实践意图	学生活动	教师组织	学业要求
1. 通过创设游戏情境，理解不同材料的作用，激发学生制作立体桥梁的兴趣 2. 启发学生将材料工具与设计图纸建立关联	1. 体验感受：摸一摸盒里面是什么材料？（各种废旧纸盒、纸张、盒、矿泉水瓶、吸管、细线、材料、麻绳、剪刀、尺子、刀子等） 图8-22　盲盒 2. 思考讨论：根据教师出示的桥梁图片，说说自己摸到的材料可以用在桥梁制作的哪些地方？ 3. 自主探究：制作手中的桥梁需要什么材料以及要考虑哪些问题？ 生1：桥要选用怎样的结构，做成什么形状？ 生2：桥梁要用什么材料，材料有什么性质，怎么用好这些材料？ 生3：不管选用什么材料制作，都要保证桥梁模型结构与性能之间的关系，实用与美观的关系，特别是桥梁模型的跨度与承重力之间的关系，结合小组设计的桥梁图纸，讨论交流，选取合适的材料 4. 合作交流：根据教师提出的要求，选取合适的材料	1. 组织活动：出示装着材料的神秘盲盒，组织学生摸一摸，猜一猜 2. 引发思考：出示桥梁图片，说说这些材料可以用在桥梁的哪些地方？引导学生选取合适的材料 3. 提出问题：分析制作手工桥需要实用及要考虑哪些问题（美观与技术的关系，工程与实用的关系，跨度与承重力的关系） 4. 具体要求：依据上节课设计的桥梁图纸，完成跨度不小于30cm，宽度不小于10cm，能承载1000g的立体桥的制作	1. 能够依据桥梁图纸选择合适的材料进行桥梁模型的制作 2. 能选择合适的工具和材料，理解桥梁结构性能的关系

续表

任务 11：探究将绘画的桥制作成三维立体桥梁的方法			
实践意图	学生活动	教师组织	学业要求
1. 让学生在体验与活动中掌握二维空间向三维空间转变的方法 2. 观看桥梁的制作视频，概括制作流程，感受造桥人精益求精的工匠精神	1. 主动探究：如何实现桥梁设计图二维空间向桥梁模型三维空间的过渡。让学生理解只有长、宽两个维度构成平面的是二维关系，三维则是在二维的基础上增加为长、宽、高三个维度 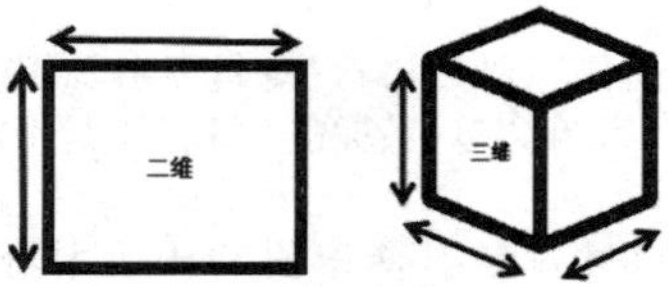 图 8-23　二维与三维模型 2. 初步尝试：如何让一张平面的白纸立起来？生 1：可以把它卷起来。生 2：揉成一团就能立起来。生 3：对折也能立起来。生 4：借助某个物体 3. 深入理解：由二维空间转向三维立体空间的常用方法 生 1：折、卷、揉、剪等打破二维空间，进行三维空间的解构重组 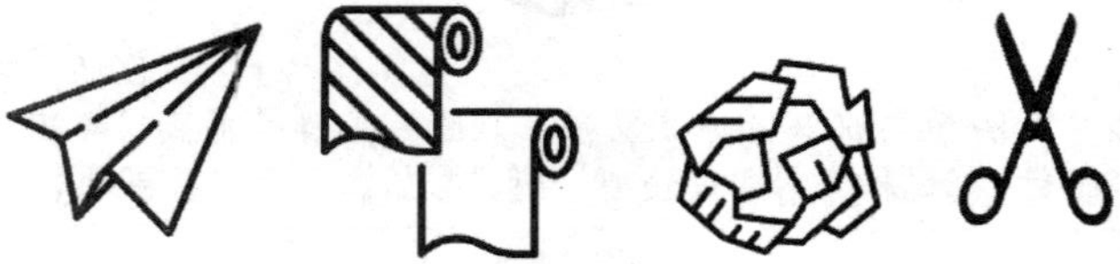 图 8-24　折、卷、揉、剪等方法	1. 提出问题：如何让一张 A4 纸立在桌子上？ 2. 总结方法：由二维空间转向三维立体空间作品常用的方法。（1）解构重组；（2）平面拼接；　（3）重复排列；等等 3. 引发思考：出示桥梁立体模型作品，让学生触摸、赏玩，分析制作材料，思考是否可以替换成其他的材料 4. 示范引领：立体桥梁模型的制作步骤 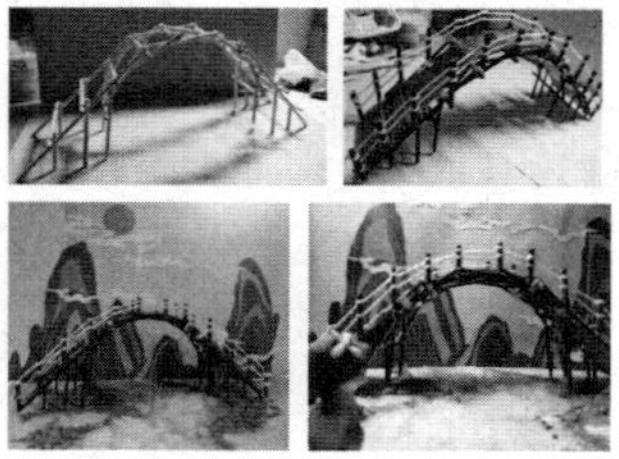 图 8-25　桥梁的制作步骤	1. 能够复述、概括、总结桥梁的制作步骤 2. 能够理解三维立体空间的制作方法，体会造桥人精益求精的工匠精神

续表

实践意图	学生活动	教师组织	学业要求
	生2：平面拼接。将两个以上的平面进行拼接，可以形成新的三维立体空间 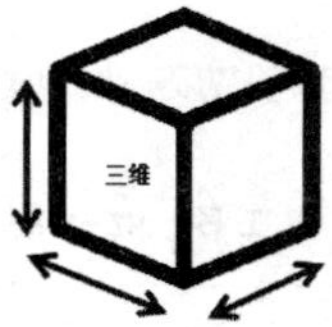 **图8-26 平面拼接** 生3：将两个以上的平面进行重复排列，形成新的三维空间的排列  **图8-27 重复排列** 4. 合作探究：桥梁模型制作如何实现二维向三维空间的转换。生1：创作构思。生2：妙选材料。生3：巧用方法。生4：完成作品		

续表

任务 12：制作"巧手筑家桥，慧心解乡愁"的立体桥梁

实践意图	学生活动	教师组织	学业要求
1. 完成桥梁的制作，锻炼学生动手能力 2. 在制作中发展乐于合作、善于合作，不怕困难的品质，学习造桥人精益求精的工匠精神	1. 分工合作：根据小组设计的图纸，填写分工表 **桥梁模型制作分工表** （表格内容见图 8-28） **图 8-28 分工表** 2. 实践操作：运用工具和材料完成桥梁的制作	1. 任务布置：依据桥梁的制作要求，选用合适的方法，小组分工合作完成 2. 观察指导：关注学生是否依据设计图纸制作；观察学生制作过程是否具有可操作性，是否由小组合作遇到问题时，关注学生合作解决 3. 启发引领：巧用不同材料的特性增强桥梁的承重性，理解设计可以改善、美化生活	1. 能够小组合作完成立体桥梁的制作 2. 能够发现设计图纸中出现的问题，并通过小组合作或寻求帮助的方式解决问题

分工表内容：

桥梁模型制作分工表	
要求：桥梁跨度 ____ cm，宽度 ____ cm，能承载 1000g	
小组分工表	**负责人**
组长兼统筹记录（1人）	
桥面制作（2人）	
桥墩制作（2人）	
桥栏制作（2人）	
桥身装饰（1人）	
展示讲解人员（1人）	

续表

实践意图	学生活动	教师组织	学业要求
	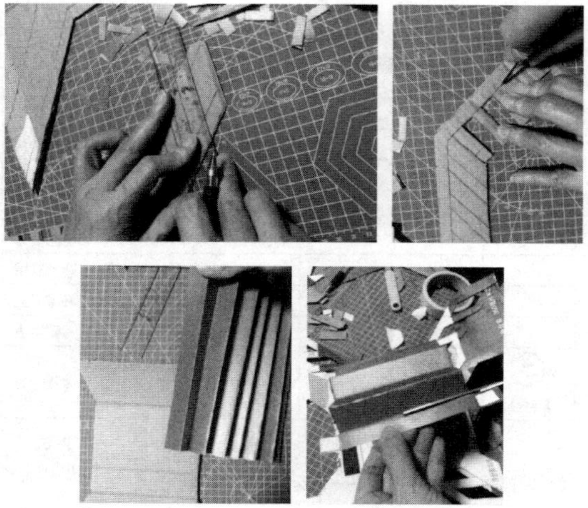 图8-29　桥梁制作过程 3. 反思实践：制作时发现设计图纸中的问题，如何改进		

续表

任务 13：评述桥梁的美感与科学文化的关系（跨道德与法治、科学）

实践意图	学生活动	教师组织	学业要求
1. 展示桥梁的制作过程，注重结果的同时更关注制作的过程，培养反思能力 2. 开阔眼界，畅想未来，情感升华，理解桥梁文化中的乡愁与连接 3. 增强文化自信，热爱伟大的祖国，热爱中华民族，增强责任意识	1. 分享交流：小组成员讲解并展示本组作品 2. 评价展示：根据评价单中给出的评价体系互评，在倾听的基础上给出合理建议 《巧手筑家桥，慧心解乡愁——制作出实用又美观的桥》 作品评价单 	核心素养	评价	非常满意 😀	满意 🙂	不满意 🙁
---	---	---	---	---
审美感知	桥梁的设计原理			
艺术表现	制作桥梁的造型与材料美感			
创意实践	桥梁中科学与技术的体现			
文化理解	文化自信·专注·精益求精			
政治认同	国家情怀·民族自信			
道德修养	热爱家乡与祖国			
科学思维	比较·分析·结构与功能			
态度责任	展示·体验·讲解·感触			| 图 8-30　作品评价单 3. 反思提升：对照最后作品与设计图纸，分析出现差异的原因。生 1：由于材料的局限，用替代物无法展示原设计图纸的美感。生 2：过程虽然艰难，但勇于克服困难 4. 理解迁移：理解设计服务我们的生活并改善我们的生活以及造桥人专注、敬业和精益求精的工匠精神	1. 评价引领：关注学生是否可以从多维度评价作品；引导学生讲解从设计到制作的过程；引导学生发现优缺点，找到改进的方向 2. 重点强调：设计服务生活并改善我们的生活以及造桥人专注、敬业和精益求精的工匠精神 3. 总结展望：未来的桥梁会如何发展	1. 能够多维度欣赏自己及他人的作品 2. 能够分析作品的优缺点，有明确的改进方向 3. 能够想象未来的桥梁 4. 能够评述桥梁美感与科学文化的关系 5. 能说明中国桥梁的博大精深，增强文化和责任意识

续表

学生部分作品：

图8-31 学生与教师作品（古桥）

图8-32 学生作品（现代桥与未来桥）

跨学科主题学习课时教学设计表

第四课时　以"桥"筑梦——讲好中国桥梁的故事		设计者	林舒苑、曾伟榕
学　习 任　务	关键问题：如何通过定格动画完成"以'桥'筑梦"，讲好中国桥梁故事？ 任务14：播放不完整的定格动画，创设让同学们补充完整的真实问题情境 任务15：拍摄定格动画所需要的素材（跨信息科技） 任务16：后期合成、创作完成"以'桥'筑梦"定格动画作品（跨信息科技） 任务17：讲好以"桥"筑成航天员的乡愁梦的故事并分享交流，完成评述与展示		
学　习 目　标	学生能养成（V）：跨学科综合解决问题的能力，体现科学技术与传统创新的关系，增强学生的科学精神和科技强国的理念（政治认同）（道德修养） 学生能做到（D）：小组合作完成一部简单的有主题的定格动画作品的设计、拍摄与制作，并上传网络，践行信息社会责任（创意实践）（信息社会责任）（信息意识） 学生知道（K）：结合信息科技学科知识，掌握定格动画的制作原理、特点以及合成定格动画的基本原理和方法（艺术表现） 学生能理解（U）：美术与其他学科相融合可以富有创意地解决问题（大观念）		
重　点 难　点	重点：拍摄定格动画所需要的素材，创作完成"以'桥'筑梦"的定格动画作品 难点：表现桥梁可以连接航天员的乡愁梦		
学　情 分　析	五年级学生开始处于由意象到具象的过渡发展阶段，学生具备了较细致深入观察物象的能力，并能够感知物象的立体和空间特征，对信息技术充满了好奇，具有一定的解决问题的能力。根据《义务教育艺术课程标准（2022年版）》第二学段（三至五年级）"融入跨学科学习"的学习任务，教师"结合生活中常见的或具有地方特色的中华优秀传统文化的内容，综合运用不同学科的知识、技能和思维方式，绘制民俗文化图谱或视觉笔记，创作画册、摄影集、动画或微电影等"。信息科技课尝试用数据讲故事，提升学生的科学思维能力，以及表达与交流能力。我们选择了定格动画这个形式用桥梁连接乡愁。课题通过指导学生从多方面学习和认识，使学生体会中国传统桥梁文化的内涵，把信息科技的内涵运用到生活中		

教学过程

任务 14：播放不完整的定格动画，创设让同学们补充完整的真实问题情境

实践意图	学生活动	教师组织	学业要求
1. 学生养成做好课前准备工作的习惯，认识准备工具、道具是制作定格动画的基础，端正学习态度 2. 通过欣赏教师创设的"神十四"航天员遥望地球思乡"的情境，激发学生对定格动画的学习兴趣 3. 引发学生将美术知识和信息科技知识结合的思考	1. 自查自纠：对照所需工具和道具准备清单，核对是否准备齐全 2. 体验感受：观看教师制作的"'神十四'航天员在太空遥望地球，显现中国地图"的定格动画片段，联想自己手中的桥和场景，思考如何制作定格动画来表现"神十四"航天员爱国思乡的情感   图 8-33　定格动画片段 3. 深入思考：分组合作，思考如何根据制作的桥梁道具、故事线，完成定格动画的拍摄	1. 检查善后：检查学生工具和道具准备情况，并提供后备工具 2. 展示引领：播放不完整的定格动画"'神十四'航天员在太空遥望地球"的定格动画 3. 提出要求：学生通过手中的道具，分三组拍摄定格动画，最终合作完成整个故事	1. 能够依据清单，准备制作定格动画的工具与道具 2. 能够认识到用美术与信息科技相结合的方式创作出更有生命力的美术作品

续表

<table>
<tr><th colspan="4">任务 15：拍摄定格动画所需要的素材（跨信息科技）</th></tr>
<tr><th>实践意图</th><th>学生活动</th><th>教师组织</th><th>学业要求</th></tr>
<tr>
<td>1. 为学生搭建学习的脚手架，自主学习“定格动画的拍摄过程”的视频
2. 在合作、探究中掌握拍摄定格动画的过程及技巧</td>
<td>1. 自主学习：观摩“制作定格动画”文件包中“‘神十四’航天员在太空遥望地球”定格动画的拍摄过程
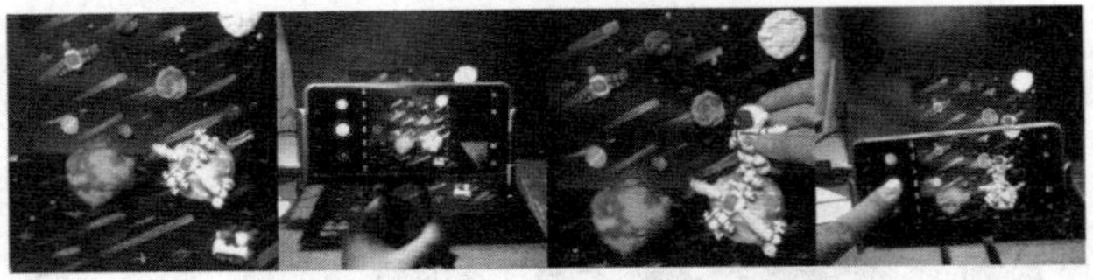
图 8-34　定格动画的拍摄过程演示
2. 主动探究：根据“‘“神十四”航天员遥望地球思乡’的定格动画拍摄过程”的视频，探究定格动画的拍摄技巧。生 1：拍摄时镜头要固定，连续拍摄。生 2：拍摄人物每张的动作越小，照片越多，视频呈现越流畅
3. 分组合作：根据拍摄定格动画的步骤任务单进行分工
小组合作拍摄定格动画素材的分工
<table><tr><th>任务</th><th>负责人</th></tr><tr><td>1. 组长确定故事情节及统筹（1 人）</td><td></td></tr><tr><td>2. 布置与搭建场景（2 人）</td><td></td></tr><tr><td>3. 摆放相机（手机）的角度位置（2 人）</td><td></td></tr><tr><td>4. 负责人（物）的运动轨迹（2 人）</td><td></td></tr><tr><td>5. 拍摄照片（2 人）</td><td></td></tr></table>
图 8-35　分工表</td>
<td>1. 任务布置：打开“‘“神十四”航天员遥望地球思乡’的定格动画拍摄过程”的视频让学生自主学习
2. 总结引导：根据“‘“神十四”航天员遥望地球思乡’的定格动画拍摄过程”的视频，总结定格动画的拍摄技巧
3. 任务布置：（1）根据“拍摄定格动画分工表”，进行分工。（2）完成定格动画的拍摄。（3）各小组将所拍照片共享</td>
<td>1. 能运用信息科技获取学习资源，自主学习拍摄定格动画的方法
2. 能主动学习，具有拍摄定格动画的能力
3. 在交流合作时，能尊重、理解组员的看法
4. 能够根据“以‘桥’筑梦”的主题，合作创作定格动画</td>
</tr>
</table>

续表

实践意图	学生活动	教师组织	学业要求
	4. 实践操作 （1）组内分工合作 第一组拍摄：大山里的小女孩跨越传统桥  图8-36 跨越传统桥 第二组拍摄：小姑娘坐汽车通过跨海大桥  图8-37 通过跨海大桥		

续表

实践意图	学生活动	教师组织	学业要求
	第三组拍摄：女航天员在太空站穿越一条未来的桥梁归乡  图8-38　穿越未来桥 （2）组组合作：拍摄完成的各组实现照片共享		

任务16：后期合成，创作完成"以'桥'筑梦"的定格动画作品（跨信息科技）

实践意图	学生活动	教师组织	学业要求
1. 培养学生创作动画，引用素材时要尊重他人的知识产权意识	1. 自主探究：定格动画后期制作操作过程 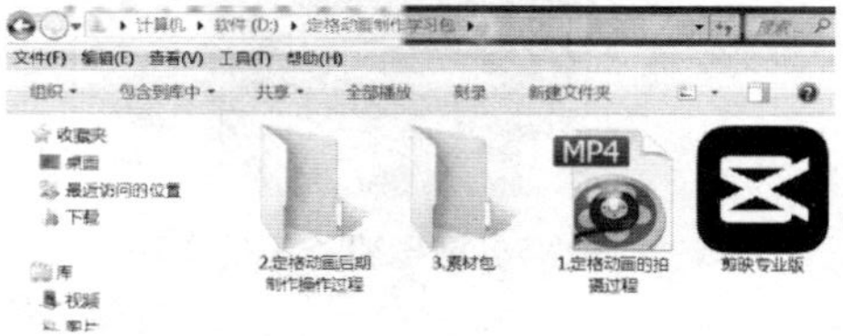 图8-39　定格动画后期制作操作过程	1. 素材引领：引导学生根据后期制作过程，打开剪映软件包，包括"以'桥'筑梦"的片头和片尾，版权声明等。并提供素材"以'桥'筑梦"的定格动画后期制作操作过程	1. 能尊重数字作品所有者的权益，初步具备知识产权和应用的安全护和应用意识

续表

实践意图	学生活动	教师组织	学业要求
2. 通过小组合作创作“以‘桥’筑梦”的定格动画，培养学生创新能力和团队合作精神 3. 实践操作中发扬师生互动、生生互动的协作精神	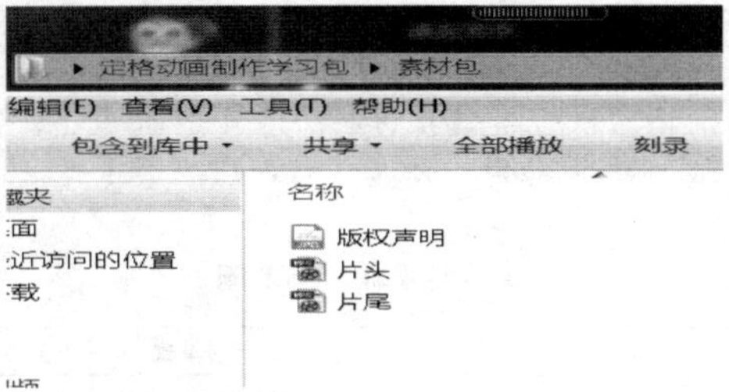 图 8-40　片头和片尾、版权声明 2. 实践制作：根据“制作定格动画”文件包里的“定格动画后期制作操作过程”，运用剪映软件，小组合作完成定格动画作品。（1）将拍摄照片按故事线，有顺序导入软件，形成定格动画，并导出视频。（2）将刚生成的视频再次导入，进行剪辑，包括文字、音乐、片头、片尾视频等。（3）在动画显著位置添加版权声明，包括采用的音乐名称、作者姓名和组员的名单及组长的联系方式。（4）导出视频，完成“以‘桥’筑梦”的定格动画	2. 重点强调：在采集素材和动画制作过程中要尊重他人的知识产权 3. 布置任务：完成“以‘桥’筑梦——讲好中国桥梁故事”的定格动画作品	2. 能将美术和信息科技相结合，利用数字化工具完成定格动画作品的创作

续表

任务 17：讲好以"桥"筑成航天员乡愁梦的故事并分享交流，完成评述与展示

实践意图	学生活动	教师组织	学业要求
1. 通过自评，培养学生语言表达能力和反思能力 2. 通过互评，能与同学交流，理解并尊重他人的看法 3. 定格动画线上推送分享，践行信息社会责任	1. 展示评价：分组播放"以'桥'筑梦"的定格动画，讲述作品的故事内容，根据评价单完成自评与互评 《以"桥"筑梦——讲好中国桥梁的故事》作品评价单 （见下表） 图8-41　作品评价单 2. 资源共享：上传"以'桥'筑梦"的定格动画到网络上 3. 分享交流：实现线上交流评价并转发分享，讲好中国桥梁故事 4. 理解迁移：理解美术与其他学科相融合可以富有创意地解决问题	1. 组织评价：学生分组展示"以'桥'筑梦"的定格动画，并引导学生自评、互评 2. 指导分享：指导学生上传定格动画作品，交流、评价并分享 3. 重点强调：保护知识产权，辨别与抵制不良信息，遵守网络礼仪，尊重他人观点	1. 能借助信息科技进行定格动画的展示、交流、分享 2. 能感受运用网络表达、分享、传播观点的优势 3. 能辨别与抵制不良信息，尊重他人观点，遵守网络礼仪，理性发表个人观点

《以"桥"筑梦——讲好中国桥梁的故事》作品评价单

核心素养	评价	非常满意	满意	不满意
审美感知	桥梁的设计原理			
艺术表现	制作桥梁的造型与材料美感			
创意实践	桥梁中科学与技术的体现			
文化理解	文化自信、专注、精益求精			
政治认同	国家情怀、民族自豪			
道德修养	热爱家乡与祖国			
信息意识	分享信息、开展协同创新			
信息社会责任	尊重他人知识产权			

图8-41　作品评价单

续表

学生作品链接：

1. 微信公众号《美术教学平台》：https：//mp. weixin. qq. com/s/4tdOC1_ 1Ltdj4P6S7j7tHA

2. 哔哩哔哩视频网站：https：//www. bilibili. com/video/BV1Fe4y1j7tY/

图8-42　学生作品（片头、小女孩跨越古桥）

图8-43　学生作品（小姑娘穿过现代桥梁）

图8-44　学生作品（女航天员通过未来桥梁、片尾、作者、版权等）

思考与练习：

以案例直击"向美而行，以'桥'筑梦——讲好中国桥梁的故事"为例，确定小组单元教学的课题，并进行组内分工，小组合作完成单元规划表，组内个人完成每个单课的教学设计。

线下课堂学习建议（4课时）：

1. 个人分享展示线上学习笔记。

2. 小组汇报单元规划表，并选出优秀的学生进行单课展示汇报。

线上学习建议（4课时）：

1. 线上学习学堂在线 MOOC"中学美术教学设计""学习任务 9"，完成学习笔记。

2. 完成"学习任务 9"思考与练习中的问题，小组选出优秀的学生进行单课评价工具设计的展示汇报。

学习任务 9　完成美术教学评价

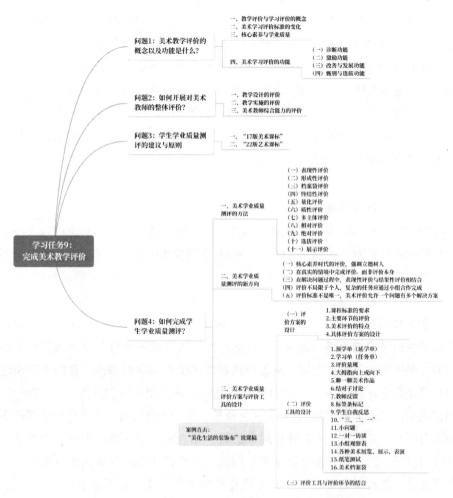

图 9-1　"学习任务 9：完成美术教学评价"的思维导图

问题 1　美术教学评价的概念以及功能是什么

科学求同，艺术求异。美术课堂教学评价是一个远离标准化的领域，无法对其进行评价，因为它不同于其他文化课程，其他文化课程可以给出评分标准并进行量化，而评价一幅画或一件作品，很难给出可测、可评、可参考的标准答案。美术学习活动本身就不是一个可以准确量化的活动，它没有中文、外语学习活动中可精确量化的词汇量，没有体育学习活动中可精确量化的距离、高度和速度，更没有数学学习活动中可精确量化的标准答案。① 加之人们对美术的不重视，人们觉得没有必要去认真评价美术作业。评价决定教学，评价是目标与规定，也是教师与学生共同追求的方向。完整的教学过程设计包括课前的教学设计、课中的教学实践以及课后的教学评价。这里的教学评价主要是指对学生学习的评价，说到学习评价，大家通常理解为给出分数之类的做法，让我们先来了解它的概念。

一、教学评价与学习评价的概念

"评价"（evaluation）一词原来是指对商品价格进行估计，后泛指对人或事物的价值进行判断。② "教学评价"是以教学目标为依据，运用可操作的科学手段，通过系统地收集有关教学的信息，对教学活动的过程和结果做出价值判断，并为被评价者的自我完善和有关部门的科学决策提供依据的过程。③ "教学评价"包括教师的"教"与学生的"学"两个部分的评价。"学习评价"主要是针对学生的学习结果进行评价。"教学评价"与"学习评价"在很大程度上会重叠，但他们的侧重点不同。从评价到教学评价再到学习评价，我们可以说学习评价是教学评价的中心，我们这里所说的评价主要是针对学生学习的评价，当然也会涉及教师的"教"，它实际上是教与学的一种互动。不管是教学评价还是学习评价，它们都是对被评价对象进行价值判断，被评价的内容必须跟学生的学习目标一致，还必须提供反馈和回溯的机会，评价时需要运用可操作的科学手段去收集有关教学信息。它是检查教学质量、总结教学经验的一种方式。

---

① 尹少淳. 美术教育：理想与现实中的徜徉 [M]. 北京：高等教育出版社，2005：223.
② 顾书明. 课程设计与评价 [M]. 南京：南京大学出版社，2015：10.
③ 崔允漷. 有效教学 [M]. 上海：华东师范大学出版社，2009：242.

评价的人既可以是教师、同行、领导，也可以是学生自己或其他学生，甚至包括家长和学校以外的人。

二、美术学习评价标准的变化

在本书"学习任务3"中，我们了解到基础教育经历了三个时期，美术学习评价也随之经历了三次演变：第一个时期指新中国成立至2000年的"双基"时期，美术教学评价强调的是美术基础知识与基本技能；第二个时期是2001—2015年的"三维"时期，美术教学评价不但关注美术知识与技能，还要关注获得美术知识与技能的过程与方法以及因此而养成的情感态度与价值观，这个时期更强调掌握学习方法，学会学习；第三个时期是2015年至今的"核心素养"时期，是一个非常重要的教学观念的变革，尹少淳老师用中国传统哲学的说法来形容就是"技进乎道"。他说，在美术教学层面，我们过去习惯于围绕着"技"的层面进行教学，今后的教学需要进入"道"的层面，就是理解知识、运用智慧去综合性地发现问题并通过艺术的手段去解决它们。①

三、核心素养与学业质量

"17版美术课标"和"22版艺术课标"与之前课程标准最大的不同，就是新增了核心素养和学业质量。核心素养与学业质量又有什么样的关系呢？"17版美术课标"是这样表述的："学业质量是学生在完成本学科课程学习后的学业成就表现。学业质量标准是以本学科核心素养及其表现水平为主要维度，结合课程内容，对学生学业成就表现的总体刻画。"②"22版艺术课标"同样是这样表述的："学业质量是学生在完成课程阶段性学习之后的学业成就表现，反映核心素养要求。学业质量标准是以核心素养为主要维度，结合课程内容，对学生学业成就具体表现特征的整体刻画。"③从以上两个概念，我们可以理解核心素养是目标，学业质量是检测目标达成的标准。以核心素养为评价标准，测评学业质量成就表现，就是"学习任务9"的重难点。要想完成对学生学业质量的测评，我们首先要了解的就是美术学习评价具有哪些功能以及它的重要性。

---

① 尹少淳.美术核心素养大家谈［M］.长沙：湖南美术出版社，2021：122.
② 中华人民共和国教育部.普通高中美术课程标准（2017年版2020年修订）［M］.北京：人民教育出版社，2020：33.
③ 中华人民共和国教育部.义务教育艺术课程标准（2022年版）［M］.北京：北京师范大学出版社，2022：100.

四、美术学习评价的功能

"22 版艺术课标"中提出评价是检验、提升教学质量的重要方式和手段。美术学习评价要充分发挥一应俱全的诊断、激励和改善功能促进学生发展。根据新课程标准的要求，我们将美术教学评价的功能总结为诊断、激励、改善与发展、甄别与选拔。

（一）诊断功能

诊断一词常用于医学领域，医生通过自己的经验以及借助一些仪器，诊断病人得了什么病，运用什么处方帮助病人减轻病痛。诊断用在教学中是一样的，在教学评价过程中，教师可以通过查看学生的作业来判断其对知识的理解程度，也可以通过一定的技术手段，收集、整理、分析和检测教学行为信息，教师可以发现评价对象（教师的教、学生的学等）的优劣程度，也就是区别、鉴定教学各个环节的价值大小、教学个体（教师与学生）心智水平的高低、能力的大小，这样可及时发现教学中存在的问题，并及时解决，实现教师自我的终身发展。

（二）激励功能

因为评价常常与表扬、奖励、批评、处罚等联系起来，这样可直接影响评价对象的荣誉、利益，所以评价具有激励的功能。美术教师通过对学生美术作品的正面评价，可以促使他们发挥最大的潜能投入美术教学的学习过程。当然，评价不能只关注奖励与处罚，更应该弄清每一个学生学到了什么，还有什么没弄懂。美术教师更不应该吝啬表扬与鼓励，让孩子在表扬与鼓励中建立自信，提高学习兴趣。

（三）改善与发展功能

教学评价是反映国家、社会、学校和个人价值观的评价指标和评价标准，它就像一根"指挥棒"，体现国家意志、学校培养目标和美术教学方向，是教师和学生在教学中共同努力和追求的结果。通过前面所提到的评价的诊断功能，教师发现问题后，可以根据教学价值的大小、心智水平的高低、能力的大小进行整改，因材施教，尊重个体，保护个性，促进美术教学的改善与发展，同时也促进学生的发展，激发学生的学习兴趣，树立自信心，发现自己的不足，找到努力的方向。

（四）甄别与选拔功能

教学评价为学生评定学业成绩等级，淘汰学业成绩不良的学生，选拔成绩优良的学生获得更高的发展机会。① 我们不能把评价简单地作为对学生进行分类、给予奖励或者进行选拔的功能，但也不能忽略这些功能的存在。在应试教育的大背景下，甄别与选拔已然是评价的重要功能。我们在运用这些功能时，不要把责任归咎于学生，而是让教师和学校重新审视自己的教学与管理，当学生的学业成就被看作教育计划有效性的一个标志时，学校就增加了改进课程的可能性，其主要的一个贡献就是提高教育质量。②

本书研究的重点是课堂教学的评价。"课堂教学评价"是指对课堂教学效果做出客观的价值判断，是对教师课堂教学工作的评价和对学生学习评价的总称。③ 它一般包括两方面：一是对教师教育教学工作的评价，二是对学生学习结果的评价。

问题 2　如何开展对美术教师的整体评价

教师是教学实施的总设计师和执行者，那么对教师的教学评价则是实现教师专业发展的重要途径，如何对教师的教学进行评价？这里从三方面展开：一是关于教学设计的评价，二是教学实施的评价，三是对教师综合能力的评价。它们的评价对象是美术教师和他们设计的课程，评价人可以是同行、领导和专家，也可以是教师自己和学生。

一、教学设计的评价

教学设计的评价也就是我们通常所说的对课前教学设计的评价。我们通过美术教学设计评价表（表9-1）来进行分析，这就是前面所提到的可操作的科学手段。我们从评价内容中可以看出，主要是对教（学）案的整体设计、教学目标设计、教学过程设计、教学内容设计以及教学创新 5 方面进行评价，并给出了不同的分值，设定了 15 个评价指标，方便操作和量化。

---

① 尹少淳. 美术教育：理想与现实中的徜徉 [M]. 北京：高等教育出版社，2005：217.
② 埃利奥特·W. 艾斯纳. 教育想象：学校课程设计与评价 [M]. 李雁冰，译. 北京：教育科学出版社，2008：181.
③ 常锐伦，唐斌. 美术学科教育学 [M]. 北京：人民美术出版社，2007：348.

表 9-1 美术教学设计评价表

评价内容（分值）	评价指标	得分
教（学）案的整体设计（20分）	1. 以单元的形式组织学习内容，格式规范、美观，有创新 2. 单元教学设计内容与要素完整齐全，操作性强 3. 组建教研团队，跨学科主题式学习	
学习目标设计（20分）	4. 关注美术知识与技能的同时，更要重视对正确价值观、必备品格和关键能力等核心素养的养成 5. 根据课标结合教材与学情，目标具体明确，可测可评	
教学过程设计（20分）	6. 运用大观念统整教学，在新教学理念的指导下，实现教学方法设计与教学目标、教学内容相匹配 7. 教（学）案中体现有效运用教具和现代教育技术等进行形象直观教学，学习工具形式多样且有效 8. 教（学）案中体现学生动脑与动手实践相结合，以问题为导向，以任务为驱动，让学生在活动和体验中思考与学习 9. 教学结构化设计，整体脉络清晰，有逻辑性 10. 教（学）案中体现对教学活动所进行的合理反馈和评价 11. 设计评价量规，实现美术学业质量的可测可评	
教学内容设计（20分）	12. 准确理解教材的编写意图和教材内容、结构，创造性地整合教学内容，运用美术学科的思维方式，提升创造能力和问题解决能力 13. 教学内容设计重点突出，难点适当，与学生已有知识经验、社会经验相衔接，强调真实性和情境性	
教学创新（20分）	14. 教学内容的选择和教学策略的运用具有新意 15. 教学方法与手段设计和运用具有一定创造性	
得分合计（满分100分）		
评语：		

二、教学实施的评价

教学实施的评价也就是对美术课堂教学进行评价。我们同样运用美术课堂教学实施评价表（表9-2）来分析一下教学实施评价的构成，它由素养目标、教学内容、教学过程、教学方法、综合表现、教学效果以及教学特色7方面构成，再给出17个要素以及25个二维指标以及相应的分值，教师可以根据评价结果，及时调整自己的教学。

表9-2　美术课堂教学实施评价表

评价指标		二级指标	分值	得分
名称	要素			
素养目标	目的性	1. 准确把握课程标准，指向核心素养的达成	12	
	适应性	2. 目的明确可行，表达恰当，可测评 3. 符合学生年龄特点和认识水平		
教学内容	思想性	4. 强调立德树人，以美育人	12	
	学科性	5. 准确理解美术教材内容、结构，创造性地整合教学内容 6. 教学内容体现美术的学科性，重点、难点控制适当		
教学过程	体验性	7. 创设真实情境，设计与学生经验、社会现实和当地文化资源相关联的情境	20	
	实践性	8. 运用任务、主题和项目的形式，将美术的知识、技能嵌入其中，设计具有综合性和创造性的艺术实践活动，实现"做中学"		
	关联性	9. 与学生的家庭、社区和家乡联系，开展教学，体现"用中学"		
	创造性	10. 综合运用艺术及其他学科的知识、技能和思维方式，创造性地解决问题，实现"创中学" 11. 创造性地运用传统绘画材料和现代媒介相结合的方式进行教学		

续表

评价指标		二级指标	分值	得分
名称	要素			
教学方法	技术性	12. 巧妙运用现代教育技术，加强与外界的沟通与交流	20	
	操作性	13. 设计精美的教具与学具，运用学习工具辅助学生学习 14. 作业设计和要求，具体可行并有创造的空间		
	统一性	15. 体现教、学、评的一致性，创造展示与交流的机会 16. 将评价嵌入教学过程，重视表现性评价		
综合表现	表现性	17. 着装整洁得体，教态自然大方，有自信心，亲和力强 18. 使用普通话，语言生动清晰，表达准确、简洁易懂，语速适宜	16	
	专业性	19. 教学演示（或实验演示）规范、熟练，体现专业性 20. 板书、板图和课件设计合理、科学、美观		
教学效果	达成性	21. 作业效果良好，展现多样的表现形式，在分组合作中，使每个学生都学有所获	12	
	有效性	22. 创设情境，激发兴趣，设计体验与活动，激发学生的艺术潜能 23. 营造创新的课堂氛围，发挥德育、美育功能，教书育人		
教学特色	趣味性	24. 营造开放愉悦的学习情境，自由抒发情感，表达个性和创意	8	
	创新性	25. 在教学理念、教学内容、教学模式、信息技术、教与学方法等方面进行有效的开发、改革和创新		
定性描述			总分	

三、美术教师综合能力的评价

我们运用美术教师工作综合能力评价表（表9-3）来进行分析，它的评价内容更加丰富和全面，主要包含基本素质、教学工作表现、工作绩效三方面，二级指标和三级指标对基本内容进行了细化，也就成为教师努力的方向。

表9-3　美术教师工作综合能力评价表

指标	二级指标	三级指标	得分
		标准	
基本素质	思想品德（6）	正确的思想观念；积极的人生态度；敬业精神；热爱学生，不体罚学生；高尚的艺德；健康的心理	
	业务素质（4）	美术知识和技能；美术教育教学知识；广博的文化科学基础知识；文明大方的仪表仪态	
教学工作表现	备课（4）	符合课标与教材的要求；备课认真，教（学）案齐全、规范；教学目标恰当；教案能体现教学策略、教学结构、教学方法、教学媒体和特色	
	教具（3）	教具精美，体现专业性；能灵活运用传统与现代教育媒体；板书规范美观	
	上课（17）	课堂气氛活跃，学生学有所获；目标明确且可行；教学重难点突出；教学方法灵活多样，学生在活动体验中、自主合作探索中获得新知；评价嵌入教学过程，将结果性评价与表现性评价相结合	
	作业（4）	作业与目标一致；作业要求具体、适当；评阅作业并及时反馈；认真记录学生的学业质量	
	辅导（3）	辅导时以点带面，尽量全面；根据不同学生的发展水平给予指引与帮助，因材施教；促进学生形成个性与特长	
	听课（4）	完成一定次数的听课；记录过程与反思建议；准确掌握评价标准；评价结果客观公正	
	教研（5）	发现教研中的问题，并进行持续研究；申报教研项目；制订研究计划；研究方法有效；能按时完成教研任务	
	出勤（3）	不迟到；不早退；基本达到全勤	
	工作量（3）	保质保量地完成单位规定的工作量；积极参加课外活动辅导；结合专业特长，开设兴趣社团	

续表

指标	二级指标	三级指标	得分
		标准	
工作绩效	教学效果（12）	教学秩序良好；学生参与度较高，师生关系融洽；学生学习积极性高、兴趣浓厚	
	教学成绩（22）	掌握美术基本知识和技能；掌握各种美术教学的特点；掌握基本表现手法；形成自己的教学风格；每个学期开设一次公开课或示范课；有较强的美术创作能力，参加各级各类的美术作品展并获奖；指导学生参加各级各类比赛并获奖	
	教研成果（10）	有教学成果；撰写教学改革论文；提升教学质量；有区市以上范围交流或发表的文章	
评价结果	评语：		

本节展示的三个评价表即我们之前所说的技术手段，这个技术手段绝对不是一成不变的，随着课程改革的不断深入，评价体系也在不断发生着变化，我们还可以根据每节课的内容设计制作学生评价表、作品评价表等，这也是作为一名教师需要深入研究的课题。

问题 3　学生学业质量测评的建议与原则

学生学业质量的评价，也就是评价的第二个层次，对学生学习效果的评价。学生学业质量的评价包括学习态度、过程表现、学业成就等多方面，贯穿美术学习的全过程和美术教学各个环节。核心素养本位的评价，不仅针对学生对美术知识与技能的掌握程度，还针对学生将所学美术知识与技能运用于情境中解决问题时所体现出的美术学科核心素养发展水平。"17版美术课标"和"22版艺术课标"在评价建议中，都出现了学业水平考试，并对学业水平考试从考试范围到命题要求做出明确的指导。义务教育阶段的学业水平考试是判断学生是否达到国家规定的毕业要求，普通高中阶段的学业水平考试是便于高校选拔，它们都体现了评价具有选拔与甄别的功能。

一、"17 版美术课标"

"17 版美术课标"将普通高中美术学业质量划分为不同水平，并描述了不同水平的学习结果的具体表现。它是阶段性评价、考试和高考命题的重要依据。

"17 版美术课标"评价建议①：

（一）树立学科核心素养本位的评价理念。

（二）合理量化质性评价。

（三）运用学习档案袋。

（四）提供学生充分展示的机会。

（五）发展学生的自评和互评的能力。

二、"22 版艺术课标"

义务教育阶段美术学业质量强调可测性、可评性，不设水平等级，只要求学生在每个学段学习结束之后应达到的合格标准。学业质量标准是教师教学评价的重要依据，也是学生需要达成的学习目标，同时它还为教材编写者提供指导，为考试命题提供主要依据。

"22 版艺术课标"教学评价的基本原则②：

（一）坚持素养导向。

（二）坚持以评促学。

（三）重视表现性评价。

（四）坚持多主体评价。

问题 4 如何完成学生学业质量测评

课程标准将学业质量进行了详细描述，那么如何判断学业质量的完成情况

---

① 中华人民共和国教育部. 普通高中美术课程标准（2017 年版 2020 年修订）［M］. 北京：人民教育出版社，2020：51-55.

② 中华人民共和国教育部. 义务教育艺术课程标准（2022 年版）［M］. 北京：北京师范大学出版社，2022：114.

呢？运用什么方法来完成学业成就的测评呢？

一、美术学业质量测评的方法

（一）表现性评价（实际应用能力和表现水平的评价）

表现性评价指定期观察学生的表现并给予评价。其围绕学生艺术学习的实践性、体验性和创造性等特点，注重观察、记录学生艺术学习、实践、创作等活动中的典型行为和态度特征。[①] 表现性评价是基于学生在实际情境中的表现来评估其能力、技能和知识水平，旨在更全面、客观地评估学生的能力和素养，如学生在任务、项目、角色扮演、模拟场景等实际情境中的实际表现。

（二）形成性评价（学习过程的评价）

形成性评价是为进一步学习进行的评价，一般在教学过程中予以实施，教师通过这种评价把握学生学习进展情况，了解学生在学习过程中达到教学目标的程度，形成性评价是教学过程的有机组成部分。[②] 美术专业具有其专业特性，从选题到构图，再到小稿、深入刻画，最后的调整，每一个步骤在创作时都需要进行评价，不然等到最后成品时，再指出选题和构图的问题，为时已晚。形成性评价通过课堂观察、学生作品分析、小测验等多种方式，来获取教学过程中的反馈信息，及时了解学生的学习进度和困难，进而调整教学策略。

（三）档案袋评价（记录学习过程的点滴）

美术学习档案袋是一种用来记录学生整个美术成长过程的资料夹。学生在档案袋中汇集美术学习的全过程资料，包括研习记录、构想草图、设计方案、创作过程的说明、自我反思（如对自己的学习历程与作品特征的描述、评价、改进的设想）、他人（如教师、同学、家长）的评价等。档案袋评价是形成性评价的又一种形式，能为学生和其他人提供有关学生在一个阶段内学习进展的宝贵信息。[③] 档案袋的设计与制作本身就是对美术技能的一种展现和应用。学生运用美术技能设计制作档案袋，记录自己的学习过程，到了期末通过对档案袋的整理，了解自己一个学期的收获，就好像看到一个新生儿孕育的过程，有艰辛、

---

① 中华人民共和国教育部. 义务教育艺术课程标准（2022年版）[M]. 北京：北京师范大学出版社，2022：114.

② 常锐伦，唐斌. 美术学科教育学 [M]. 北京：人民美术出版社，2007：350.

③ 约翰·D. 布兰思福特，等. 人是如何学习的：大脑、心理、经验及学校：扩展版 [M]. 程可拉，孙亚玲，王旭卿，译. 上海：华东师范大学出版社，2013：126.

有困难、有乐趣、有惊喜，更多的是收获和见证。

（四）终结性评价（作品的评价）

终结性评价是指在教学过程完成后进行的评价，目的在于将学习结果与教学目标相比较，评定教学目标的达成度。[①] 终结性是美术教学和其他学科教学中最常见的评价方式。一考定终身，像极了我们的期末考试。新课程标准虽然强调以评促学，评价是诊断、激励、改进与发展，但也不容忽视其选拔与甄别的功能。所以，现代教育评价理念强调终结性评价与表现性评价相结合，相对评价与绝对评价相结合，合理地运用评价结果，促进学生的全面发展。

（五）量化评价（通过一定量的积累）

如何使美术的学业质量水平达到可测性与可评性呢？我们要合理量化质性评价。教师为此要根据学业质量水平，仔细分解教学目标，制定评价指标、权重分配和评价方法的评价量规。在美术课程的开始，教师就将评价量规的具体内容与学生达成共识，明确学生的努力方向，让学生根据具体的评价要求，完成美术创作，真正实现以评价促进教学。例如，在"17版美术课标"评价建议中，案例"线条与质感"的评价方案。也可在团队合作的美术学习活动中，增设团队分工、合作的参与度和效率等评价指标，并进行量化，增强美术学习活动的可测可评。

（六）质性评价（整体评价）

质性评价就是力图通过自然的调查，全面充分地揭示和描述评价对象的各种特征，以非量化的评语、记录、量规等描述性材料，作为判断得出结论的评价。例如，档案袋评价就是典型的质性评价方式。质性评价关注的是学生学习的整体情况以及在具体情境中运用知识的能力，侧重对知识的深层理解，甚至难以找到标准，它与美术活动有着较强的对应性。质性评价由学生、教师、家长和领导共同参与评价过程，评价方法是动态的、多元的和情境化的。例如，教师采用分数加评语的形式进行评价，给予评语时不要吝啬自己的表扬，指出问题也要用婉转的口吻，如"如果……会更好"等。

再如，在电影《鲁冰花》中，主人公阿明把太阳画成蓝色，美术教师没有指责，只是问为什么，阿明说："那样才不会晒得爸爸口渴，爸爸也不会因为中暑而差点昏倒呀！"这就是孩子的想象力，让一切都变得美好。

（七）多主体评价（自己、学生、教师、学校领导、家长等）

多主体评价打破教师一言堂的评价体系，将评价的话语权交给学生自己和

---

① 尹少淳．美术教育：理想与现实中的徜徉［M］．北京：高等教育出版社，2005：228.

其他同学，也可以是家长和学校领导，让他们发挥其不同的角色作用，形成一种评价的集合效益①，增强学生学习美术的动力和信心。这种评价方式让学生在课堂上多说话、多表达，将自己内心真实的感受表达出来，也帮助教师发现每个学生的闪光点和不足，有针对性地进行个性化教学。

（八）相对评价（也称为"常模参照性评价"）

相对评价是依据学生个人的成绩在该班学生成绩序列中或常模中所处的位置来评价。教师倡导评价促进学生的发展，关注学生真实发生的进步，捕捉、欣赏、尊重学生有创意的、独特的表现。美术创作可能需要一定的天分，有的学生非常努力但他天生可能对形象和色彩的敏感度就不如其他同学，就像加德纳的多元智能理论。不过没关系，教师不要横向对比其他人，而要纵向对比他（她）之前的作品，有进步即达成学业成就。在鼓励和表扬中，学生加深艺术体验，发现特长，进而发展自己的特长。

（九）绝对评价（也称为"目标参照性评价"）

绝对性评价依据教学目标和教材编制试题来测量学生的学业成绩，判断学生达到教学目标的要求。绝对性评价是一种外部评价，它关注的是目标达成的程度，而不特别考虑个体之间的相对关系。它的优点在于评价标准较为客观，能够清晰地说明每个被评价者的达标程度。在美术评价中，我们可以根据不同学生的学业质量水平，设计出不同层次的作品类型，或是在小组合作中，让其负责自己擅长的领域。教师让每个孩子在美术学习中，都学有所获，都能感受到成功的喜悦。

（十）选拔评价（评选优秀作品参加比赛）

评价的选拔性也是非常重要的，特别是其他学科的考试与升级，都与评价的选拔性分不开。美术学科有着其特殊性，在日常教学中尽量弱化其甄别与选拔的功能，只有在参加美术作品展和比赛时，可以运用选拔性评价，选拔出相对优秀的作品。

（十一）展示评价

展示是美术学习最重要的评价方式，适时举办以评价为目的的展示和课堂讨论活动，鼓励学生参与评价的过程，让学生与教师共同完成对美术学习的评价。展示和课堂讨论活动可以是画展、比赛、时装秀等，引导学生通过展示，获得艺术创造的成就感，增强学习美术的自信心，也可以是校园环境的美化与装饰，为其他学科设计制作道具，可以美化装点自己的生活，将美术与生活紧

---

① 尹少淳．美术教育：理想与现实中的徜徉［M］．北京：高等教育出版社，2005：226．

密相连，让学生自己去体会美术如何提高我们的生活品质。

二、美术学业质量测评的新方向

（一）核心素养时代的评价，强调立德树人

评价决定教学，评价具有导向性，任何美术学习都离不开立德树人这一根本任务。现代美术教学评价就是创设一个特定的机会，让学生展示他们对自己探索过的思想、观念的理解，也就是在美术学习过程中所表现出来的创意、责任心、意志力和合作精神、参与程度和交往能力。评价需要强调通过美术学习，从陶冶情操、温润心灵开始，在激发学生想象力和创造活力的同时，充分发挥美术教育培根铸魂、启智增慧的功能。

（二）在真实的情境中完成评价，而非评价本身

核心素养本位的美术教学，强调解决真实生活中的真实问题，追求真实性的学习成果。真实社会中也会出现使用标准化答题来解决考证的问题，如驾驶证、律师证、教师资格证、会计证等。事实上，教师想要评价学生在学校学习的美术知识与技能，不能只考查他们在课堂情境中解决问题的能力，还要考查他们在真实社会情境中解决问题的能力。新的评价需要创设真实的任务情境，让学生在完成真实任务的同时，形成愿意去发现问题并解决问题的意识。评价体系也不是简单的评价结果，而是更多地去关注学生在解决这些问题时，所表现出来的能力以及解决问题的过程。

（三）在解决问题过程中，表现性评价与结果性评价相结合

现代学校中的大多数美术评价，都是通过画一幅作品的纸笔考试得来的，而学生完成这些答案的信息，却无从获知。不管是教学评价还是学习评价，它们不仅仅是一个价值的判断，更是一个价值的建构过程，是学习者学习活动价值的一个建构。所以在评价体系建构时，教师不但要关注他们得出的结果，也要关注他们在获得这些结果时，观察、演绎、分析、推理的过程性评价以及在这些过程中的表现性评价，将评价"嵌入"整个学习过程。正是因为获得这些答案的过程以及表现，才真正有助于学生获得学习迁移能力和综合解决问题的能力。

（四）评价不局限于个人，复杂的任务应通过小组合作完成

真实世界的真实问题总是多元的、复杂的，面对这样的问题，在成人世界里也需要我们组建团队，通过合作、交往、沟通，完成技术攻关。那么，团队协作是学校帮助学生获得在成人团队中生活所必需的技能。教师尽量让小组合

作完成任务，使之成为课堂教学中的正常部分，在许多方面以小组的评价代替个人的评价，我们需要做的是，如何确定个体在小组成绩中的表现，让学生获得合作交往的能力。

（五）评价标准不是唯一，美术评价允许一个问题有多个解决方案

学校的纸笔试卷评价一般都会有一个评分标准，教师按照这个评分标准对学生进行学业评价。为了拿到高分，学生只能按照这个唯一的标准进行答题，他们也会认为解决问题的方案只有一个，而且认为这个方案一定就是最好的。美术学习活动本身就不是一个可以准确量化的活动，创意与求异才是美术学习评价的灵魂。我们也会在升学考试时，对美术作品的评价进行一个标准化设定。这种标准化设定，限制了我们替代性反应方式的出现。当我们想知道一个学生如何处理疑难问题、争议或提问时，替代性反应就不仅是可能的，而是令人向往的了。设计启动评价程序中重视替代性回答的评价体系，不仅可以引发学生的思考，还可以促进创意与求异的生成。

三、美术学业质量评价方案与评价工具的设计

（一）评价方案的设计

1. 课程标准的要求。"22版艺术课标"和"17版美术课标"都强调将评价"嵌入"整个学习环节，评价的内容也不仅限于对学习结果的评价，它包括学生在整个学习过程中的行为表现、学习态度、课堂学习中阶段目标的达成情况等方面。学生通过过程性评价和表现性评价及时发现和改进学习目标、学习内容以及学习方法，促进和改善教学，在整个过程中形成既注重结果又关注过程，能促进学生发展的评价机制。

2. 主要环节的评价。教学中的评价环节是由课堂评价、作业评价以及期末评价组成的。课堂评价是课堂教学的有机组成部分，作业评价是课堂教学的有效延伸和补充，是学习评价的重要构成部分，它们对期末评价来说算是过程性评价。期末评价则是对学生一个学期的学习进行的终结性评价，如果它针对一个学年，或整个小学或初中学段，它同样属于过程性评价。不管是过程性评价还是表现性评价，它们最终的目的都是提高评价的全面性和准确性。

3. 美术评价的特点。美术教学不同于其他学科，在确定主题进行学习借鉴、构思创意时，就需要教师时刻关注学生学习过程，并进行实时评价，也就是要将评价"嵌入"整个学习过程，贯穿美术教学的各个环节。评价主要是为了尽可能全面地反映学生真实的学习，充分发挥评价的调整功能、改进

功能。那么，在美术的单元学习当中，教师就需要从整体上去设计和制订美术学习评价的方案。

4. 具体评价方案的设计。当确定学习目标的时候，我们就需要制定评价目标去呼应学习目标。因为评价决定教学，评价目标是目标与规定，也是教师与学生共同追求的方向。有了评价目标，我们就可以根据目标设计相应的评价体系与内容，选择适当的评价方法，确定评价的时间和间隔以及评价的分配权重等。

（二）评价工具的设计

1. 预学单（延学单）。美术大单元教学中单元教学的第一课，或是最后一课都可以使用课前预学单或课后延学单这种评价工具。

例如，美术大单元"携手创招贴，共筑环保路"的第一课 地球的呼唤 预学单。（表9-4）

表9-4　美术大单元"携手创招贴，共筑环保路"第一课 地球的呼唤 预学单

任务一：认识招贴海报	课前预习： 简单认识招贴海报，了解其构成要素以及它的宣传作用  判断题：将你认为对的选项打上"√" 问题1：招贴海报的思想主题是通过（文字/图片）直观表达出来的 问题2：招贴海报主要的两大类是（养生/公益/科技/商业/艺术/人文）				
班级		姓名		完成时间	年　月　日

2. 学习单（任务单）。学习单是教师设计的引导学生开展学习活动、记录学习过程的任务清单，是指导学生完成某一阶段或某一知识或技能任务的具体指令和要求。学习单不仅是帮助学生自主学习达成学习目标的支架，还是评价学生学习过程和结果的依据。

例如，美术大单元"送给母校的启蒙书"第三课 创想书 学习单（表9-5）。

表 9-5 美术大单元"送给母校的启蒙书"第三课 创想书 学习单

任务一：认识书本不同的装订形式	一、"我画你猜"根据板书图片，找到它们对应的名字 卷轴装订　　螺旋装订　　方背胶装　　骑马订 二、连一连，找出不同装订方式的优缺点 问题：不同的装订方式可以实际用于哪些书本
任务二：创想出一种适用于小书装订的方式	一、请在你们使用的创想方法后面打"√" | 组合法 | | | 替换法 | | 二、你创想的装订形式有什么实际用途 _____
任务三：完成本组书籍的装订	你运用了什么装订方法？请在表格上打"√" | 创想装订 | 纸带装订 | 活页装订 | 骑马订 | 线穿装订 | 经折装 | |---|---|---|---|---|---| | | | | | | | 你选择的装订形式需要用到哪些材料？请在表格上打"√" 材料表 1.活页圈　2.打孔器　3.尺子　4.装订线　5.订书机　6.剪刀 6.刻刀　7.胶带　………
班级	姓 名　　　　　　完成时间　年 月 日

3. 评价量规。评价量规是一种评分工具，描述的是对某项任务的具体期望，将任务分成多个组成部分，并对每个部分的完成度，进行详细的描述与量化。它一般与学习单或任务单配合使用。

例如，评价量规对应美术大单元"送给母校的启蒙书"第三课 创想书 学习单任务一（表9-6）。

表9-6 评价量规

任务一：认识书本的不同装订形式评价标准	完成星级	自评	互评
能够认识不同装订形式的优缺点	★		
能够认识不同装订形式的优缺点，并能将装订方法的优缺点与同学分享	★ ★		

评价量规对应美术大单元"送给母校的启蒙书"第三课 创想书 学习单任务三（表9-7）。

表9-7 评价量规

任务三：完成本组书籍的装订评价标准	完成星级	自评	互评
根据启蒙书内容与主题能够完成书籍的装订	★		
根据启蒙书内容与主题能够完成书籍的装订，并创想出一种装订形式	★ ★		
根据启蒙书内容与主题能够完成书籍的装订，并创想出一种装订形式与同学分享	★ ★ ★		

4. 大拇指向上或向下。教师可以快速提出一个知识点、概念或者技法，让学生用大拇指向上表示懂了、大拇指向下表示还不是很清楚。这样帮助教师迅速地了解有多少学生已经懂了，有多少学生还需要帮助。

5. 聊一聊美术作品。教师用合适的问题来引导学生对美术作品进行评论，可以从以下四个问题开始。

描述：请给我描述一下凡·高和莫奈的笔触有什么区别。

分析：分析不同笔触带给你的不同感受。

解释：他们为什么要用这样的笔触进行画面的表现？

评价：如果将他们的笔触进行换位，这幅画表达的意义会有什么变化？

6. 结对子讨论。教师让学生结对子来分享他们的理解和收获。学生可以在教师讲解、演示或讨论期间或之后完成。

例如，你演示完中国画中的笔法墨法，当学生开始自己探索笔墨之法时，可以让学生结对子，分享他们在宣纸上对笔墨的尝试与探索，教师可以在教室里来回巡视倾听，来判断学生对笔法与墨法的理解程度。

7. 教师反馈。教师对学生的直接反馈是非常重要的，可以使用一些提前制作好的小模板来简化反馈的过程。

例如，

来自你的教师：王老师

你真棒：特别喜欢你在天空中使用了不同层次的混合色彩，非常精细和特别！

继续努力：注意在近处的房屋可以有更多的前后交叠来创造空间的层次感。

8. 标签条标记。教师给学生一个小任务，让学生用标签条，标示出他们的答案、理解或建议。

例如，让学生直接在自己（同学）的作品中用不同色彩的标签条标记出暖色和冷色；让学生在自己喜欢的美术作品上，用标签条标记出为什么喜欢这个作品，可以一条或两条，也可以是一条建议等。

9. 学生自我反思。教师可以设计一些视觉化和有趣的小模板来帮助学生进行自我反思和评估。

例如，2 个星星★　和一个愿望☆

★我的作品画得很仔细和干净！

★我在画中使用了点、线、面！

☆我希望可以在明暗的表现上多增加一些细节。

10. "三、二、一"。教师在学生离开教室前让学生完成，帮助他们回顾课上学习的内容，也帮助教师了解学生学习的情况。

"三"列出学到的 3 个知识点；

"二"列出 2 个你想进一步学习的知识点；

"一"列出 1 个你的疑问。

11. 小问题。教师可以针对今日课堂上的主要知识点，让学生以 1~2 句话或一幅简单的草图来完成对一个小问题的回答。这个活动可以在下课前或课程中间进行。

例如，

A. 如何用三原色调出三间色？

B. 请选择合适的线条表达你此刻的心情。

12. 一对一访谈。当全班学生都在进行艺术实践时，教师可以一对一找学生与他们交谈。在此期间，教师可以了解更多学生在实践过程中遇到的问题，不但可以解决个性化教学的问题，还可以学习如何在学生发展的各方面更好地为学生提供支持。

13. 小组观察表（表9-8）。观察者可以是教师，也可以是学生。小组观察表是小组合作时共同使用的一张评价表，评价维度包括行为表现、学习态度、目标达成等。使用小组观察表时，每组完成任务最快最好的同学作为小组评分员，给自己组或其他组的组员进行评分。

表 9-8　小组观察表

班　级		组　别		被观察组员	
评价维度	评价标准与观察记录				
行为表现	1. 使用工具材料时，能注意安全保持环境卫生的同学有（　　　　） 2. 使用工具材料时，不太注意卫生和安全的同学有（　　　　） 3. 工具材料随手乱拿乱放，打闹的同学有（　　　　）				
学生态度	1. 认真完成作业，并能帮助其他人的同学有（　　　　） 2. 偶尔会走神，但能安静完成作业的同学有（　　　　） 3. 走神时间较多，讲话、离开座位的同学有（　　　　）				
目标达成	1. 按要求又快又好完成作业的同学有（　　　　） 2. 基本完成作业的同学有（　　　　） 3. 无法完成作业的同学有（　　　　）				
使用说明	1. 每组最快最好完成任务的同学可以成为本小组观察员； 2. 小组观察员也可以进行小组间相互观察； 3. 直接填写学生学号即可； 4. 同意观察意见的同学有（　　　　），不同意的有（　　　　）				
观察员			评价日期		

14. 各种美术展览、展示、表演。这是常规的美术教学评价的形式。"22 版艺术课标"要求建立融学会、勤练、常展（演）为一体的体制，创造更多的展示交流的机会，能有效激发学生的艺术潜能，调动学生学习的积极性。① 展览可以是单课程的作业展、单元课程的作品展，也可以是课程期末大单元的主题创

① 中华人民共和国教育部. 义务教育艺术课程标准（2022 年版）[M]. 北京：北京师范大学出版社，2022：113.

作展和艺术专题展等；展示和表演可以是动态的，在举办展览的同时，展示和表演艺术作品的设计与制作过程，让动态的创作过程去演绎静态的美术作品。

15. 纸笔测试。纸笔测试就是现在教育评价的主流形式，它重点考查学生对事实性知识的掌握，也就是"知道什么"，能够以较为低廉的成本保证比较客观公正的评价。①

16. 美术档案袋。教师要求学生做好学习档案袋，保存学习资料，记录学习的全过程。其中包括学习任务书、研究报告、反映各种技能和特征的资料（如构思设计、创作草图、完成的作品）、工作进展、创作过程日记、对作品的鉴赏与批评小论文、自我反思与评价表等。② 它是对学校纸笔测试的有效补充，更关注学生学习的过程性评价与表现性评价，让美术学习评价更全面、更准确。

（三）评价工具与评价环节的结合

美术学习评价工具的选择可以根据课程学习的不同时段，实时嵌入整个美术学习过程，既要关注美术课堂教学的成果，也就是美术作品的呈现，又要关注学习过程。这些评价工具的运用，不但有利于改变简单地根据优劣打分的评价方式，还将美术作品的质性评价进行合理的量化，更真实地反映学生在美术学业质量水平和核心素养上的发展程度。

美术大单元教学中的每一课，都是由课堂评价和作业评价组成的，而对学生的期末评价包括每一课的课堂评价、作业评价和最后的期末考核。教学主要环节的评价包括课堂评价、作业评价和期末评价，教师运用思维导图的形式，将评价工具与其对应，方便大家选择与运用（图9-2）。当然这些工具的使用不是一成不变的，可以结合课程中的教学特点进行调换，也可以自主研制评价工具。教师在不同的评价环节合理选择与运用评价工具，主要是为了运用评价结果，反思和改进教学。

评价决定方向，在教学全过程中，教师实施多样而统一的评价方式，发挥评价促进学生美术学习能力发展的作用，以客观事实来做出判断，调控教学策略，因材施教，来达到美术教育的育人目标。

案例直击：《美化生活的装饰布》说课稿③

---

① 崔允漷. 有效教学［M］. 上海：华东师范大学出版社，2009：246.

② 中华人民共和国教育部. 普通高中美术课程标准（2017年版2020年修订）［M］. 北京：人民教育出版社，2020：53.

③ 此案例源于安徽师范大学美术学院基础教育振兴行动暨义务教育阶段美术单元课程整合与教学研讨会，2023年3月4日，具体案例视频详见学堂在线MOOC"中学美术教学设计"学习任务9.

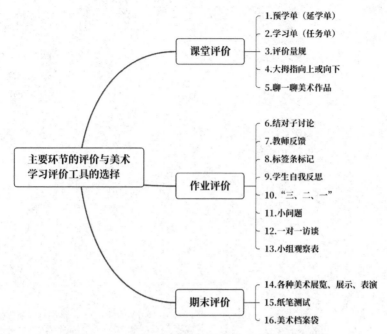

图 9-2 主要环节的评价与美术学习评价工具的选择

思考与练习：

给自己的单课设计适合的评价工具，要注意单元课中课与课之间的衔接，也要注意过程性评价与终结性评价的结合。

线下课堂学习建议（4 课时）：

1. 个人分享展示线上学习笔记。

2. 小组选出优秀的学生对单课评价工具设计进行展示汇报。

线上学习建议（4 课时）：

1. 线上学习学堂在线 MOOC "中学美术教学设计" "学习任务 10"，完成学习笔记。

2. 完成 "学习任务 10" 思考与练习中的问题，小组选出优秀的学生进行单课说课展示汇报。

第五单元
05
资格考试

单元概述：本单元由"说好一节美术课"和"通过教师资格面试"2个学习任务和6个问题构成。其旨在使学生解决问题和完成学习任务，让学生能够通过教师招聘中的说课面试和教师资格考试中的试讲面试。

大观念：面试主要考查学生的现场模拟讲（说）课和临场应变能力。

基本问题：招聘与资格考试有哪些流程和环节？如何说（讲）好一节美术课？

学习任务 10　说好一节美术课

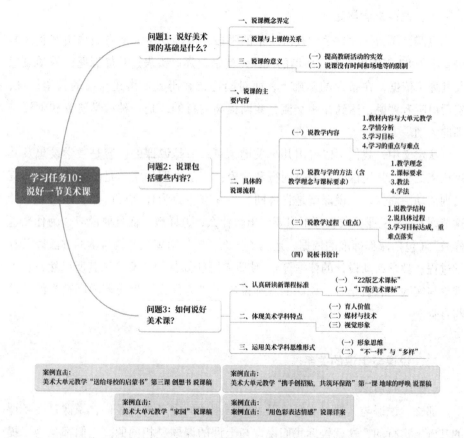

图 10-1　"学习任务 10：说好一节美术课"的思维导图

问题 1　说好美术课的基础是什么

说课是土生土长的国产教学研究成果，作为一种简便易行的教研形式，说课在全国各地开展得十分广泛。那么，什么是说课？它为什么可以被广大教师接受呢？

一、说课概念界定

说课，作为一种教学、教研改革的手段，最早是由河南省新乡市红旗区教研室于 1987 年提出来的。所谓的说课，就是教师口头表述具体课题的教学设想及其理论依据，在备课的基础上，面对同行或教研人员讲述自己的教学设计，然后由听者评说，达到互相交流、共同提高的目的，是一种教学研究和师资培训的活动。

从定义中，我们可以得出几个关键信息：一是说课的内容是教学设想及其理论依据；二是说课的对象是同行和专家；三是说课的实质是教学研究和师资培训活动。简言之，说课就是告诉同行与专家"我为什么要这样上课（或设计这节课）"。说课要求教师不但要说出教什么，怎样教，而且要说清"为什么这样教"（包括课程标准的依据，运用了什么新的教学理念？教与学的方法以及教学过程、教学活动设计的依据等），使听者既能知其然，又能知其所以然，达到理论与实践的有机结合。说课的教师说出了"为什么"标志着教师教学的理性与自觉。[①]

二、说课与上课的关系

（一）相同点

那么，说课与上课又有什么关系呢？刚才的定义告诉我们，说课是在备课的基础上进行的，这就告诉我们说课与上课的课题是相同的。它们都是为了提高教育教学质量，主要的做法一样是要掌握标准、吃透教材，了解学生、选择教法、设计教学过程（表 10-1）。

---

① 王大根 . 中小学美术教学论 ［M］. 南京：南京师范大学出版社，2013：254.

表 10-1　说课与上课的相同点

相同项目	上　课	说　课
主要内容	教学内容相同	
主要目的	提高教育教学质量和教师课堂实践能力	
主要做法	了解大纲、吃透教材、了解学生、选择教法、设计教学过程	

（二）不同点

首先是授课的对象不同。说课对象是教师、专家、同行，而上课对象则是学生。对象不同那么所说的内容一定也不相同（表 10-2）。

具体的内容不同。我们用一句简单的话来总结，上课只需要讲教什么，展示教的过程。说课不但需要说"教什么"和"怎么教"，还要说"为什么这样教"，告诉专家、同行你的教学设想，最重要的是它背后的理论依据，这也是说课与上课的根本区别。

时间不同，上课要 40 或 45 分钟一节课。说课则非常灵活，它可以是几分钟，也可以是十几分钟。

目的不同。上课与说课都是为了提高教育教学质量，但它们的侧重点不同，上课主要是为了提高学生的整体素质，而说课则是为了提高教师的教育教学能力。

评价标准。这里需要强调的是说课的最终目的也是评课，是在教师之间的评说中提高。它与上课的侧重点不同，上课侧重教学实施而说课则侧重教学设计。

用一句话来概括，力戒说课异变为上课。

表 10-2　说课与上课的不同点

相同项目	上　课	说　课
对象不同	学生	教师、同行、专家
要求不同	教什么、怎么教	不但要说教什么、怎么教，还要说为什么这么教
时间不同	40 或 45 分钟	几分钟、十几分钟
目的不同	全面提高学生整体素质	提高教师教学能力
评价标准不同	教学实施（课堂效果如何？学生是否掌握新知？）	教学设计（教学过程设计是否符合教育教学规律？）

三、说课的意义

为什么要说课呢？它的意义又是什么呢？

（一）提高教研活动的实效

以往的教研活动一般都停留在上几节课，再请几个人评课。上课的教师处在一种完全被动的地位，听课的教师也不一定能理解授课教师的意图，导致教研实效低下。说课让授课教师说说自己教学的意图，说说自己处理教材的方法和目的，让听课教师更加明白应该怎样去教，为什么要这样教，从而使教研的主题更明确，重点更突出，提高教研活动的实效。说课主要包括以下三方面。

1. 提高教师的备课质量。我们检查了很多教师的备课笔记，从总体上看教师备课都很认真。我们的教师都只是简单地记怎样教，很少有教师会去想为什么要这样备课，备课缺乏理论依据，导致了备课质量不高。说课活动可以引导教师去思考。他们思考为什么要这样教，这就从根本上提高了教师备课的质量。

2. 提升课堂教学效率。说课的时长可以控制，由几分钟到十几分钟，针对一个专题的说课，可以进一步明确教学的重点、难点，厘清教学的思路，统一思想认识，探讨教学方法，这样就可以克服教学中重点不突出、训练不到位等问题，提高教学效率，促进学生的全面发展。

3. 教师自身素质的提高。一方面，说课要求教师具备一定的理论素养，这就促使教师不断地去学习教育教学理论，提高自己的理论水平，形成学习迁移的能力。另一方面，说课要求教师用语言把自己的教学思路及设想表达出来，这就在无形中培养了教师的组织能力和表达能力，提高了自身的素质。

（二）说课没有时间和场地等的限制

教师只是面对专家与同行，说说自己的设想，也就是"教什么""怎么教""为什么这么教"。时间和场地是很灵活的，人可多可少，时间可长可短，场地可大可小。

实践证明，说课不同于上课，它是在上课的基础上，告诉专家、同行"我这样上课是为什么"。教师需要主动地投身到教学改革当中，去学习新的教育理念，掌握新的教学方法，并将其运用到课堂教学当中，为了达到更好的教育教学效果，还会不断地钻研和实践，提升了课堂教学的质量，说课是提高教师素质、培养造就研究型、学者型青年教师的较好途径。

问题 2 说课包括哪些内容

说课大致分为说教学内容、说教法与学法、说教学过程，最后说板书设计，其中教学内容包括教材、学情、目标和重难点。这些都是基本要素，它们是说好一节课的基础，但是先后顺序以及之间的关系，则可根据说课者的爱好进行，无硬性要求。比如，教法与学法分析，你也可以定位为教学策略分析；教学内容分析也可以将其分为教材分析、学情分析、教学目标确定等进行逐条分析，但说课的重点永远是说教学过程，它是与上课区别的最重要标志之一。

一、说课的主要内容

（一）说教学内容

1. 教材内容与大单元教学

2. 学情分析

3. 学习目标（"V-DKU"学习目标、核心素养学习目标、三维与核心素养相结合的学习目标）

4. 学习的重点与难点

（二）说教与学的方法（含教学理念与课标要求）

1. 课标要求与教学理念

2. 常规教法外强调大观念、任务串、问题链、评价量规等

3. 学法：自主、合作、探究

（三）说教学过程（重点）

组织教学—真实情境导入—探索新知（含教师示范）—学生实践—展评与分享—小结与拓展。

强调育人、综合、活动、体验、评价。

（四）说板书设计

二、具体说课的流程

（一）说教学内容

1. 教材内容与大单元教学

教材的内容作用与地位，告诉听者你说的课题是什么，出自什么版本的美

术教材、第几册、第几课，如何构建大单元教学，它在大单元教学或全册教材的地位及其与前后课程的关系，着重说明你对教材的理解，以及如何进行跨学科主题学习，教学是否兼顾四个艺术实践活动，即"欣赏·评述""造型·表现""设计·应用""综合·探索"。

2. 学情分析

首先，分析教学对象的心理与年龄特点，进而采用合理的教学策略，激发学生的学习兴趣；其次，分析教学对象的认识基础与知识储备；最后，根据课程标准中对学段目标的要求及教材内容，设计教学目标与重难点。

3. 学习目标（"V-DKU"学习目标、核心素养学习目标、三维与核心素养相结合的学习目标）

分析学习目标是为了检验教学效果，针对教材内容，教师的教要到什么程度，学生的学要到什么效果，在课前进行假设，然后在实施完成之后，通过和教学效果的对照，检查课堂教学是否达成了预先的设定，或者达成度是多少，这也是评价说课和课堂教学成功的标准之一。目标的设计一定要清晰准确，方便课后评价与量化。特别是进入核心素养时期，教学目标的表述可以采用以下三种方式（详见"学习任务7"）：一是三维目标与美术学科核心素养目标的结合，多适用于普通高中；二是"V-DKU"，在价值观的引领下，学生能做、能知道以及能理解；三是直接使用核心素养的表述方式。

4. 学习的重点与难点

教学重难点主要是根据学情与目标，在学习目标中寻找。突出重点和突破难点是评价一堂课成功的重要标志，当然也是说课评价的重要指标之一。教师是教学中的"主导者"，其作用就是协助学生完成从自主性学习，达到理解层次的提升。对教材知识中的简易部分，教师要少讲，甚至不讲，而对重点和难点要着重讲、深入讲，所以重难点分析是对教学内容进行详略把握的前提，如果教师在教学中没有准确把握重难点，那么这堂课就是失败的。

（二）说教与学的方法（含教学理念与课标要求）

教与学的方法也可以是教学策略的选择，告诉听课者你选择了哪些教学策略，这些策略的选择是为了完成教学目标，突破教学的重难点，而选择的依据则是学生的年龄特点以及课程性质。

1. 教学理念：教学理念是指挥教学行动的思想与观念。新课程标准的颁布预示着核心素养时代下的美术教学开启了新的篇章。如何实施核心素养时代下的美术教学，教学理念是关键。选择与教学相匹配的教学理念，如逆向设计、"KUD"、"V-DKU"、主题化、生活化、情境化、项目式，任务驱动等教学新理念。教师运用基于资源的学习、翻转课堂、案例教学模式、认知学徒制教学、基于问题的学习等教学新模式。设计以问题为驱动的学习工具，辅助学生在自主探索中学会学习，包括设计评价量规，将质性评价进行合理量化，让学业质量可测可评。教师最后注意引导学生理解大观念，促进核心素养的养成。

2. 课标要求：随着新的课程标准的颁布与实施，新的课程理念与课程内容需要我们深入解读与理解。在具体教学过程中，如何体现课程标准中的新要求、新理念以及新评价，如对应学段的目标以及学习任务、内容要求、学业要求、需要学生理解的大观念以及教学建议和评价建议中的要求，这些都需要教师准确清晰地把握和表述。

3. 教法：说教法，教师上课时所采用的教学方法，主要有讲授法、讨论法、示范和演示法、合作学习指导法、角色扮演和模拟活动的指导法、练习和实践指导法、案例学习指导法、兴趣定位与展示法、引入相关人员参与教学法、实地考察法、游戏法、辩论法、问题发现与探究指导法、头脑风暴法等。随着信息时代的到来，新的、更丰富的、更有效的、针对性更强的教学法有待大家去研究。例如，项目式教学法、线上线下混合式翻转课堂、"ChatGPT""Deep-Seek"、为学生搭建学习的脚手架、组织任务串和问题链帮助学生发现问题和解决问题等。教法的确定主要是依据教学设备条件，从不同学段学生的学情出发。

4. 学法：顾名思义就是学生学习的方法，包括观察、对比、发现、尝试、交流、自主、合作、探究、体验、评价、游戏、表演、竞赛、展示等。在学法的具体运用上，教师首先要对一般学龄儿童绘画发展的阶段有一定的了解。常锐伦老师将儿童绘画发展分为涂鸦期、象征期、意象期、写实期。① 我们的孩子步入小学基本都是从意象后期开始逐渐进入写实前期。写实期，我们可以分为写实前期和写实后期，前期是萌生写实和推理写实，后期是仿成人写实。中学生基本步入写实后期。教师进行学法指导需结合学生实际，如怎样指导学生进行观察、写生、技法训练等。在一堂课中，教师不可能把所有的学习方法全都教给学生，说课时根据本节课的教学内容，说出其中重要的一至两种指导学生学习的方法即可。在这里，我们需要强调的是学法中的六字真言"自主、合作、探究"。作为一名美术教师，我们不仅要知道"教什么""怎么教"，还应该关注学生"学什么""怎么学""为什么学"，也就是"学得快乐吗""学了会用吗"。

---

① 王大根. 中小学美术教学论［M］. 南京：南京师范大学出版社，2021：25.

（三）说教学过程（重点）

这是说课的重点，说说你对教学过程的安排，为什么要这样安排。在教学过程中，教师要特别注意把自己教学设计的理论依据、教学目标逐一对应如何实现以及把教学重难点的解决策略说清楚，这也是说课与上课的区别所在。

教学流程分析和规划：主要是确定课堂教学各个环节的先后顺序，因为不同顺序的教学环节对教学效果的影响还是十分明显的。

1. 说教学结构（教学环节）。美术教学结构一般分为两种，一种是美术技能课程的教学结构：真实情境导入（组织教学）—探索新知（教学示范）—学生实践—展评与分享—小结与拓展。一种是美术欣赏课程的教学结构：描述—分析—解释—评价。当然，教师还可以根据教学实际提出新的结构形式。由于美术的体验性和实践性，教师在课堂上需要给学生充足的时间，所以结构不宜复杂多变。

2. 说具体过程（教学过程），是在结构的基础上进行，当然还应该展开理性的思考。例如，在引导环节，一是创设了真实情境，二是提出了几个问题，这是出于激发学生兴趣的考虑。探索新知中，我通过设计某某活动，让学生在体验中理解某某知识点，直观地演示某某技能，通过某某问题的引导，学生观察某某现象，讨论某某问题，发现并解决某某问题。这里依据的是美术的学科特点和新理念，还有学情分析等。每一个设计的过程都要有设计意图，也就是告诉同行与专家，我为什么要用这样的方法进行教学；它的优点有哪些；如何体现育人；怎么与其他学科综合，进行跨学科主题学习；如何设计活动与体验，为学生搭建学习的脚手架；如何实现"教、学、评"的一致性。

3. 学习目标的达成，重难点的落实。在说教学程序中目标达成和重难点落实往往隐含在里面，一般不单独分列，可以在阐述具体过程时，做相应说明。这里需要强调的是育人价值，要在创设情境与课程小结时特别点出，做到首尾呼应，突出立德树人这一根本任务。美术学科教学重难点的落实，一般都是在探索新知部分进行落实，可以在解决问题和直观演示之后，提出：这里我突出了重点或突破了难点，达成核心素养（或"V-DKU"）的教学目标。

（四）说板书设计

这个环节考察教师如何根据学生的认知特点，根据美术课程标准的要求，对教材中的内容进行取舍与概括，达到最优化，用最简单明了的方式将信息传达给学生，让学生容易接受与运用，它真实地反映了教师对教材的钻研程度和驾驭教材的能力。

这里重点强调美术的板书设计，美术课程的板书设计不同于其他学科，因为美术学科的视觉性是区别于其他学科的根本属性，所以在板书设计中，板画区与演示区就显得尤为重要。

还有就是说课内容的内在联系，它们是一个整体的各个环节，而非单独存在的个体，在说课时一定要注意他们的逻辑关系，如教学过程，如何体现教学目标与教学过程的对应关系；教学重难点的解决策略；教学过程设计中每一个学习活动的设计意图；等等。它们是相辅相成的，是不可分割的整体。

问题 3　如何说好美术课

凸显美术课说课的个性，是说好美术课的前提。不是任何学科的教师都可以说好一节美术课，在培养学生美术学科核心素养的同时，立德树人，以美育人，促进学生全面而有个性的发展才是最终目的。想要说好美术课，教师必须认真研读课程标准，运用美术学科的思维方式，说出美术学科的特点和育人价值，并告诉专家和同行，我为什么要这样设计，它背后的理论依据又是什么。

一、认真研读新课程标准

研读课程标准是说好美术课的基础。准确地说，在备课之前，教师就要根据所教授的学段，认真学习和研读"22 版艺术课标"和"17 版美术课标"。"22 版艺术课标"主要是针对义务教育阶段的艺术课程，包括音乐、美术、舞蹈、戏曲、影视五门学科。不管我们教授哪个学段，我们首先是美术教师，所以在研读课程标准时，也要参照"17 版美术课标"，特别是美术学科核心素养，更是我们需要学习和掌握的内容。

（一）"22 版艺术课标"将艺术课程定位为对学生进行审美教育、情操教育、心灵教育、培养想象力和创新思维等的重要课程。艺术教育是美育的重要组成部分，其核心在于弘扬真善美，塑造美好心灵。艺术是人类精神文明的重要组成部分，是运用特定的媒介、语言、形式和技艺等塑造艺术形象，反映自然、社会和人的创造性活动。义务教育阶段的课程理念：一是坚持以美育人（课程的核心）；二是重视艺术体验（课程实施的保障）；三是突出课程综合（课程的特色）。我们从以上内容得出义务教育阶段的艺术课程强调育人、综合、活动、体验、评价等。

（二）"17 版美术课标"中提到美术是运用一定的媒材及技术表现人的需求、想象和思想的艺术活动。在信息技术迅速发展的今天，美术广泛而深度地融入社会，以丰富和多样的视觉形态促进交流、传播文化、发展创意、服务社会，凸显其人文性和工具性的价值。普通高中美术课程理念：一是培养美术学科核心素养，促进全面发展；二是强调基础性和选择性，满足个性需求；三是创设问题情境，倡导探索式美术学习；四是运用质性评价，着眼美术学科核心素养。教师从美术学科核心素养出发再回归到核心素养，以问题为导向，倡导探索式的美术学习，促进学生全面而个性的发展。普通高中与义务教育不同，它强调的是以美术丰富和多样的视觉形态促进交流、传播文化，发展创意、服务社会，凸显其人文性和工具性价值。

性质是区别于其他事物所特有的性能与品质，所以说美术课就一定要强调美术课程的性质。我们可以根据义务教育阶段的艺术课程的性质，再整合普通高中的美术课程的性质。因为艺术课程是五门课程的融合，它强调课程的综合性，而美术学科一定有它所特有的学科性，美术教师要做的就是在综合中思考如何保持美术学科的独特性。艺术核心素养中缺少了美术学科所特有的"图像识读"核心素养，这不代表在义务教育阶段的美术课中就不再需要这一核心素养，它只是为了兼顾艺术的其他四门课程。作为一名美术教师，我们在授课过程中一定要有意识地促进学生"图像识读"核心素养的形成，因为"图像识读"和"美术表现"是我们美术学科所特有的。

二、体现美术学科特点

美术是运用一定的媒材及技术表现人的需求、想象和思想的艺术活动。这里面有两层含义：一是表现人的需要、想象和思想是美术创作的结果；二是媒材和技术是美术活动得以实施的基础。

（一）育人价值

美术是表现人的需要、想象和思想的创作结果。说课时不能就美术论美术，还要关注人的发展，关注人文教育、人文素养、人文精神的形成，缺少人文性的美术是有术无美，缺少人文性的美术教育是干巴巴的技术教育。我们要根据学生的审美和人文素养发展进行目标设计。在设计教学目标时，我们要说出如何表达思想情感，如何通过课程体现育人价值。比如，在选择课题时，我们就强调中华优秀传统文化、革命文化和社会主义先进文化的教育，让学生在参与各类美术创作的活动中，体验中华民族艺术精髓，增强文化自信和民族自信。在学生学习过程中，教师通过艺术感知和情感体验，去激发学生的学习热情。比如，设计与学生经验、社会现实和当地文化资源相关的情境与任务，引发学生的情感共鸣与共情，让学生理解学美术是为了什么，它能解决学生实际生活中的哪些问题。

（二）媒材与技术

媒材和技术是美术活动得以实施的基础。所以在美术说课的过程中，教师一定要将如何运用各种媒材以及如何充分发挥各种媒材的特性说出来。比如，美术活动中运用各种不同工具，如画笔、剪刀、刻刀、纸、墨、颜料、泥、木、石、金属等，还有各种环保材料，废旧材料的再利用以及 3D 打印机、激光切割机等现代设备，在美术创作活动中，帮助学生体验与尝试运用什么样的技术，将这些材料与工具的特征，以多样的形式表现出来，同样也是义务教育阶段艺术课程所强调的活动与体验。美术是人类情感和精神生活的创造表现，说课过程中将主要目的确定为学生实践能力的培养，一切教学方法与手段都是为了使学生运用传统媒介或新媒体来创造作品，发展想象能力、实践能力和创造能力。

美术不再仅仅被理解为技能和技巧的拼凑，但美术的技艺性是不能被否认的。在涉及具体作业时，如何更好地去表现，技艺指导少不了。学生要进入高一级学习，也少不了技能渗透。从造型、结构、色彩到立意，技艺性让美术学科特点得以显现。

（三）视觉形象

视觉形象是美术学科所特有的，它也是美术学科的立科之本，是美术学科核心素养的生发之地。在综合中保持美术学科的特点，是说好美术课的基本条件。视觉性是美术的本质，需要运用大量的图片、音乐、视频、示范、演示等手段使学生在美术学习中积累视觉、触觉和其他感官的经验。因此，教师在说课时，不仅在教学设计中要充分呈现美术的视觉形象，还要在自己的"说"中予以表达。比如，在我们说课时，我们可以运用真实情境和示范演示微视频等直观教学来强化美术的视觉性。另外在具体说课时，我们的美术说课也可以借用一些直观手段，如制作教具学具以及示范步骤演示图和范画，甚至是教师的简单演示，在说课中加以运用，这样的说课肯定是美术说课独有的。

三、运用美术学科思维形式

（一）形象思维

形象思维不仅是美术学科的思维形式，还与中小学生的年龄特征非常吻合。由于具体形象思维是中小学生思维的主要形式，因此在教学过程中，教师注重从学生的思维特点出发，加强直观教学，用具体化、形象化的内容，借助学生熟悉的实物——直观教具进行教学，来提高学生学习的兴趣。中学正是学生从形象思维向抽象思维过渡的时期，为了使学生保持对美术的持久兴趣，我们必须充分利用形象思维的特点，学生有一些好的想法和好的创意，往往没有原因，不知道为什么，只是想到了，面对不同材料，很多时候能完成出乎我们意料的作品。学生是善于思考的，他们的想象力远胜于我们，在这里需要我们多肯定和鼓励，而不是按逻辑进行推理，或因其不合逻辑而否定，教师要做的是"不要让有限的动手能力，限制了学生的无限想象力"。

（二）"不一样"与"多样"

求异是美术学科的优势，"不一样"在美术领域更有生命力。教师在启发学生时可以追问还有什么不一样的想法，可以运用对比，呈现不同的作品，让学生各取所需，这都是求异思维在美术学科中的有效运用。美术不苛求标准答案，赋予了美术学科多样性的特点。多样性可以在问题设计时予以体现，如问题设计多具有开放性，具体问题还可以从不同角度来设问，避免学生的答案趋向唯一。多样性还可以直接体现在我们对美术任务布置时的要求，可以多材料，可以多手段，可以多角度。

案例直击： 美术大单元教学"送给母校的启蒙书"第三课 创想书 说课稿①

案例直击： 美术大单元教学"携手创招贴，共筑环保路"第一课 地球的呼唤 说课稿②

案例直击： 美术大单元教学"家园"说课稿③

案例直击： "用色彩表达情感"说课详案④

思考与练习：

结合自己的单课设计，完成单元课中一节美术课的说课。

---

① 具体案例视频与说课稿详见学堂在线 MOOC"中学美术教学设计"学习任务 10。
② 具体案例视频与说课稿详见学堂在线 MOOC"中学美术教学设计"学习任务 10。
③ 此案例源于 2023 年山东省中小学美术大单元教学展示交流研讨活动（直播时间 2023 年 3 月 23 日），具体案例视频与说课稿详见学堂在线 MOOC"中学美术教学设计"学习任务 6。
④ 此案例获 2016 年河南省第十四届师范生教学技能大赛一等奖，依据《义务教育美术课程标准（2011 年版）》设计，具体案例视频与说课稿详见学堂在线 MOOC"中学美术教学设计"学习任务 10。

线下学习建议（4 课时）：

1. 个人分享展示线上学习笔记。

2. 小组选出优秀的学生进行单课说课展示汇报。

线上学习建议（4 课时）：

1. 线上学习学堂在线 MOOC"中学美术教学设计""学习任务 11"，完成学习笔记。

2. 个人完成"学习任务 11"思考与练习中的问题，小组选出优秀的学生进行 10 分钟传统美术授课试讲的展示汇报。

学习任务 11　通过教师资格面试

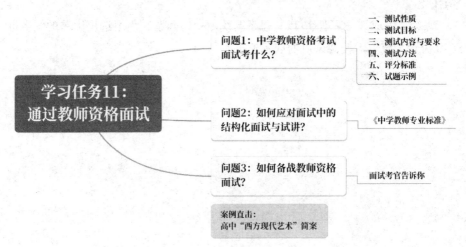

图 11-1　"学习任务 11：通过教师资格面试"的思维导图

问题 1　中学教师资格考试面试考什么

教师资格证的面试指导，首先给大家解读的是《中小学和幼儿园教师资格考试面试大纲（试行）》中学教师资格考试。

一、测试性质

面试是中小学教师资格考试的有机组成部分，属于标准参照性考试。笔试合格者，参加面试。

二、测试目标

面试主要考查申请教师资格人员应具备的教师基本素养、职业发展潜质和教育教学实践能力，主要包括：

（一）良好的职业道德、心理素质和思维品质。

（二）仪表仪态得体，有一定的表达、交流、沟通能力。

（三）能够恰当地运用教学方法、手段，教学环节规范，能较好地达成教学目标。

三、测试内容与要求（重点内容）

（一）职业认知

1. 热爱教育事业，有较强的从教愿望，正确认识、理解教师的职业特征，遵守教师职业道德规范，能够正确认识、分析和评价教育教学实践中的师德问题。

2. 关爱学生、尊重学生，公正平等地对待每一位学生，关注每一位学生的成长。

（二）心理素质

1. 积极、开朗，有自信心；具有积极向上的精神，主动热情工作；具有坚定顽强的精神，不怕困难。

2. 有较强的情绪调节与自控能力。能够有条不紊地工作，不骄不躁；能够冷静地处理问题，有应变能力；能公正地看待问题，不偏激，不固执。

（三）仪表仪态

1. 仪表整洁，符合教育职业和场景要求。

2. 举止大方，符合教师礼仪要求。

3. 肢体语言得体，符合教学内容要求。

仪表仪态，是职业的需要，也是一种礼仪，是人内在修养的外在表现。在面试时，面试人员需要整洁、大方，能够运用恰当的肢体语言，在这里要特别强调，衣着得体，如吊带、破洞的牛仔裤、拖鞋等是绝不可以出现在面试现场的，女生要化淡妆表示礼貌，男生要干净整洁。

（四）言语表达

1. 语言清晰，语速适宜，表达准确。口齿清楚，讲话流利，发音标准，声音洪亮，语速适宜；讲话中心明确，层次分明，表达完整，有感染力。

2. 善于倾听、交流，有亲和力。具有较强的口头表达能力，善于倾听别人的意见，并能够较准确地表达自己的观点；在交流中尊重对方，态度和蔼。

言语表达，这是教师的基本功，作为一名美术教师，讲授法仍然是最常用的教学方法，在与学生交往中，我们要做到沟通有效，是否善于表达与倾听，你的表达是否有亲和力，是否能清晰准确地表达自己的观点。

（五）思维品质

1. 能够迅速、准确地理解和分析问题，有较强的综合分析能力。

2. 能够清晰有条理地陈述问题，有较强的逻辑性。

3. 能够比较全面地看待问题，思维灵活，有较好的应变能力。

4. 能够提出具有创新性解决问题的思路和方法。

思维品质，主要是通过结构化面试和模拟讲课后答辩的问题来判断，判断你分析问题、解决问题的能力，以及你在陈述问题时的逻辑性与回答问题时的应变性以及创新性。

（六）教学设计

1. 了解课程的目标和要求，准确把握教学内容。准确把握所教课程的教学内容、理解本课（本单元）在教材中的地位以及与其他单元的关系。

2. 根据教学内容和课程标准的要求确定教学目标、教学重点和难点。

3. 教学设计要体现学生的主体性，因材施教，选择合适的教学形式与方法。

教学设计，即模拟讲课前，用 20 分钟编写出 10 分钟的教学简案，建议编写越详细越好，对你的面试会有很大的帮助，后面会专门讲述。

（七）教学实施

1. 能够有效地组织学生的学习活动，注重激发学生的学习兴趣，有与学生交流的意识。

2. 能够科学准确地表达和呈现教学内容。

3. 能够适当地运用板书，板书工整、美观、适量。

4. 能够较好地控制教学时间和教学节奏，合理地安排教与学的时间，较好地达成教学目标。

教学实施，就是模拟讲课的 8~10 分钟，注意教学过程的完整性（缺一不可），与学生交流的意识（提问互动），还有板书与板画的设计，我们需要强调的是板书的内容一定要正确无误，板画就是主要考查你的简笔画，如果你的语言表达能力不是很好，就放心大胆地画吧，它是成功的标志。最后要强调的就是时间的把握，不够 6 分钟不行，超过 9 分钟太长，所以时间把握在 7~8 分钟是最好的。

（八）教学评价

1. 在教学实施过程中注重对学生进行评价。

2. 能客观评价自己的教学效果。

教学评价，主要是模拟讲课环节中对学生作品的评价，也就是过程的完整性，也要注意对自己教学的反思。

四、测试方法

采取结构化面试和情景模拟相结合的方法，通过抽题备课、试讲、答辩等方式进行。

考生按照有关规定随机抽取备课题目，进行备课，时间 20 分钟，接受面试，时间 20 分钟。考官根据考生面试过程中的表现，进行综合性评分。

五、评分标准

表 11-1 是根据前面所讲到的 8 项测试内容与要求分别给出了权重、分值和评价标准，大家在准备面试时，一定要参照准备，考什么我们准备什么。

表 11-1　评价标准

序号	测试项目	权重	分值	评分标准
1	职业认知	5	2	较强的从教愿望，对教师职业高度认同，对教师工作的基本内容和职责清楚了解
			3	关爱学生、尊重学生、平等对待学生，关注每个学生的成长
2	心理素质	5	3	活泼、开朗、有自信心
			2	有较强的情绪调节能力
3	仪表仪态	5	2	衣着整洁，仪表得体，符合教师职业特点
			3	行为举止稳重端庄大方，教态自然，肢体表达得当
4	言语表达	15	8	语言清晰，表达准确，语速适宜
			7	善于倾听、交流，有亲和力
5	思维品质	15	3	思维缜密，富有条理
			4	迅速地抓住核心要素，准确地理解和分析问题
			4	看待问题全面，思维灵活
			4	具有创新性解决问题的思路和方法

续表

序号	测试项目	权重	分值	评分标准
6	教学设计	10	4	了解课程的目标与要求，准确把握教学内容
			3	能根据学科的特点，确定具体的教学目标、教学重点和难点
			3	教学设计体现学生的主体性
7	教学实施	35	6	情境创设合理，关注学习动机的激发
			10	教学内容表述和呈现清楚、准确
			4	有与学生交流的意识，提出的问题富有启发性
			8	板书设计突出主题，层次分明；板书工整、美观、适量
			7	教学环节安排合理；时间节奏控制恰当；教学方法和手段运用有效
8	教学评价	10	5	能对学生进行过程性评价
			5	能客观地评价教学效果

六、试题示例

给出的是一个数学设计和语文设计，大家注意要求，在模拟讲课和备课环节一定要根据要求编写和设计教案，实施课堂模拟：

（1）配合教学内容适当板书（美术要加入板画）。

（2）教学过程需要有提问环节（也就是有与学生交流的意识）。

（3）教学中应有过程性评价（在学生活动与实践的过程中进行评价，而不只是结果评价）。

（4）当提出一个问题，学生不会回答，或回答错误，你该怎么办？（思维品质和应变能力）

问题 2　如何应对面试中的结构化面试与试讲

本节重点解读的是《中学教师专业标准》，主要针对结构化面试中的两个问题，帮助你解答面试测试内容中 1~5（职业认知、心理素质、仪表仪态、言语表达、思维品质）的内容。

例如，结构化面试会有这样的问题："班里有一位同学的父母经常打骂学生，你怎么办？"你可以在《中学教师专业标准（试行）》中寻找出相对应的解决方案，然后开始回答。

找出解决方案：

沟通与合作。（需要以口述的形式出现）

与家长进行有效沟通，共同促进中学生发展。

对学生的态度与行为：

关爱中学生，重视中学生身心健康发展，保护中学生生命安全。

尊重中学生独立人格，维护中学生合法权益，平等对待每一位中学生。不讽刺、挖苦、歧视中学生，不体罚或变相体罚中学生。

根据上面的要求，首先亮明自己的观点，然后逐一按条目回答问题即可。当遇到不会回答的问题时，你一定不要慌张，将实情告诉老师，不要影响后面的模拟讲课，那才是面试的重点。

面试流程：抽题—备课（20分钟）—备考—结构化面试（5分钟）—模拟讲课（10分钟）—答辩（5分钟），每位同学的面试时间为20分钟，加上备考、备课、抽题的时间差不多要40分钟。

我们最后给大家介绍两种鉴赏美术作品的方法，也就是美术鉴赏学习活动如何开展。第一种方法：描述、分析、解释、评价。这也是"17版美术课标"中反复提及的关于美术鉴赏的学习活动。

1. 描述：区分作品所属的种类，描述作品的造型、色彩、尺寸、材质、肌理、风格等特征，以及作品所引发的审美感受。

2. 分析：分析作者是如何运用比例、对称、均衡、节奏、韵律等形式原理组织造型元素，更好地表达作品的主题、内容或情节的。

3. 解释：解释文化、国家、时代、经历、社会背景和艺术思潮等因素对作者及其作品产生的影响，阐释作者想通过作品表达的情感或思想。

4. 评价：通过上述鉴赏活动，从历史、文化、艺术、经验的角度评价这件作品，并有见地地阐明自己的观点和理由。

第二种方法依旧是描述、分析、解释、评价，只是换了一种方式。

1. 作品给了你什么感觉？——描述

2. 作者如何使你产生这样的感觉？——分析

3. 作者想表达什么，意义又是什么？——解释

4. 你喜欢这件作品吗？——评价

教师资格的面试是在笔试通过的基础之上进行的，面试主要考查学生的现场模拟讲课和临场应变能力，大家一定要认真学习《中小学和幼儿园教师资格考试面试大纲（试行）》与《中学教师专业标准》为面试做好准备。我们下面会对面试考官展开访谈，帮助同学们更好地理解面试。

问题 3　如何备战教师资格面试
——面试考官告诉你①

案例直击：高中"西方现代艺术"简案②

思考与练习：

1. 模拟教师资格考试面试现场，每人完成 10 分钟传统美术授课试讲。

2. 通过对"中学美术教学设计"的学习，你学到了什么？

线下课堂学习建议（8 课时）：

1. 小组选出优秀的学生进行 10 分钟传统美术授课试讲的展示汇报。

2. 个人分享展示所有线上学习笔记，小组推荐 10% 优秀学生参与班级展示。

3. 展示个人学习档案袋，小组推荐 10% 优秀学生参与班级展示。

4. 展示小组合作完成的中学美术教材的编写与汇报，填写评价表，以小组评价代替个人评价。

5. 各小组进行的课程学习总结与汇报运用视频与 PPT 相结合的方式。

---

① 具体案例视频见学堂在线 MOOC"中学美术教学设计"学习任务 11。
② 此案例来源于湛江一中李韶靖老师，具体案例视频简案详见学堂在线 MOOC"中学美术教学设计"学习任务 11。

主要参考文献

一、专著

［1］钟启泉，崔允漷，张华．为了中华民族的复兴 为了每位学生的发展：基础教育课程改革纲要（试行）解读［M］．上海：华东师范大学出版社，2001.

［2］常锐伦，唐斌．美术学科教育学［M］．北京：人民美术出版社，2007.

［3］尹少淳．美术核心素养大家谈［M］．长沙：湖南美术出版社，2021.

［4］尹少淳．尹少淳谈美术教育［M］．北京：人民美术出版社，2016.

［5］尹少淳．美术教育学新编：第2版［M］．北京：高等教育出版社，2023.

［6］尹少淳．新版课程标准解析与教学指导（2022年版）美术［M］．北京：北京师范大学出版社，2022.

［7］尹少淳．美术教育：理想与现实中的徜徉［M］．北京：高等教育出版社，2005.

［8］杨建滨．美术学科教学概论［M］．武汉：湖北美术出版社，2002.

［9］王大根．小学美术课程与教学［M］．重庆：西南大学出版社，2020.

［10］课程教材研究所．20世纪中国中小学课程标准·教学大纲汇编：历史卷［M］．北京：人民教育出版社，2001.

［11］赵紫峰．雪地飞龙［M］．北京：高等教育出版社，2004.

［12］钟启泉．深度学习［M］．上海：华东师范大学出版社，2021.

［13］张华．课程与教学论［M］．上海：上海教育出版社，2000.

［14］胡知凡．核心素养与世界中小学美术课程［M］．上海：上海教育出版社，2020

［15］施良方，崔允漷．教学理论：课堂教学的原理、策略与研究［M］．上海：华东师范大学出版社，1999.

［16］崔允漷.有效教学［M］.上海：华东师范大学出版社，2009.

［17］刘美凤.教育技术教程［M］.北京：清华大学出版社，2014.

［18］顾书明.课程设计与评价［M］.南京：南京大学出版社，2015.

［19］王大根.中小学美术教学论［M］.南京：南京师范大学出版社，2013.

［20］中华人民共和国教育部.全日制义务教育美术课程标准（实验稿）［M］.北京：北京师范大学出版社，2001.

［21］中华人民共和国教育部.义务教育美术课程标准（2011年版）［M］.北京：北京师范大学出版社，2012.

［22］中华人民共和国教育部.普通高中美术课程标准（实验）［M］.北京：人民教育出版社，2003.

［23］中华人民共和国教育部.普通高中美术课程标准（2017年版2020年修订）［M］.北京：人民教育出版社，2020.

［24］中华人民共和国教育部.义务教育艺术课程标准（2022年版）［M］.北京：北京师范大学出版社，2022.

［25］中华人民共和国教育部.义务教育课程方案（2022年版）［M］.北京：北京师范大学出版社，2022.

［26］中国大百科全书总编辑委员会《教育》编辑委员会，中国大百科全书出版社编辑部.中国大百科全书·教育［M］.北京：中国大百科全书出版社，1985.

［27］朱志平.课堂动态生成资源论［M］.北京：高等教育出版社，2008.

二、译著

［1］罗恩菲德.创造与心智的成长［M］.王德育，译.长沙：湖南美术出版社，2002.

［2］迈克·帕克斯，约翰·赛斯卡.美术教学指南［M］.郭家麟，孙润凯，译.长沙：湖南美术出版社，2015.

［3］埃利奥特·W.艾斯纳.教育想象：学校课程设计与评价［M］.李雁冰，译.北京：教育科学出版社，2008.

［4］格兰特·威金斯，杰伊·麦克泰格.追求理解的教学设计［M］.2版.闫寒冰，宋雪莲，赖平，译.上海：华东师范大学出版社，2017.

［5］林恩·埃里克森，洛伊斯·兰宁.以概念为本的课程与教学：培养核心素养的绝佳实践［M］.鲁效孔，译.上海：华东师范大学出版社，2018.

［6］约翰·D.布兰思福特，等.人是如何学习的：大脑、心理、经验及学校：扩展版［M］.程可拉，孙亚玲，王旭卿，译.上海：华东师范大学出版社，2013.

［7］戴维·珀金斯.为未知而教，为未来而学［M］.杨彦捷，译.杭州：浙江人民出版社，2015.

三、期刊

［1］尹少淳.在少儿美术教育中融入"大概念"［J］.美术，2018（7）.

［2］杨向东.关于核心素养若干概念和命题的辨析［J］.华东师范大学学报（教育科学版），2020，38（10）.

［3］崔允漷.学科核心素养呼唤大单元教学设计［J］.上海教育科研，2019（4）.

［4］董泽华，崔允漷.通过表现评价来培育卓越的教师：2018年国际教师表现性评价实施会议述评［J］.教育发展研究，2019，39（18）.

［5］陈琳，陈耀华，李康康，等.智慧教育核心的智慧型课程开发［J］.现代远程教育研究，2016（1）.

［6］李刚.新时代我国基础教育高质量课程建设［J］.课程·教材·教法，2021，41（11）.

［7］沈致隆.哈佛大学《零点项目》的启示［J］.高等教育研究，1997（2）.

四、报纸

［1］崔允漷.混合学习要从方案变革做起：由"停课不停学≠在线学习"想到的［N］.中国教师报，2020-03-04（12）.

［2］刘广荣.杜威：从做中学［N］.中国教师报，2022-12-21（11）.

［3］李红新.把"神秘"当成最美妙的事：对培养学生创新思维的思考［N］.中国教育报，2015-09-15（4）.

五、其他

［1］中华人民共和国教育部.教育部关于印发《幼儿园教师专业标准（试行）》《小学教师专业标准（试行）》和《中学教师专业标准（试行）》的通知［EB/OL］.中华人民共和国教育部官网，2012-09-13.

［2］中华人民共和国教育部.中共中央、国务院印发《深化新时代教育评价改革总体方案》［EB/OL］.中华人民共和国教育部官网，2020-10-13.

［3］习近平在中共中央政治局第五次集体学习时强调 加快建设教育强国 为中华民族伟大复兴提供有力支撑［EB/OL］.人民网，2023-05-29.

［4］重磅：《中小学人工智能教师能力标准（试行）》发布［EB/OL］.央广网，2022-03-24.

［5］习近平.高举中国特色社会主义伟大旗帜 为全面建设社会主义现代化国家而团结奋斗：在中国共产党第二十次全国代表大会上的报告［EB/OL］.中国政府网，2022-10-16.

［6］李红.习近平：在中国文联十大、中国作协九大开幕式上的讲话［EB/OL］.中国军网，2016-11-30.

［7］中华人民共和国教育部.教育部关于发布《教师数字素养》教育行业标准的通知［EB/OL］.中华人民共和国教育部，2022-12-02.

后 记

我经常会说自己是一个"草根"。我于1986年入职信阳师范学院（现信阳师范大学），从事教育工作近40年。我喜欢教师这个职业，更热爱这个职业，一直以来的梦想就是成为一个上课有趣、学生喜爱的好老师。在父亲的影响下，我也一直在慢慢地向梦想靠近，只是速度很慢！很慢！直到2018年，我调入现在工作的学校——岭南师范学院，终于有机会在2021年成为首都师范大学美术学院尹少淳教授的访问学者，"草根"瞬间成了"名门正派"，我也是一名"尹门弟子"了，兴奋之余剩下的就只有忐忑不安。因为我知道"尹门"的每一个"弟子"都"名不虚传"，我真的是"徒有虚名"。疫情防控期间，一年的学习时间，也就是严格意义上的三个月，我在尹老师身边的每一分每一秒就好像在飞。我也深深地被尹老师的渊博、智慧和人格所吸引，唯有努力学习，才能让自己成为真正的"尹门弟子"。

"中学美术教学设计"早在2013年就是河南省教师教育精品资源共享课程，也是当时信阳师范学院仅有的五门省级精品课程之一。后在2018年岭南师范学院众多课程的海选中脱颖而出，成为全校五门在线开放课程之一。2019年10月，"中学美术教学设计"在学堂在线成功上线，2020年12月就获得了广东省一流本科课程。我小时候父亲经常教导我"认真做好每件事，每件事都要做到自己认为的极致"，我也是这样践行的，一辈子只做这一件事，把这件事做好就无愧人生。这门课程从建设到运行，再到国家级精品课程的申报，每一个字、每一秒视频、每一点资源都是我辛勤汗水的结晶。它就像我的孩子，课程建设之初，它像蹒跚学步的"新生儿"，最后成为备选国家精品课程的省一流本科课程的"美少年"，我多么希望它成长得再快一些、再成熟一些。

作为MOOC"中学美术教学设计"的配套教材，它主要是帮助即将成为美术教师的师范生和刚刚入职的美术教师，以及热爱美术教育事业的社会工作者。在21世纪核心素养的大背景下，他们通过课程导学的引领，完成对中学美术教学基础知识、课标解读、教学设计以及资格考试的学习，成为一名具有终身学习能力的有理想信念、有道德情操、有扎实学识、有仁爱之心的美术"四有"好老师。体现现代教育信息技术的支持，反映教育数字化的特点，完成对学生终身学习能力的培养，实现线上线下混合式教学的愿景，这些都是本教材追求的目标。

教师这个职业从小就融入我的血脉，因为我的父亲是深受学生爱戴的大学教授，我的母亲也是一名学生喜爱的小学教师。她生病了，学生会带上两个鸡蛋，悄悄地放下就一溜烟跑掉；母亲因工作调离，学生们会用衣服遮挡着门窗大哭。在很小的时候，我深夜不管什么时候醒来，都能看到父亲在伏案阅读和写作。从小到大来我们家做客最多的就是涂老师的学生，当他们说起涂老师时，我可以看到他们眼中的光。感谢我的爸爸和妈妈！天大地大没有父母的恩情大。我依稀记得我的第一篇文章发表，父亲带着老花镜一遍一遍地认真阅读。爸爸，如果您在天有灵，您一定会笑着抚摸着我的脸说"乖妮儿"。妈妈，您永远是女儿的榜样。

课程建设与运行虽历经10年，但教材资助项目从申报到获批，再到教材出版只有短短的半年。这半年，我每天都在夜以继日地撰写书稿，仿佛自己化身成了半夜醒来时父亲的身影。我之前也曾有过两次写书的经历，但这次不同，这是一本完整的书，从前言到后记都需要整体编撰与设计。我一辈子只做这一件事，将自己一生所学注入，恍惚间，去探索学问，去研究教学，将所感所想变成一个个真实的文字，一句句真实的语句。我的朋友感叹："湘东，你又开始写书了。"尹老师称我是美术教学研究"家族"的新成员，我家先生佩服他的妻子年过半百还在孕育新的"生命"，女儿心痛地说："您不要太拼！"

感谢我的父母！感谢我的先生和女儿！感谢信阳师范大学刘根禾教授的帮助！感谢光明日报出版社的编辑曹美娜！感谢我的朋友们！在成长的路上有你们，我真的很幸福！